Science and the Akashic Field
An Integral Theory of Everything

叡知の海・宇宙

物質・生命・意識の統合理論をもとめて

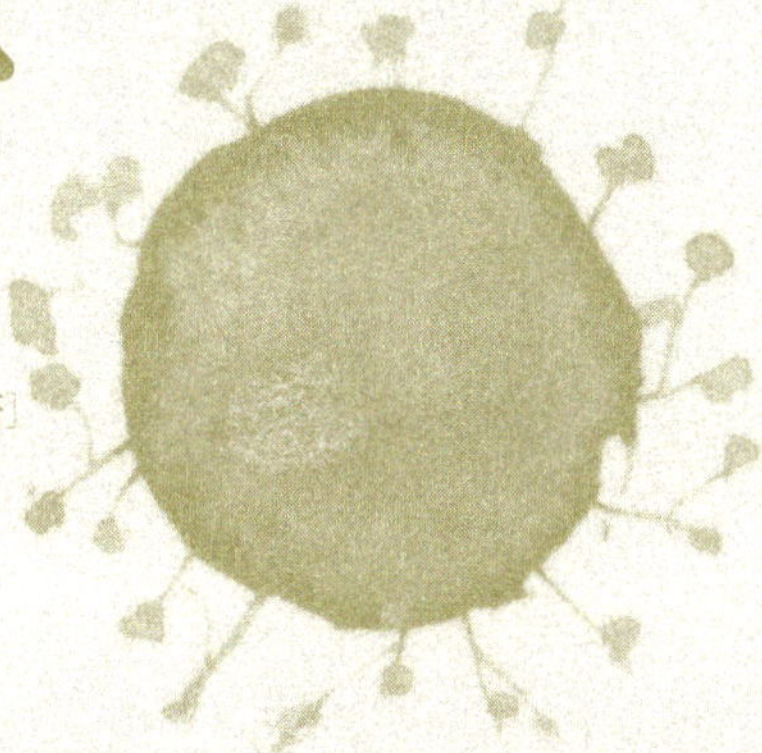

Ervin Laszlo
アーヴィン・ラズロ［著］
吉田三知世［訳］

日本教文社

アーカーシャとは、あまねく広がる空間、すなわち「エーテル」を意味するサンスクリット語である。元来アーカーシャは、「発光（放射）」や「輝き」を意味し、インド哲学においては五元素のうち最も根本的なものであると考えられていた。他の四元素は、ヴァータ（風）、アグニ（火）、アプ（水）、プリティヴィー（地）である。アーカーシャは五つの元素の性質をすべてあわせもっている。アーカーシャは我々が感覚によって知覚するすべてのものが生まれ出る子宮であり、またすべてのものが最後に還っていくところである。そして、これまでに時間と空間のなかで起こったすべてのことを永遠に記録しつづけるのが、アカシック・レコード（アーカーシャ年代記《アカシック・クロニクル》とも呼ばれる）である。

常に理解し、関わり合い、共に創造してくれるクリストファーとアレクサンダーへ、愛を込めて

謝辞

本書は、四〇年以上にわたって私が取り組んできた、包括的かつ厳格で、同時に単純である、意味のある世界観をめざした探究の成果である。私がこの探究を進めるうえで有用な情報を提供してくださった方や、それ以上にありがたかった励ましやインスピレーションを与えてくださった方全員の名前をあげてお礼を述べることはとてもできない。ここでは、私がこの探究のために著した本としては最も新しく、そして最も決定的であるはずの本書について、その下書きから仕上げにかけてのあいだに直接助けてくださった方の名前をあげるにとどめたい。まず私の家族から始めよう。

あるアイデアを追究し、それを広めることに躍起になっている人間と一緒に暮らすのは生やさしいことではない。本書の下書き、修正、推敲のあいだ、私が留守がちで上の空だったことを許してくれた妻のカリタに心から感謝する。彼女が私を支えてくれ、常に愛情をもって傍にいてくれていなかったなら、この仕事を引き受けられるような環境も心のゆとりもありえなかっただろう。

本書も、私たちの二人の息子、クリストファーとアレクサンダーに捧げる。これは、私の研究対象の領域が、今日の世界の倫理的諸問題と持続可能性の問題から、宇宙のすべてのものは他のすべてのものと結びついているという不可解な発見を説明することまでに及ぶさまざまな分野に広がっていくのに、二人がいつも「ちゃんとついてきて」くれたからである。二人が私を励まし、愛してくれ、そしてけっして出しゃばることなくいつも傍にいてくれたからこそ、天使は言うに及ばず、普通の学者も足を踏み入れることを恐れるような領域に敢えて進むことができたのだ。アレクサンダーの「伴侶《ベターハーフ》」であり、最も身近な協力者であるカシアと、クリストファーの妻であり、生涯の友であるラクシュミの二人も、共に理解し、共に創造する、この親密なグループの仲間であることを記しておきたい。

傑出したハンガリーの物理学者で、私の親友であるラズロ・ガズダグには特別な感謝の言葉を述べなければならない。彼の先駆的な理論も、そして彼が提供してくれた最先端の科学に関する背景知識も、かけがえのない賜物だった。そしてもう一人、この取り組みにとって要となった友情と支援を与えてくれたのは、ブダペストクラブの仲間であり、生涯の友であるマリア・サギである。彼女が地元やさまざまな場所で行なう診断と治療の活動は、私や私の家族にも恩恵をもたらしたが、それにとどまらず、私に〝情報体としての宇宙〟(informed universe)への道を見つけさせてくれ、また、それが正しい道であるという確信を持たせてくれたのである。

学者の共同体《コミュニティ》のなかにも、私の仕事に注目し、有益でしばしば決定的な情報を提供してくれた友人や仲間が大勢いる。多くの人が、本書の出版に先立って意見を述べてくれた。この場を借りてその方たちにお礼を述べる。なかでも、ジェネラル・エヴォルーション・リサーチ・グループのみなさん、とりわけアラン・コームズとデイヴィッド・ロイから多大な助力と支援をいただいたことに感謝する。

本書の編集、製作、出版に尽力してくれたのは、小さいグループながら、たいへん熱心な人たちで、私とは直接面識のない人々も含めて友情を培うことができた。何と言ってもその筆頭は、ウォーターサイド・プロダクションズの社長、ビル・グラッドストンである。彼は数年来の知己であり、これまでも何冊もの本について、私がアイデアを練り上げるところから出版に漕ぎつけるまで助けてくれた人だが、本書こそ真の意味で私の知的活動の遺産となるものだと終始一貫して主張しつづけてくれた。本書の出版が決まってから五年近くが経ったが、なるべく多くの一般読者に読んでもらうには、あまり格調高い文体になりすぎないほうがよいと、彼が友情と確固たる意思をもって助言しつづけてくれなかったら、このように明瞭で読みやすい本は生まれなかっただろう。この点に関しては、ランダムハウスの前編集者であるピーター・グザーディの、専門家としての助力に感謝の意を表する。彼は一年以上ものあいだ、私の草稿を順次吟味し、貴重な助言をしてくれた。

インナー・トラディションズ・インターナショナルのチームもたいへんにありがたかった。社長のエフド・スパーリング率いるこのチームのメンバーたちは、通常の編集者と出版社の仕事の範囲をはるかに越えて、昔の出版界では当たり前だったが現代の過密スケジュールのビジネス環境においてはほとんど見られなくなった、創造性と献身をもって仕事をしてくれた。二〇〇三年のフランクフルト・ブックフェアで本書の第一草稿を一瞥して即座に版権の取得を決断した編集者のジョン・グレアムの確かな洞察力を賞賛する。同じく、本書の製作と出版に必要なさまざまな段取りをする任にあたった編集長のジーニー・レヴィタンも、終始実に献身的で、心のこもった仕事をしてくれた。

原稿整理係のナンシー・イールディングについての謝辞が最後になったのは、彼女が本書の出版に関する仕事で出会った最後の人物だからである。彼女に原稿を渡したときには、いよいよ最終的な仕上げの段階で、多少文言を修正するぐらいだろうと私は思い込んでいた。しかしナンシーが、説明をより論理的にし、表現をより明確にしてくれたおかげで、本書は見違えるばかりに改善された。読者が接する文章には、彼女の独創的なアイデアが生かされている。この点に関して、深く感謝申し上げる。

二〇〇四年八月

はじめに

世界を理解する方法には、個人の洞察、神秘的な直観、芸術、詩、そして、宗教の信仰体系など、さまざまなものがある。そのなかで、経験の再現性に基づき、厳密な手順を踏襲し、常に批判と評価に曝《さら》されているという理由で注目に値するものが一つある。それは科学である。

科学が重要であることは、大衆紙のコラムにも書かれている。科学が重要なのは、それが私たちの生活や私たちの周りのすべてのものを作り出す新しい技術をもたらすからだけではなく、世界を、そして世界の一部である私たち自身をどのように捉えればよいかについて、信頼性の高い示唆を与えてくれるからでもある。

しかし、近代科学のプリズムを通して世界を見るのは容易なことではなかった。最近になるまで科学が提供してきたのは、それぞれ無関係とおぼしき専門分野ごとに得られた、断片的な世界像でしかなかった。科学者たちでさえ、物理的な宇宙が私たちが生きている世界にどのように結びついているのか、さらに、私たちが生きている世界が社会と呼ばれる世界にどのように結びつき、また、社会と呼ばれる世界が精神や文化の領域にどのように結びついているのかを説明するのは難しいと感じてきた。しかし、このような状況は今や変わりつつある。科学者たちは、より包括的で、より統一的な世界観を求めて、かつてないほど努力をしている。特に、「大統一理論」（GUT＝Grand Unified Theory）や「超大統一理論」（スーパーGUT）を生み出そうと懸命になっている物理学者たちがそうである。大統一理論や超大統一理論は、自然界の基本的な場や力を論理的で一貫性の《コヒーレントな》ある理論体系にまとめ、それらが共通の起源から生じたことを示唆するものである。

　とりわけ野心的な取り組みが、近年の量子物理学の分野で行なわれてきた。それは、「万物の理論」（TOE＝Theory of Everything）を作ろうという取り組みである。この取り組みは、弦理論および超弦理論（基本粒子を振動するフィラメント、すなわち弦と見なすのでこのように呼ばれている）に基づくもので、高度な数学と多次元空間を使って、宇宙のあらゆる法則を説明する単一の式を作り出そうとするものである。しかし、弦理論に基づく「万物の理論」は、たかだか「すべての物理的な存在の理論」にすぎず、真の意味で「すべてのものの理論」ではないため、統一的世界観の追究にとって最終的な答えではない。真の「万物の理論」は、この分野の量子物理学で研究されている現象を統一的に表現する数式以上のものをも含んでいなければならない。宇宙は、振動する弦とそれに関わる量子論的事象だけで成り立っているのではない。生命、精神、そして文化も世界の現実の一部であり、真の万物の理論は、これらのものも説明できるはずである。

『万物の理論』（邦訳、トランスビュー）を著したケン・ウィルバーも同じ意見である。彼は真の「万物の理論」がもたらす「包括的世界観」について語っている。しかし、彼自身はそのような理論を提示してはいない。もっぱら、文化や意識の進化との関連において、そして彼自身のさまざまな理論との関連において、真の「万物の理論」はどのようなものであると予想されるかを論じている。科学に基づいた真の「万物の理論」はまだ生み出されていないのだ。

本書で明らかになるように、真の「万物の理論」を生み出すことは可能である。物理学者たちは、弦理論と超弦理論の枠組の中で独自の超・理論を作ろうとしているが、真の「万物の理論」は、その枠組を越えている。しかし、科学という枠組のなかには十分収まるものである。実際、真の「万物の理論」を作る仕事は、物理的な「万物の理論」を作るよりも容易なのだ。物理的な「万物の理論」は、すべての物理法則――粒子や原子、星や星雲の相互関係をつかさどる諸法則、すなわち、それ自体がすでに複雑であり、そのうえに複雑な相互作用をしている対象物の関係を支配する諸法則――を単一の式に統合しようというものである。そんなことよりも、これらの対象物と、その相互関係の両方を生み出す大本《おおもと》となる、基本的な法則とプロセスを求めることのほうが、はるかに容易であり、また賢明である。

複雑な構造をコンピュータでシミュレーションすることによって、複雑さというものは、基本的かつ比較的単純な初期条件によって生み出され、また説明されうるということが示されている。ジョン・フォン・ノイマンのセル・オートマトン（訳註：有限次元の格子と単純な規則からなる計算モデルで、生物の自己複製機能をシミュレーションするためにフォン・ノイマンとウラムが提案したもの）の理論が示したように、系の基本的な構成要素と、その振舞いを支配するルール、すなわちアルゴリズムを与えさえすれば、それで事足りるのだ。有限個の組のアルゴリズムによって支配される有限個の構成要素を最初に準備し、時間の経過に従ってプロセスが展開するにまかせておけば、高度でしかも一見制御不可能と見える複雑さが生じうるのである。一組の構成要素に情報を与える一組のルールが、時間の経過に従って各要素に命令し、それらを組織化するプロセスを開始する。その結果、構成要素の構造と相互関係は次第に複雑さを増していくのである。

包括的な「万物の理論」は、「万物」とは何から成り立っているのかという構成要素を特定し、それらの構成要素が相互に関係しあってより複雑なものを形成するときに従う法則を記述する。それは、最も基本的な種類の存在、すなわち、他の存在を作り出すがそれ自体は他の何物からも作り出されない存在を特定する。さらに、根拠があって私たちがその存在を信じているものが、いかにして出現したかを説明する、できるかぎり単純な一組のルール、すなわちアルゴリズムを記述する。このような理論は、成功すれば、現実の世界の「万物」の起源を説明し、「万物」はどのような関係によって支配されているのかを説明することができるだろう。それを未来に敷衍《ふえん》すれば、現在存在している物は相互の関係をどのように変えていき、それらの物自体がどのように変化していくのか、起こりうる展開を説明することもできよう。

現在の実証主義的科学は、この野心的な企ての基盤を提供してくれる。最先端の理論による新たな発見を活用すれば、すべての物を生み出し、しかもそれ自体は何物によっても生み出されない、根源にあたるものを特定することができる。本書で明らかになるように、この根源は「量子真空」と呼ばれる仮想的なエネルギーの海である。現実の世界の最も基本的な構成要素、すなわち量子と呼ばれる粒子が、この宇宙的な根源――量子真空――の中でどのように生まれ、そこからどのように発現していくのかを説明してくれる法則はすでに多数存在している。

世界に存在する物は宇宙的真空から生み出される、ということを示す法則として現在知られているのは、エネルギーの伝達と変換に基づいた相互作用の法則である。これらの法則は、量子真空のなかで現実の物が一対の粒子・反粒子としてどのように生成され発現するかを説明するのに適しているのは確かだが、宇宙的な時間の経過のなかで生き残った粒子がより複雑なものへと、すなわち、星雲や星、原子や分子、さらに、条件が整った惑星表面では、巨大分子、細胞、生物、社会、生態系、そして生物圏《バイオスフィア》の全体へと作り替えられていく様子を説明することはできない。けっして平坦で直線的には進まないが、実際に現在も継続して起こっている、存在する物たちの進化という現象を説明するためには、エネルギーの他にもう一つ、相互作用を説明する要素が必要である。この第二の要素が重要であることは、ますます多くの科学者たちに認識されてきている。それは情報という要素である。すなわち、私たちが知っている宇宙のあらゆる部分や領域における進化の過程を支配する、実在する有効な因子としての情報である。

情報とは、データ、あるいは、誰かが知っている事柄であると捉えられるのが普通である。しかし、情報はこれよりはるかに深いレベルにまで到達する。物理や生命科学を研究する科学者たちは、情報は一人の人間の心よりも、それどころかすべての人間を合わせたよりも、はるかに広い範囲に拡がっていくということを今まさに発見しつつある。これは、物理学的な自然と、生物学的な自然の両方にとって本質的な現象である。偉大なる異端の物理学者、デイヴィッド・ボームは、情報はその受け手に実際に「形を与える」という意味で、情報を「イン・フォーメーション」と呼んだ。イン・フォーメーションは、人間が作り出すものではない。私たちが書いたり、計算したり、話したり、伝達したりして生み出すものではない。大昔の賢者たちが知っていたように、また、現在の科学者たちが再発見しているように、イン・フォーメーションは現実の世界に存在しており、しかもそれは、現実の世界に存在しているものの進化をつかさどる決定的な因子なのである。「イン・フォーメーション」（わかりやすいよう以後「情報」と記す）が、実在し、有効な宇宙の因子であることを認識するとき、私たちは真の「包括的な万物の理論」を作り出す基盤を得るのである。

情報とエネルギーに満ち、単純なものから始まり、より高い複雑さの極みへと自らを構築していく宇宙という概念には、数千年の歴史がある。この概念は、思想の歴史のなかで繰り返し現れてきており、科学者のみならず、万人が知る価値のあるものである。その理由は、第一には、最終的なものではないとしても、それが包括的な「万物の理論」、すなわち、原子であれ星雲であれ、ネズミであれ人間であれ、時間と空間のなかに存在し、そこで進化するすべてのものの基本的な性質をよりよく理解させてくれる理論を作り出す鍵であるから。第二には、情報とエネルギーに満ちた〝情報体としての宇宙〟は、意味のある宇宙であり、変化が加速し、無方向性が激化するこの時代に生きる私たちは、このような意味のある宇宙観によって自分自身および世界を把握しなおす必要に迫られているからである。

本書は、情報とエネルギーに満ちた宇宙という概念がどのように生まれたのかということと、この概念に含まれる基本的な要素とを解説し、この概念が今なぜ、そしてどのように、物理学、宇宙論、生物学、意識研究という新分野において出現しているのかを詳しく見ていくものである。本書は、この概念に含まれる重要な要素、すなわち、現実の存在の根源には、相互結合し、情報を保存し、伝達する宇宙場《コズミック・フィールド》が存在するという革命的な発見に焦点を当てる。何千年もの間、神秘主義者、予言者、賢者、そして哲学者たちが、そのような場《フィールド》が存在すると主張してきた。東洋ではこれを「アカシック・フィールド」と呼んだ。しかし西洋では、大多数の科学者がそんなものは神話にすぎないとした。今日、科学の分野で最新の発見によって開かれた数々の新しい地平において、この場《フィールド》が再発見されている。アカシック・フィールドの影響は、物理的な世界に限定されるものではない。「Aフィールド」（以後アカシック・フィールドをこのように呼ぶことにする）は、すべての生きるもの、生命の織りなす網《ウェブ》の全体に情報を与える。それはまた、私たちの意識にも情報を与えるのである。

◎本書の構成

第1章では、科学における「意味」という問題を提起し、現代にふさわしい最新の科学的世界観の妥当性について議論する。往々にして科学者たちは、自分たちの理論がどのような「意味」をもつのかという問題を無視してきた。「意味」など、彼らの作り上げた数学的な体系に単に付随するにすぎない――あからさまにくだらないとは言わないまでも――哲学的な添え物でしかないと考えていたのである。このため科学を記述する文章は貧弱なものとなり、社会にも悪影響を及ぼしてきた。大多数の人が科学的だと考えている世界観は不適切なものであり、また多くの点で時代遅れである。しかしこれには打つ手がある。

第2章では、一般の人々にも意味があり、同時に科学者が直面する問題にも対処しうる包括的な科学理論を作るための基盤を整える。このような理論へと科学を導いてくれると期待できる「パラダイム・シフト」について再考する。ここで鍵となるのは、謎の蓄積である。謎とは、現在のパラダイムでは解明できない変則事象のことを言う。謎が蓄積してくると、科学者たちの共同体は、奇妙な変則事象を解明するためのより有効な手段の探求へと駆り立てられるのである。

第3章では、最近さまざまな分野で発見されている、科学者たちがうまく解釈できずにいる諸現象をいくつか簡潔に紹介する。これは、現実についての根本的な洞察を裏づけてくれる証拠は、一つの実験、あるいは一つの分野だけから得られるのではないという基本的な事実を示すためである。ある洞察が真に根本的なものであれば、科学的な意味をもつ体系的な探究のほとんどすべてにおいて、その洞察を支持するような証拠が見つかるはずである。本章で挙げる謎とされる諸現象を一覧すれば、これらの謎は、物理的世界と実際の世界のみならず、精神と意識の世界においても現れている、思いもよらない形と次元をもった一貫性《コヒーレンス》にまつわるものなのだということが明らかになる。

第4章では、自然界の情報場《インフォメーション・フィールド》とは何であるかを明らかにし、それを科学的な知識の枠組のなかに組み込むという仕事に着手する。量子真空——すべての宇宙空間を満たす零点場（ZPF＝ゼロ・ポイント・フィールド）——の理論を検討し、この集中的に研究されながらいまだ完全には理解されていない宇宙場《コズミック・フィールド》が、いかにしてエネルギーのみならず情報をも伝達できるのかを議論しよう。

第5章では、自然のなかに情報があまねく存在するという証拠をもう一度議論する。科学が抱える謎をより詳細に検証し、革新的な科学者たちがそれらの謎にどのように取り組もうとしているかを紹介する。証拠そのものと、その証拠を解釈するための仮説の両方について、より詳しく解説するつもりだ。これは、宇宙のすべてのものの根底に情報場《インフォメーション・フィールド》が存在するという主張には重大な意味があり、従来の宇宙論においても古くからそのような洞察があったのだが、それは保守的な大勢の科学者たちにとっては、過激で革新的なことであるからである。

第6章では、これをさらに一歩推し進めて、宇宙的な情報場である「Aフィールド」の科学的な根拠を提示する。これは、量子や星雲、生物や精神の基本的な性質でありながら、これまで謎とされてきた多くの事柄を明らかにできる理論の基礎となるものである。そこから生み出される「包括的な万物の理論」は、情報を世界の基本因子の一つとする。そして、私たちの宇宙は、物質とエネルギーに基づく宇宙であるだけではなく、情報に基づく〝情報体としての宇宙〟でもあるとする。この〝情報体としての宇宙〟は、一見しただけでは驚異的な宇宙だと思われるかもしれないが、じっくり見ればなじみ深く、おそらくは驚くほどなじみ深いものであることがわかる。本当の宇宙は、自分からは動かず意識ももたない物質が受動的な空間のなかをただ無秩序に動いているだけの世界ではなく、それを超えたものだということは、太古の時代から直感力のある人々は知っていたのである。

第7章と第8章では、〝情報体としての宇宙〟をより深く探ってみる。考え深い人々が常に呈してきた、存在に関する疑問をいくつか取り上げる。宇宙はどこから来たのだろう？　どこへ向かっているのだろう？　広大な宇宙のなかで、地球の他にどこかに生命が存在するのだろうか？　もしそうだとすれば、その生命もより高い段階、あるいは次元へと進化するのだろうか？　また、意識とは何かということに関する疑問も取り上げる。意識はホモ・サピエンスに始まったのだろうか？　それとも、意識は宇宙を織りなす基本的構成要素の一つなのだろうか？　時間が経過すれば意識はさらに進化するのだろうか？　もしそうだとすれば、それは私たちの世界に今後どのような影響を及ぼすだろう？

本書はさらに探究を続ける。人間の意識は、肉体の死において消滅するのだろうか？　それとも、存在のこの局面か、または別の局面において、何らかの形で存在しつづけるのだろうか？　また、宇宙自体が何らかの形の意識をもっているということがありえるのだろうか？　私たちの意識がそこから生じ、今なお精妙な結びつきを保っている、宇宙的な、あるいは神的な根源である、宇宙自身の意識というものが存在するのだろうか？

〝情報体としての宇宙〟は、精妙でとらえにくくはあるが永続的な相互結合の世界である。すべてのものが他のすべてのものに情報を与える、すなわち万物が影響を及ぼし合う世界である。この世界は、もっと深く知られて然るべきである。私たちはこの世界を、頭だけでなく心でも把握しなければならない。第9章は、心に語りかけるもので、想像力に富んだ、しかし架空のものではないヴィジョンを提供する。それは、何の跡形も残さずに消え去ってしまうものなど何もなく、存在するすべてのものが本質的かつ密接に相互結合し、そしていつまでもそうありつづける宇宙のヴィジョンを詩の形で描いたものである。

本書は、科学がどのような世界観を提示できるのか探究したいと考えておられる読者の方々に、すでに進歩的な科学者たちの手が届くところまで来ている「万物の理論」を理解するために必要な理論的背景と、宇宙、生命、そして意識の真実をこの包括的な理論に問いかけたときに得られる広大な眺望の先触れを提供する目的で書かれている。

さあ、
いっしょに静かな海に漕ぎ出そう。
岸には帳《とばり》がおり、
水面《みなも》はなめらかだ。
わたしたちは海をゆく舟、
海とひとつに結ばれた舟。

わたしたちの後ろに微かな航跡が伸び、
おぼろな水に広がっていく。
その密かな波はわたしたちが通ったことを書きとどめる。

あなたの航跡とわたしの航跡がひとつになって、
あなたの動きとわたしの動きを映した模様を織り成す。
やはりわたしたちである他の舟たちも、
やはりわたしたちである海をゆく。
波と波が重なり、さざなみにさざなみが重なって、
海の面《おもて》が躍動する。

波はわたしたちの動きを記憶する、
わたしたちの存在の痕跡だ。

あなたからわたしへ、わたしからあなたへ、
そしてわたしたちからすべての他のものたちへと、海は響く。

「わたしたちが別々の存在だというのは幻想にすぎない。
わたしたちは全体の中の結ばれ合った部分——
わたしたちは運動し記憶する海だ。
わたしたちの存在は、あなたやわたしよりも、
海をゆくすべての舟を合わせたよりも、
そして、これらの舟がゆく海そのものよりも大きい」

——叡知の海・宇宙◎目次

第2部　〝情報体としての宇宙〟を探検する

叡知の海・宇宙——物質・生命・意識の統合理論をもとめて

第1部

包括的な万物の理論をもとめて

◎万物の理論とは何か？

現代科学においては、万物の理論は理論物理学者たちによって研究され展開されている。彼らは、かつてアインシュタインが「神の心を読む」と呼んだことを成し遂げようとしている。アインシュタインは、物理的な自然界のすべての法則を、一貫性をもった一組の式にまとめることができたならば、宇宙のすべての事柄をその式に基づいて説明できるはずであり、そうすれば神の心を読んだのと同じことになるだろうと述べた。

アインシュタイン自身は、これを統一場理論の形で達成しようとした。彼は一九五五年に没するまでこの野心的な探究を続けたものの、論理的に一貫した形ですべての物理現象を説明する単純かつ強力な式を発見するには至らなかった。

アインシュタインは、すべての物理現象を連続的な場どうしの相互作用と解釈することによって、万物の理論に到達しようとした。彼が成功しなかったのは、ひじょうに微小な領域で働く場や力を考慮に入れていなかったためであることが今日ではわかっている。これらの場（弱い核力および強い核力）は量子力学では中心的な役割を果たすが、相対性理論ではそうではない。

現在大多数の理論物理学者たちは、彼とは異なる方針をとっている。彼らは、物理的実在の不連続な側面である量子を基礎にすえる。しかし、量子の物理的性質については修正が加えられている。現在、量子は、当初考えられていたような、分離した個々の物質－エネルギー粒子ではなく、振動する一次元のフィラメント、すなわち「弦《ストリング》」および「超弦《スーパー・ストリング》」であると捉えられている。物理学者たちは、すべての物理現象を、より高い次元の空間における超弦の振動としてまとめようとしている。一つの粒子は独自の「音楽」を奏でる一本の弦で、他のすべての粒子と響き合っているというわけだ。宇宙的には、すべての星や星雲が一緒に振動し合い、それは要するに宇宙全体が一度に振動し合っているということである。物理学者たちが挑戦しているのは、一つの振動と別の振動との関係を記述する式を見つけ、それによって、すべての事柄が一つの「超・式《スーパー・イクエージョン》」で一貫して表現できるようにすることである。この式によって、最も広大で最も基本的な和音を奏でながら宇宙を満たしている音楽を解読することができるはずだ。

弦理論に基づく「万物の理論」は、作成の途中であり、まだ野心と希望の段階にある。アインシュタインの$E=mc^2$のようにシンプルかつ基本的な一つの式で、物理的宇宙の和音を表現できるような「超・式」はまだ誰も見出していない。しかし、万物の理論を探究することは無意味なことではない。たとえ物理的な世界のすべての法則とすべての定数を説明する式が見つかったとしても、一つの式が世界の現象をすべて説明できる可能性は低いだろう。だが、式ではなく、概念体系であれば、それは可能である。しかも、これから本書で明らかになるように、その概念はシンプルで、そのうえ意味のあるものなのである。

第1章　現代における意味のある世界観

科学において、「意味があること」は、往々にして無視されているとはいえ、一つの重要な側面である。科学は、ただ数式が集まっただけの抽象的で無味乾燥なものではなく、世界のなかで物がどのように存在するかについての洞察を提供する源でもある。観察、測定、計算だけが科学なのではない。科学は、意味と真実を探究することでもあるのだ。科学者たちは、世界のなかで「いかに」、すなわち、物がどのように振舞うのかだけを問題にしているのではなく、この世界の物とは「何」であるか、また、それらの物が「なぜ」そのような仕方で存在しているのかをも問題にしているのである。

しかし、多くの、おそらくは大多数の物理学者たちが、自分たちの数式がもちうる意味を考えるよりも、その数式がうまく機能することのほうに腐心しているのは議論の余地がない。だが、そうでない学者もわずかながらいる。スティーヴン・ホーキングは、最新の理論の意味を解明することに高い関心を抱いている学者の一人である。物理や宇宙科学の分野では、これは容易ならざる仕事なのだが。

彼が『ホーキング、宇宙を語る』（邦訳、早川書房）を出版した直後、「はい、ホーキング教授、でも、いったいそれはどういう意味なのですか？」というタイトルの紹介記事が『ニューヨーク・タイムズ』に載った。ホーキングの時間と宇宙に関する理論は複雑すぎて、まったく不可解だということを、このタイトルは暗に意味している。しかし、自分の理論の意味を明らかにしようというホーキングの努力は注目に値するし、新聞などでも継続してとりあげられて然るべきである。

意味の探究が科学に限定されたものではないことは明らかである。それは、人間の精神にとってまったく本質的なことであり、文明と同時に始まっている。人間は、頭上の太陽や月や星空を仰ぎ、眼下の海や川や丘や森を見つめるときはいつも、これらのものがどこから来たのか、どこへ行くのか、そして何を意味するのかに思いをはせてきた。近代以降、科学者たちの多くは技術的な専門家になってしまったが、それでもそのなかに同じような問いかけを続けている者たちがいる。実験家よりも理論家のほうがその傾向が強い。理論家たちのなかには神秘的な傾向を強くもった者がときおり現れる。最も良い例はニュートンとアインシュタインだ。物理学者のデイヴィッド・ピートのように、科学を通して意味を発見するという難しい仕事をあえて引き受けようとする人たちもいる。

ピートは著書『シンクロニシティ』（邦訳、朝日出版社）の冒頭で、「私たちの誰もが一つの神秘に直面している」と述べ、「私たちはこの宇宙の中に生まれ落ち、成長し、働き、遊び、恋に落ち、そして人生の終わりに死を迎える。しかし、このように過ごしながら生きているあいだ、常に一連の難問にとらわれている。宇宙とはどのようなもので、そのなかで私たちはどのような位置を占めているのだろう？　宇宙は何を意味するのだろう？　宇宙の目的は何なのだろう？　私たちは何者であり、私たちが生きていることにどのような意味があるのだろう？」と続けている。宇宙がどのように構成されているのか、物質はどのように生み出されたのか、生命はどのように始まったのかを明らかにすることは常に科学者の本領だったのだから、科学は当然このような疑問に答えようとするものだとピートは断言する。

だが科学者の多くは、現代科学は意味をめぐる疑問にはあまり関係がないと考えている。宇宙物理学者のスティーヴン・ワインバーグは、物理的なプロセスとしての宇宙には意味はないと主張して譲らない。物理法則は人間存在の明確な目的を与えるものではない、と。あるインタビューで彼は次のように語った。「科学的な手法では人間存在の意味など発見できないと私は考えています。これまでに発見されているのは、特に人間を指向しているのではない、感情をもたない宇宙であり、今後もそれに反する発見はないでしょう。そして、宇宙の究極の法則が発見されるとすれば、それは慄然とするような、冷酷で非人間的なものだと思います」

このように、科学者たちが意味に対してとる立場が大きく二つに分かれているのには、文化に深く根ざした原因がある。歴史家のリチャード・ターナスは、近代の夜明け以来、西洋の文明は二つの側面を持ちつづけてきたと指摘した。一つは進歩の側面、もう一つは没落の側面である。進歩の側面のほうは、人間理性のたゆまぬ前進と、とりわけ科学の知識と技術的な能力の向上によって可能になった道のり、すなわち無知、苦難、制約の暗黒の原始時代から、知識、自由、幸福が常に増大しつづける明るい近代の世界へ向かう、長く英雄的な道のりを語るもので、なじみ深い。他方、没落の側面は、人間は自然や宇宙と一体であった本来の状態から外れて堕落してしまったという物語である。人間は元々、世界の神聖な統一性と深い相互結合性を直観的に知っていたのに、理性が優勢になるにつれて、人間とそれ以外の世界の間に深い亀裂が生じていった。この展開は現在では最悪の状態にまで至っており、生態系の危機、モラルの混乱、精神性の空洞化となって現れているとする。

現代の西洋文明も、肯定的な側面と否定的な側面の両方を呈している。この二重性が、科学者たちが意味をめぐる疑問に対してとる態度に反映されているのである。ワインバーグのような人たちは、西洋文明の否定的な側面に同調している。彼らにとっては、意味というものは人間の心のなかにしかない。世界そのものは非人間的で、目的も意志もない。宇宙に意味を見出すことは、自分の心や個性をそこに反映するという過ちを犯すことである。一方ピートのような人たちは、肯定的な側面に同調する。彼らは、宇宙に対して私たちが抱いていた幻想は近代科学によって一掃されたが、最新のさまざまな発見は、宇宙に対する新たな夢を抱かせてくれると主張する。

科学は世界を脱魔法化したが、それは高い代償をもたらした。心、意識、意味といったものが人間だけの現象だと見なされるとき、目的を抱き、価値判断をし、感情をもつ存在である私たち人間は、そのような特性をまったくもたない宇宙のなかに自分を見出すことになる。私たちは、みずからが生まれた宇宙のなかで異邦人だということになる。自然から疎外されることによって、人間は周囲にあるすべてのものを濫用してもかまわないと思うようになる。人類学者のグレゴリー・ベイトソンは、人間が「心は人間にしかない」と考えるなら、世界には心などないのだから、モラルや倫理を考慮する対象ではないと思うようになるだろうと語った。さらに、「最先端の技術を手にした人間が、人間と自然の関係をこのように捉えるならば、人間が生き残ることができる可能性は、地獄に置かれた雪玉と同じだけしかない」と続けた。

西洋文明の否定的な側面に内在する陰鬱な虚無感を、名高い哲学者バートランド・ラッセルは次のように表現している。「人間を生み出した原因は、その結果についての見込みなどまったくもっていなかったのだということ、人間の希望も恐れも、愛も信条も、原子の偶然の配列によって生まれたのだということ、どんな情熱や英雄的行為も、どんなに深い思考や感情も、個人の死を超えて存続することはないということ、古代から続けられた労働も、あらゆる努力も、すべてのインスピレーションも、まばゆいばかりの人間の天才のすべても、太陽系の終焉とともに消滅する運命にあるのだということ、人間の成果の殿堂も、崩壊した宇宙の瓦礫の下敷きになることを免れないのだということ——これらのすべてが、完全に議論の余地がないわけではないにしても、やはりほとんど確実であるために、これらを否定して立ちあがる希望をもった哲学など存在しない」

だが、進歩の側面はそのように冷酷である必要はないし、堕落といわれる側面もそのように悲劇的である必要はない。ラッセルが言及している事柄はすべて、「議論の余地なし」ではなく、「ほとんど確実」でもないばかりか、単に旧い世界観が作り上げた妄想にすぎないかもしれないのだ。最先端の宇宙論は、宇宙の崩壊によって終わりとなるのではない世界を発見しているし、新しい物理学、新しい生物学、新しい意識研究は、生命と精神はこの世界の不可欠な要素であり、けっして偶然の副産物などではないと認めている。〝情報体としての宇宙〟という、包括的で、意味に満ちた宇宙のなかで、これらの要素はすべて一体となっている。そして、この〝情報体としての宇宙〟こそ、世界のあらゆる現象をまとめ上げることができる包括的な概念体系、「包括的な万物の理論」の基盤なのである。

第2章 謎と寓話――次に起こる科学のパラダイム・シフト*

科学者たちは、発見されたことをどのように解釈するにせよ、その解釈によってできるかぎり多くの事実が説明できるようにと腐心する。それは彼らが、自分の観察や実験が、それだけ広い範囲の存在に関わるものだと信じているからである。科学者は必ずしも優れた哲学者というわけではないので、科学者でない人々と同じく、世界をその純粋な姿で見てはいない。科学者は、自分が研究しているごく一部分の世界についての概念でしかない自分の理論を通して世界を見る。しかし、科学者のもつ概念は、それが厳格な検証を受けるという点で、哲学者やその他の人々がもつ概念と違っている。確立された理論は「うまく機能する」。科学者たちはそのような理論を使って、観察に基づいた予測を立てることができる。その予測を検証し、その際に観察されたものが予測と一致していれば、その理論は、彼らが対象としている世界のその部分において、物はどのような姿であるのか、それらの物は何なのか、そして、どうして私たちにはそのような姿で捉えられるのかを正しく説明していると彼らは主張するのである。徹底的に検証され、十分に練り上げられた、生命、精神、宇宙に関する理論は、人間にとって意味のあるものかもしれない。いや、実はその可能性はなかなか高いということがこれから本書で明らかになっていく。

科学の理論が人間にとって意味があろうがなかろうが、それが永遠のものでないことははっきりしている。きわめて堅固に確立された理論でさえ崩壊することがある。その理論から導かれる予測が観察と一致しなくなる場合がそうである。このようなときに観察される現象を科学者たちは、既存の理論では説明できない「変則事象」であると認識する。面白いことに、これこそ真の意味で科学の進歩を促進するものなのだ。すべてがうまく行っているときにも進歩は起こりうるが、それはたかだか既存の理論を新たな観察や発見にも当てはまるように改良することによるささやかな進歩でしかない。重大な変化が起こるのは、これが不可能な場合なのである。そのような場合、科学者たちは既存の理論を拡張しようとするのをやめ、より単純でより洞察に満ちた理論を探そうとする。根本的な理論の革新、すなわちパラダイム・シフトへの道が開かれるのである。現在受け入れられている理論に合わず、その理論を単純に拡張しても説明できないような観察が積み重なると、パラダイム・シフトが促進される。もっと妥当な新しい科学的パラダイムが受け入れられる背景が整うと言ってもいいかもしれない。だが、まずそのパラダイムが発見されなければならない。

新しいパラダイムは、厳しい条件を満たしていなければならない。そのパラダイムに基づく理論は、旧理論が説明したすべての事象を説明できなければならない。そのうえでさらに変則事象も説明できなければならない。より単純だが、包括的で強力な理論のなかに、関連する事象をすべて統合しなければならない。これこそ、二〇世紀初頭にアインシュタインが、光の奇妙な振舞いをニュートン力学の枠組のなかで説明することを断念し、物理的な存在についての新しい概念、すなわち相対性理論を創造したときに成し遂げたことである。彼自身が述べたように、問題をもたらしたまさにその考え方をとったままでは、その問題を解決することはできないのである。驚くほど短期間でほとんどの物理学者たちがニュートンが打ち立てた古典物理学を放棄し、代わりにアインシュタインの革命的な理論を受け入れた。

二〇世紀の最初の一〇年間で、科学は根本的なパラダイム・シフトを遂げた。現在、二一世紀の最初の一〇年間で、さまざまな分野で再び謎や変則事象が蓄積しており、科学は新たなパラダイム・シフトを迎えつつある。それは、ニュートンの機械論的な世界観がアインシュタインの相対論的な世界観へと移行したときと同じくらい根本的なものである可能性がひじょうに高い。

この新しいパラダイム・シフトは、最先端の科学者たちのあいだで起こり始めてすでにしばらく経過している。科学の革命は、ある新理論が同時にすべての局面でカチッと当てはまるというように、瞬間的に起こるものではない。アインシュタインの理論の場合のように急激に起こることもあれば、たとえば生物学の分野で古典的なダーウィンの進化論がより体系的なポスト・ダーウィン理論へと移行したときのように、もっと長い時間をかけて起こる場合もある。このような革命的な変動が落ち着くまでは、その影響を受ける科学の各分野は混乱をきたす。主流の科学者たちは既存の理論を守ろうとし、一方、最先端にいる異端の科学者たちはそれに代わる理論を探究する。後者は、主流の科学者たちが扱うのと同じ現象を説明する、新しい、ときとして根本的に異なる理論を思いつくに至る。その新しい概念は、最初「暫定的に承認された仮説」として扱われ、しばらくのあいだは、ばかげているとは言わないまでも奇妙に映る。想像力旺盛な研究者たちが作り上げた寓話のようなものである。しかし、これはけっして気ままな空想の産物ではない。真剣な研究者たちの「寓話」は、その分野が対象としている領域ですでに知られていることと、そこでいまだに謎とされていることの両方を結び合わせることができるように、厳密に論理を突き詰めたうえに成り立っているのである。しかも、これらの「寓話」は、観察や実験によって、それを証明したり、反証したりする検証の対象ともなるのである。

観察や実験で出現する変則事象を調べ、それらを説明できる「寓話」を見つけ出すことは、科学の基礎研究の基本である。主流の科学者たちの最善の努力にもかかわらず変則事象が説明されず、異端の研究者による「寓話」のいずれかが、それに対するより単純で論理的な説明を提供することができれば、決定的な人数の科学者たち（主に若い者たち）が古いパラダイムを固守するのをやめる。こうしてパラダイム・シフトが起こる。そのときまで「寓話」とされていた理論が、まっとうな科学理論として受け入れられるのである。

科学には、このような寓話の成功例も失敗例も、共に無数にある。永遠に正しいかどうかは別として、現在正しいとされている検証ずみの寓話には、生物のすべての種は共通の祖先に由来するというチャールズ・ダーウィンの理論や、宇宙はビッグ・バンという爆発と、その直後に起こったひじょうに急激な「膨張《インフレーション》」で始まったのだという、アラン・グースとアンドレイ・リンデの仮説などがある。対象とする事象を正しく説明できなかったり、最善の説明を与えられなかった失敗例としては、ハンス・ドリーシュの、生物の進化は「エンテレキー」と呼ばれる、ある目的をめざしたプロセスに沿って進み、それはあらかじめ作成された計画に従っているのだという思想や、アインシュタインその人の、宇宙定数というもう一つの物理的な力が、宇宙が重力によって崩壊しないように支えているのだという仮説などがある（興味深いことに、本書でも後で触れるが、これらの失敗した寓話のいくつかが、現在再び脚光を浴びている。グースとリンデの「インフレーション理論」は、より包括的な、周期的に変化する宇宙という理論に吸収されつつあるようだし、アインシュタインの宇宙定数というアイデアは、そもそも間違っていなかったのかもしれないのだ……）。

◎繰り返し議論されてきた二つの物理的寓話

ここで、想像力旺盛な仮説で、暫定的に承認されている「科学の寓話」の例を二つあげよう。いずれも、一目置かれている学者たちによって提唱されており、物理の世界の範囲をはるかに越えて広範な関心を呼んでいる。しかし、どちらの理論も、現実の世界を説明するものとしては、まったく突拍子もない思想である。

一〇の一〇〇乗個の宇宙

一九五五年、物理学者のヒュー・エヴァレットは、量子の世界を説明する途方もない理論を提唱した。後にマイクル・クライトンは、この理論を元にしてベストセラー小説『タイムライン』(邦訳、ハヤカワ文庫)を書いた。エヴァレットの「並行宇宙仮説」は、量子物理学における奇妙な発見を説明するものである。その発見とは、何らかの形で観察や測定や相互作用を受けないかぎり、粒子はそれがとりうるすべての状態の重ね合わせという、不思議な状態にあるというものである。しかし、粒子が観察、測定、または相互作用を受けたとたん、この重ね合わせの状態は解消され、その粒子は「普通の」物体と同じように、一つの状態だけをとるようになる。この重ね合わせの状態は、エルヴィン・シュレディンガーの名を冠した複雑な波動関数で記述されるので、重ね合わせが解消することを、シュレディンガーの波動関数が「崩壊する」と表現する。

問題なのは、そのときに粒子が可能な状態のうちどれをとるのか予測する手段がまったくないという点である。粒子がどの状態をとるかは、波動関数の崩壊をもたらした条件とは何ら関係のない、不確定なことのようだ。これに対しエヴァレットの仮説は、波動関数の崩壊の不確定性は、現実世界の実際の状態をいささかも反映していないとする。彼は、不確定性などまったく存在しない、すなわち、粒子がとりうるすべての状態は、それ自体が決定論的なものであり、それぞれの世界で実際に起こっているのであると主張する。

崩壊は次のように起こる。一つの量子が測定されるとき、その量子が取っている状態には多数の可能性があり、その一つ一つが、ある観測者またはある測定器に対応している。私たちは、それらの可能性のうち、無作為に選ばれたと思われるただ一つの状態を観測する。しかしエヴァレットによれば、この状態は無作為に選ばれたのではない。その理由は、そもそも選択というものが起こっていないからである。その量子のとりうるすべての状態が、測定または観測が行なわれるときに常に起こっているのである。ただ、それらが一つの世界のなかで起こっているのではないということなのだ。多数の可能な状態は、それと同じ数の宇宙において実現されているのである。

ある量子、たとえばある電子が、測定されるときに上昇している可能性が五〇パーセント、下降している可能性が五〇パーセントであると仮定しよう。この場合、その電子が上昇しているか下降しているかが五分五分である一つの宇宙が存在するのではなく、二つの並行した宇宙が存在するのである。一方の宇宙では、その電子は実際に上昇しており、もう一方の宇宙では実際に下降している。さらに、それぞれの宇宙に観測者か測定器が一つずつ存在する。この二つの結果も、そして二人の観測者、もしくは二つの測定器も、二つの宇宙のなかに同時に存在しているのである。

もちろん、幾重にも重なった状態が一つの状態に解消するとき、一つの粒子がとりうる状態は二つだけということはなく、実際にはおびただしい数にのぼる。そのため、おびただしい数の宇宙が存在するはずである。そのオーダーは一〇の一〇〇乗にものぼり、それぞれに観測者や測定器があることだろう。私たちは自分が観察している宇宙しか知らないことからすると、これらの並行宇宙は互いに孤立し、交わることなく存在しているにちがいない。

ホログラフィック宇宙

粒子物理学者たちが推し進めている、より新しい理論である「ホログラフィック宇宙仮説」も、同様に奇抜な考え方だ。この仮説は、宇宙の全体が一つのホログラムである、あるいは、少なくともそのように扱うことができるとする。ホログラムとは、特殊な手段によって二次元で記録された対象を三次元的に表現するものである。ホログラムの記録は、二つの光線の干渉によって生じたパターンからなる（現在の技術では、単色レーザー光と半透明ミラーによってホログラムが記録されている）。レーザー光の一部はミラーを通過し、別の一部はミラーで反射され、記録しようとする対象にぶつかってはねかえってくる。これらの二つの光線の干渉パターンができるところに写真乾板を置いておくと、それは干渉パターンのとおりに感光する。この干渉パターンは二次元であり、それ自体には意味がない。いくつもの線がごちゃまぜになっているだけである。だが、このパターンには対象の形状に関する情報が含まれている。写真乾板にレーザー光を照射すると、この形状を再現することができる。写真乾板上に記録されたパターンは、光線の干渉パターンを再生し、あたかも対象の三次元像とまったく同じものを見ているかのような視覚効果が得られるのである。この三次元像は、写真乾板から上方や奥行き方向に広がりをもって浮かび上がっているように見え、視角を変えると移動するように見える。

ホログラフィック宇宙仮説の背後には、宇宙を成り立たせているすべての情報は、宇宙を包む二次元の表面に保存されているという考え方がある。この二次元の情報が宇宙の内側において三次元で現れるのである。宇宙をこのようにあらしめているものは二次元なのだが、私たちはその宇宙を三次元のものとして見ているのである。この突拍子もない考え方が今なぜ盛んに議論され研究されているのだろうか?

ホログラフィック宇宙仮説が解決しようとしている問題は、熱力学に由来している。熱力学のゆるぎない第二法則によると、任意の閉じた系において、無秩序さはけっして減少することがない。だとすると、宇宙全体としての無秩序さが減少することはありえない。なぜなら、宇宙全体を考えるとき、「宇宙の外側」というものは存在しないので、宇宙は何に向かっても開いていないことになり、したがってそれは閉じた系ということになるからだ。無秩序さが減少しないのなら、秩序——「情報」と言い換えてもよい——が増加することはありえない。量子力学によると、秩序を生み出す、あるいは秩序を維持する情報は一定でなければならない。それは増加もしなければ、減少したり消滅したりすることもないはずである。

だが、物質がブラックホールのなかに崩壊するとき、情報はどうなるのだろう? ブラックホールは物質がもっている情報を消し去ってしまうのではないだろうか。この疑問に対して、ケンブリッジ大学のスティーヴン・ホーキングと、当時プリンストン大学にいたジェイコブ・ベッケンスタインは、ブラックホールのなかの無秩序さは、その表面積に比例するのだとした。ブラックホールの内部には、その表面よりもはるかに大量の秩序と情報が収容できる。たとえば、一センチメートル立方の容積を考えると、ブラックホールの内部では、その容積に一〇の九九乗プランク体積の情報が収容できるが、表面では同じ容積に一〇の六六乗ビットの情報しか収容できない(一プランク体積とは、一辺が一〇のマイナス三五乗メートルの立方体の体積である。考えられないくらい小さな体積である)(訳註:「一センチメートル立方の容積」が、表面では実際には一センチメートル平方の面積になってしまい、内部では一〇の九九乗が収容できても、表面では次元が少ない分一〇の六六乗しか収容できないという意味)。さて、物質がブラックホールのなかに崩壊するとき、ブラックホール内部の膨大な量の情報は消滅してしまうのではないかと思われる。ホーキングはなんら躊躇することなく「そうだ」と言ったが、これは、情報は宇宙のなかでけっして失われることはないとする量子論の主張に真っ向から矛盾するのではないか。このジレンマの解決策が見つかったのは、一九九三年のことである。スタンフォード大学のレナード・サスキンドとユトレヒト大学のヘーラルト・ト・ホーフトがそれぞれ独自に、ブラックホール内部の情報は、表面にホログラフとして保存されていれば、失われることはないことに思い当ったのである。

一九九八年、当時ハーバード大学にいたジュアン・マルダセナが量子重力の影響下での弦理論《ストリング・セオリー》をまとめようとしていたとき、思いがけないところでホログラムの数学が適用できることがわかった。マルダセナは、弦《ストリング》は四次元空間よりも五次元空間でのほうが扱いやすいことに気づいた（私たちは、地面に沿った二つの次元と、上下方向の一つの次元という、三次元の空間を経験している。第四の次元は、これら三つの次元のすべてに直交する方向をもっているはずだが、私たちはこれを経験することはできない。数学では、さらにいくつでも次元を増やすことができるが、私たちが経験している世界からはますますかけ離れていくことになる）。四次元だとすると解決法は明らかだ。ブラックホール内部の五次元の空間が、実際にはその表面の四次元のホログラムなのだとしてみよう。すると、四次元の空間を扱うのに、より扱いやすい五次元で計算すればよいことになる。

この、ホログラムとして次元を減らして情報を保存するという考え方は、宇宙全体に対しても当てはまるのだろうか？　弦理論では、宇宙に存在するさまざまな弦の振動をまとめる式を見つけるためには三次元の空間では不十分であることが明らかになり、いくつもの次元が加えられたため弦理論に取り組む学者たちは四苦八苦している。四次元の時空連続体でもうまくいかないのである。当初ＴＯＥ（万物の理論）ですべての振動を一つの宇宙和音に整合させるには二〇次元が必要であった。現在では、振動がより高次元の「超空間《ハイパースペース》」で生じると仮定すれば、一〇または一一の次元で十分であることがわかっている。ホログラフィック宇宙仮説は、「ホログラフィック原理」と呼ばれるようになったが、このホログラフィック原理を使えばうまくいくのではないだろうか。つまり、宇宙全体は多次元のホログラムとして、その表面により低い次元で保存されていると考えればよいのではないだろうか。

だが、ホログラフィック原理は弦理論の計算をより簡単にするかもしれないが、世界の在り方について実に途方もない仮定をするものでもある（この原理の創始者の一人、ヘーラルト・ト・ホーフトは、後にこの原理の説得力についての見解を下方修正した。彼は、このような状況においてホログラフィーは「原理」というより実際は「問題」であると述べた。さらに、おそらく量子重力は、量子力学には従わない、もっと根本的な原理でなければ説明できないだろうとした）。

　既存のパラダイムへの批判がますます厳しくなっていく科学革命の時期においては、最先端の研究者たちの作り出す寓話が特に重要になる。寓話のままに終わるものもあれば、科学の重大な進歩の種を内包しているものもある。どの種が成長して実を結ぶのか、最初は誰にもわからない。パラダイム・シフト前夜、その分野は豊饒な混沌《カオス》が沸き立った状態となる。今日、科学の実にさまざまな分野がこのような状況にある。物理的宇宙論、量子物理学、進化生物学、量子生物学、そして新しい意識研究の分野において、変則事象が続々と発見されている。そのため既存の理論の信頼性がますますゆらぎ、自由に考える科学者たちは、確立された理論の限界を超えて思索しはじめている。権威ある科学雑誌に載っているもの、正規の教科書に繰り返し採用されているものだけが科学的な考え方であると、保守的な科学者たちが考える一方で、異端の研究者たちは、つい数年前まではその分野の埒外であると考えられていたものも含めて、まったく新しい考え方を探し求めている。その結果、ますます多くの分野において、世界はどんどん寓話的になっている。現在推し進められている「寓話」のほんの一部をあげるだけでも、宇宙論においては、暗黒物質《ダーク・マター》、暗黒エネルギー《ダーク・エナジー》、多次元空間、量子物理学においては、より深いレベルの現実《リアリティ》によって時空の全体にわたって瞬時に相関する粒子、生物学においては、量子的な一貫性《コヒーレンス》を示す生物、意識研究においては、時間や空間に束縛されない超個的《トランスパーソナル》な結びつきなど、さまざまなものがある。

　今日提唱されている寓話のうち、どれが明日の科学理論として受け入れられるようになるのか、私たちにはわからないとしても、どのような性質をもった寓話が受け入れられることになるかは、今のうちから言っておくことができる。最も有望な寓話には共通した特徴がある。すなわち、斬新で論理的であることに加え、主な変則事象に対して、まったく新しく、しかも意味のある説明を与えてくれるという点である。

現在の主要な変則事象は、コヒーレンス（干渉性、一貫性）とコリレーション（相関性）にまつわるものである。コヒーレンスは、物理学においてよく知られている現象である。物理では、一定の位相差をもつ波からなる光のことを指して使う言葉であり（訳註：日本語では「干渉性」、または「可干渉性」という訳語が当てられる）、干渉性があるとは、位相関係が一定で、進行とリズムが調和しているということである。普通の光源は、数メートルの範囲で干渉性がある。レーザー、マイクロ波、その他特殊な光源ははるかに広い範囲にわたって干渉性を維持する。だが、近年発見されたコヒーレンス（訳註：本書では、物理のコヒーレンスよりも広義の整合性・一貫性を指すコヒーレンスという言葉に対し、「一貫性」という訳語を当てる）は、この普通の意味での干渉性よりもはるかに複雑で驚くべきものである。それは、原子であれ、生命体であれ、星雲であれ、一つの系の部分や要素は、ほぼ瞬時に同調されているということを示唆している。このようなコヒーレンスをもつ系のすべての部分は、ひじょうに結合性が高く、一つの部分で起こったことが他の部分でも起こる。

ますます多くの分野の科学者たちが、この驚異的なコヒーレンスと、その根底にあるコリレーション（相関性）に直面している。これらの現象は、量子物理学、宇宙論、進化生物学、意識研究など、実にさまざまな分野で出現しており、宇宙にはこれまで知られていなかった形と水準での統一性があるのではないかということを示唆している。この統一性の発見こそが、科学における次のパラダイム・シフトの核心である。このように事態が進展していることは、ひじょうにすばらしい。なぜなら、これから本書で明らかになるように、この新たなパラダイムは、長い間追究されながらいまだに達成されていない「包括的な万物の理論」を作り出すための最善の基盤を提供するからである。

＊本章と、それに続く各章で紹介される思想や発見については、より詳細で専門的な解説が拙著『*The Connectivity Hypothesis: Foundations of an Integral Science of Quantum, Cosmos, Life, and Consciousness*（結合性仮説——量子、宇宙、生命、意識の包括的科学の基礎）』（State University of New York Press, Albany, 2003）にある。

第3章 現在の謎——概要の一覧

包括的な万物の理論の探究に乗り出す前に、それに関連する科学の諸分野で現在問題になっている謎にはどのようなものがあるかを見ておこう。私たちは、物理の世界、生物の世界、人間の意識の世界で、既存の理論に疑問を投げかけている、予期せぬ、そして往々にして奇妙な事象に親しんでおかなければならない。なぜなら、そうしてはじめて、これらの変則事象が現れている各分野で問題を解決するだけでなく、さまざまな分野に共通する要素を説明し、そして自然、心、宇宙について、より包括的な認識を提供してくれる考え方を理解することができるからである。（本章は概要であり、詳しい説明は第5章で行なう。）

1　宇宙論の謎

天文学の一分野である宇宙論は、今、混乱のさなかにある。新しい高性能の装置を使って遠くの領域を調べていくと、次々と謎が発見される。これらの謎の大部分に共通する要素が一つある。それは、人間が観察できるかぎりのすべての範囲において、驚異的な一貫性《コヒーレンス》が見られるということである。

◎新しい宇宙論の驚くべき世界

最も代表的な特徴——一貫した構造をもち進化する宇宙

詩人や神秘主義者でないかぎり、誰がどんなに大胆な想像をしたとしても、それ以上に宇宙は複雑で、また一貫性をもっている。以下にあげるように不思議な事象が多数観察されている。

・**〝平ら〟な宇宙**——物質が存在しないところでは、時空は平ら、すなわちユークリッド的であり（二点間の最短距離が直線である）、湾曲（二点間の最短距離が曲線である）していないということが明らかになった。しかし、これには重大な意味がある。つまり、この宇宙を生み出した「ビッグ・バン」は、驚くほど精緻に調整されていたことになるのだ。なぜなら、ビッグ・バンで生じた物質がほんの一〇億分の一でも多いか少ないかであったなら、物質が存在しないところでも時空は湾曲していたはずだからである。

・**宇宙の〝失われた質量〟**——宇宙には、観測される物体の質量の総和で説明される以上の重力が存在する。しかし、重力の原因となる質量をもっているのは物質だけであるとされている。宇宙論の研究者たちがさまざまな暗黒物質、すなわち、ダーク・マター（光学的に不可視である物質）を仮定しても、失われた質量のかなりの部分がまだ説明できていない。

・**宇宙の膨張の加速**――私たちの遠方にある星雲どうしは、互いに離れれば離れるほどますます高速で遠ざかっていくことが観測されている。しかし、ビッグ・バンによって始まったこの宇宙の膨張には重力によってブレーキがかかるため、星雲どうしが離れる速度は減速していかなければならないはずである。

・**宇宙の比率の一貫性**――基本的な粒子の質量、粒子の数、粒子間に働く力は、奇妙なことに、ある特定の比率が繰り返し現れるように調整されている。

・**地平線問題**――星雲などの宇宙の巨視的構造物は、地球から見たどの方向においてもほぼ一様に進化している。これは構造物どうしが光によってすら結びつけられないほど離れている場合にも成り立っている（相対性理論によれば、光よりも速く伝わる信号は存在しない）。

・**宇宙の定数の微妙な調整**――宇宙の主な定数は、驚くほど微妙に調整されており、調和的な比率だけではなく、生命が出現し進化するのに適した条件も、宇宙のなかで繰り返し現れている。何らかの調整がなければ、このような条件が繰り返し成立することはほとんどありえない。

宇宙進化の標準モデルによれば、宇宙は一二〇～一五〇億年前、ビッグ・バンで始まった（衛星を使って月の外側から行なわれた最新の観測によって、宇宙の年齢は約一三七億歳であることが確認された）。ビッグ・バンとは、宇宙の「前・空間《プレ・スペース》」で起こった爆発的な膨張である。このプレ・スペースは、「真空」という紛らわしい名前で呼ばれ、ゆらぎをもった仮想エネルギーの海であったとされている。この「真空」（何も存在しない空間という真の意味での真空からは程遠いものであったし、現在もそうである）の一部が爆発し、驚異的な熱と密度をもった火の玉となった。最初の数ミリ秒のあいだで、現在宇宙空間のなかに存在しているすべての物質が合成された。生成された粒子―反粒子対《つい》は衝突し合って消滅していき、最初に生み出された物質のうち生き残った一〇億分の一の粒子（粒子のほうが反粒子よりもわずかに多い）がこの宇宙を形成する材料となった。約二〇万年経つと、粒子は原始の火の玉の輻射場から分離し、宇宙は透明になり、物質のかたまりは宇宙内のそれぞれの元素となった。これらのかたまりを成す物質は、重力に引きつけられて凝集していった。最初の恒星が現れたのは、ビッグ・バンの約二億年後である。最初の星雲が生まれたのは、一〇億歳の宇宙のなかであった。

ごく最近まで、宇宙進化のシナリオは十分明らかになったと考えられていた。ビッグ・バンの名残であると考えられている宇宙のマイクロ波の背景放射を詳しく測定した結果、宇宙背景放射のゆらぎは、宇宙が生まれて一兆分の一秒も経たないころに宇宙の火の玉の内部にあった小さなゆらぎに由来するものであり、天体からの放射によって生じたずれではないことが確認された。

しかし、現在ビッグ・バンによる標準宇宙論は数年前ほどには確固としていない。「ビッグ・バン理論」では、観測された宇宙の平坦さも、宇宙の失われた質量も、星雲の離散が加速していることも、基本的な宇宙の比率に一貫性があることも、「地平線問題」も、全宇宙における巨視的構造物の一様性も、筋道を立てて説明することはできない。「定数の調整」の問題は特にやっかいである。数十個もの宇宙の定数が、ひじょうに精巧に調整されており、地球の（そしておそらくその他の適切な惑星の）表面で生命が誕生し、次第に複雑性を増す方向に進化してゆけるような、ほとんどありえないような条件を作り出している。これらはすべて一貫性《コヒーレンス》にまつわる謎であり、宇宙を生んだのは、背後にある量子真空の無秩序《ランダム》なゆらぎではないのかもしれないという可能性を示唆している。もしかすると、宇宙は先に存在していた「原宇宙《メタ・ユニヴァース》」、すなわち〝メタヴァース〟の子宮から生まれたのかもしれない（「メタ」という言葉は古典ギリシア語に由来し、「後ろ」または「向こう」という意味である。ここでは、私たちが観測し存在している宇宙よりも、広大でより基本的な宇宙という意味で使われている）。

より広大で、おそらく無限の宇宙が存在することは、高性能の望遠鏡を使ってどんなに遠くまで観測しても、「暗黒領域」と呼ばれる、かつてはどんな星雲や恒星も存在しないと考えられていた場所でさえ、次々と星雲が発見されているという驚くべき事実によっても支持される。これは、ほんの一〇〇年前に天文学で主流だった考え方とはまったく異なっている。当時から一九二〇年代までは、宇宙には銀河系しか存在せず、銀河系が終わるところで宇宙そのものも終わると考えられていた。現在では、「私たちの星雲」である銀河系は、「私たちの宇宙」のなかの数十億の星雲の一つにすぎないことがわかっているだけではなく、「私たちの宇宙」の果てが「全・宇宙」の果てではないことも認められつつある。宇宙は時間的には永遠であると思われるし、またおそらく空間的にも無限なのだろう——数十年前、どんな宇宙論者が夢想したよりも、はるかに広大なのだ。

現在では、私たちが住んでいる宇宙がメタヴァースの枠組のなかでどのように誕生したのかを量子論的に厳密に説明する物理的宇宙論がいくつか存在する。このような宇宙論は、この宇宙の一貫性《コヒーレンス》にまつわるさまざまな謎を、ありえないほど精巧な調整がなされ、このような疑問を呈している私たちがここに存在しているという驚くべき幸運があったということも含めて、解き明かしてくれるかもしれない。一度かぎりの、一周期しかない宇宙では、この謎に納得できる説明を与えることはできない。なぜなら、そこでは、生まれてくる宇宙のパラメータを決定するプレ・スペースのゆらぎは無作為《ランダム》に選ばれたはずだからである。この選択が幸運なものになるように仕向けるものは何もなかったのである。しかし、混乱したプレ・スペースという混沌《カオス》にあって、可能なすべてのゆらぎのなかから無作為に条件が選ばれたのだとしたら、生物やその他の一貫性をもった複雑な現象が生まれ、そして進化するような宇宙が生じることは、ほとんどありえなかっただろう。

驚くほど一貫性のあるこの宇宙を生み出したゆらぎは、無作為に選択されたものではなかったのではないだろうか。この宇宙が生まれたプレ・スペースのなかに、以前に存在したいくつもの宇宙の痕跡が存在していたのかもしれない。そのため、この宇宙を生み出した爆発に影響を及ぼしたゆらぎに制限がかかり、生命に必要な複雑な系を作り出せる宇宙ができるような範囲にゆらぎが収まるように微調整されたのかもしれない。私たちの両親の遺伝子コードが受胎と胎児の成長に情報を提供して、今日の私たちに至ったのと同じように、メタヴァースはこのようにして私たちの宇宙の誕生と進化に情報を提供したのかもしれない。

私たちの宇宙の驚異的な一貫性は、すべての星や星雲が何らかの方法で結ばれていることを示唆している。そして、宇宙の物理法則とさまざまな定数が微妙に調整されていることは、この宇宙が誕生したとき、それはより広大で、おそらくは無限のメタヴァースのなかで、以前に存在したいくつもの宇宙と結ばれていたのだということを示唆している。

私たちはここで、私たちの宇宙の誕生の際に、以前に存在した宇宙の痕跡を伝えてくれ、それ以来ずっとこの宇宙の星や星雲を結びつけ関係づけている、宇宙の「アカシック・フィールド」の足跡と出会うのだろうか？

2　量子物理学の謎

二〇世紀が過ぎゆくにつれ、物理的存在のきわめて微小な領域の物理学である量子物理学は、想像をはるかに超えて奇妙なものとなっていった。物質、力、光をそれと特定できる最小単位は、実はエネルギーでできているのだが、それは連続的な流れをもったエネルギーではないということがさまざまな発見によって明らかになった。それは常に量子と呼ばれる個々のかたまりとして存在するのである。このエネルギーのかたまりは、質量、重力、慣性など、物質と同じ性質をもちうるものの、物質ではない。物のように見えるが、普通の常識的な物ではない。粒子であると同時に波動なのである。量子のある性質が測定されると、残りの性質は測定したり観測したりできなくなる。さらに、量子と量子は、どんなに遠く離れていようが、瞬時に、しかもエネルギーを介さずに、「相関《エンタングル》する」（訳註：

元来、エンタングルという語は、「絡み合う」ことを意味するが、量子物理学においては、遠く離れた二粒子が瞬時に影響を及ぼしあうという現象（遠隔伝達あるいはテレポーテーション）をさす）のである。

量子のレベルでは、存在は奇妙であり、しかも非局在的（nonlocal）である。宇宙の全体が、時間や空間を超越した相互結合のネットワークをなしているのである。

◎量子の奇妙な世界

最も代表的な特徴——相関《エンタングル》する粒子たち

・本来の状態では、量子はある瞬間に一つの場所だけに存在するのではない。それぞれの量子は、あちらこちらに同時に存在する。ある意味では、空間と時間のなかの、いたるところに存在するのである。

・観測または測定されるまでは、量子は特定の性質をもたず、同時に複数の状態で存在する。これらの状態は、「実際の」ものではなく、「潜在的な」ものであり、観測や測定を受けたときに量子がとりうる状態である（これは、観測者または測定器が、可能性の海から量子を釣り上げるようなものである。一つの量子が海から釣り上げられると、それは仮想的な存在ではなくなり、現実の存在となる。しかし、その量子がなりうるさまざまな現実の存在のうちどれになるのかを前もって知ることはできない。どの状態になるかは量子自らが選ぶようである）。

・ある量子が一組のパラメータからなる実際の状態をとっているときでも、私たちはこれらのパラメータのすべてを同時に観測したり測定したりすることはできない。あるパラメータ（たとえば位置やエネルギー）を測定すると、他のパラメータ（速度や観測時間など）はあいまいになる。

・量子は社会性が高い。一度同じ状態をとったことのある量子どうしは、どんなに遠く離れても結び合ったままである。以前に接触していた二つの量子の一方がある相互作用を受けた（つまり、観測または測定された）とすると、その量子は自分の状態を選択する。そしても う一方の量子も自分の状態を選択するが、これは自由にはできない。その選択は最初の量子の選択に左右されるのである。二つ目の量子は、常に最初の量子が選択した状態に対して相補的な状態をとる。まったく同じ状態をとることはない。

・複雑な系（ある実験の設備一式など）のなかでも、量子は同様に社会的な振舞いをする。系のなかの一つの量子を測定すると、その他の量子も同様に「実在的《リアル》な」存在に（すなわち、常識的な対象のように）なる。さらに驚くべきことに、ある量子を個別に測定できる実験が行なえる状況を整えたとすると、その実験を実施しなくても、残りのすべての量子が「実在的」存在となる。

アイザック・ニュートンの物理である古典力学は、物理的存在についてのわかりやすい概念をもたらした。一六八七年に出版されたニュートンの『プリンシピア——自然哲学の数学的原理』(邦訳、講談社)は、物体は数学的に表現された規則に従って地球上で運動し、惑星はケプラーの法則に従って天上で回転することを、幾何学的な正確さをもって示した。振り子の運動が、その長さと最初の変位によって決まり、投射物の運動が、投射角度と加速度によって決まるように、すべてのものの運動は、それが開始したときの条件によって厳密に決定される。惑星の位置、振り子の運動、投射物の軌跡、そしてニュートン物理学では宇宙を組み立てる最小の要素であった「質点」の運動を、ニュートンは数学的に正確に予測した。

だが百年と少し前、このニュートンの機械的で予測可能な世界は窮地に陥った。一九世紀の末に原子が分解され(訳註：一八九五年のレントゲンによるX線の発見、一八九七年のトムソンによる電子の発見など)、二〇世紀初頭に原子核が分解されたとき(訳註：一九一九年、ラザフォードは窒素原子核がα線によって破壊されることを実証した)、物理的な存在だけが分解されたのではなかった。自然科学の土台そのものが揺らいだのである。二〇世紀初頭に行なわれたさまざまな物理実験によって、すべての存在は、それ以上分割できない最小の単位によって組み立てられているという、広く受け入れられていた考え方が否定されたのだ。しかし、物理学者たちは、これにとって代わる、同じぐらい常識的な考え方を提示することができなかった。「物質」という概念そのものが疑わしくなった。原子や原子核が分裂したときに生じる原子より小さい粒子は、普通の固体のようには振舞わなかった。「非局在性 nonlocality」という奇妙な相互結合性を示し、粒子のような性質と同時に波動のような性質をもつという二重性を示した。さらに、有名な「ＥＰＲ」実験（アルバート・アインシュタインが、同僚のボリス・ポドルスキーとネーサン・ロウゼンと共に提案した実験）によって、一つの系のなかにあった粒子どうしは、その後永久に、瞬時に相互関係しつづけることが明らかになった。このような相互関係は、すべての原子に対して成り立つ。最近の遠隔伝達《テレポーテーション》の実験では、相互関係をもつ一対の原子の一方を第三の原子と関係づけると、第三の原子の量子状態が、最初に相互関係にあった対のもう一方の原子に、それがどんなに遠く離れていようが、瞬間的に移される（「転送《ビーム》」される）のである。

この量子の不思議の海に現れている驚くべき事実は、粒子や原子は一匹狼ではないということを意味している。粒子や原子は社会的な存在であり、ある種の条件の下では、互いに完全に「相関《エンタングル》」しているので、どこか特定の場所だけに存在するのではなく、関連するすべての場所に同時に存在する。粒子や原子の非局在性は、時間も空間ものともしない。粒子や原子を隔てる距離がミリ単位だろうが光年単位だろうが、それらを隔てる時間が秒単位だろうが百万年単位だろうが、非局在性は成り立つのである。

宇宙の最も基本的な要素の非局在性は、粒子や原子の状態を記録し、この情報を対応する状態にある粒子や原子に伝達する、根源的な場《フィールド》によって成り立っているのだろうか？　アカシック・フィールドは、物理的な現実の宇宙的な尺度においてのみならず、極微の尺度においても働いているのだろうか？

3　生物学の謎

極大の尺度の領域でも極微の尺度の領域でも、物理的な現実は驚くほど相互関連性があり、また一貫性《コヒーレント》があることがわかった。しかし、日常的な尺度の世界はもっとまともである。ここでは、ものは一度に一つの状態しかとらないし、どこか一箇所に存在し、二つの場所に同時に存在することはない。これは少なくとも常識的な仮定であるが、実はこのような仮定は生物に関しても成り立っていないことが明らかになっている。生物は細胞からなり、細胞は分子からなり、分子は原子からなっており、その原子は素粒子からできていることを考えると、これは驚異的なことだ。たとえ素粒子そのものが奇妙なものだとしても、それから作られた総体は、古典的で常識的なものでなければならないと思われる。量子論的不確定性は、巨視的尺度では打ち消されると考える人が多いはずだ。

しかし、生物の世界の巨視的存在は古典的ではない。すくなくとも、完全に古典的ではない。一つの生物の各部分のあいだで、そして生物と環境のあいだにおいても、瞬間的に起こる多次元の相互関係が存在することが明らかになりつつある。量子生物学の最先端の研究において、生物の内部の原子や分子、そして一つの生物の総体とその環境は、同一の量子状態で生まれた微粒子どうしと同じぐらい「相関《エンタングル》」していることが見出されている。

◎想像を超えたポスト・ダーウィン生物学の世界

最も代表的な特徴――驚くべき一貫性をもった生物

・生物は驚くほどの一貫性をもっている。一つの生物のどの部分も、多次元的かつ動的《ダイナミック》に、そしてほとんど瞬間的に、他のすべての部分と相互関係している。一つの細胞や器官に起こったことは、他のすべての細胞や器官にも何らかの形で起こる。これは、ミクロの領域における量子の振舞いの特徴である「相関《エンタングルメント》」を連想させる(実際のところ、それを示唆している)。

・生物は、それをとり巻く環境とも一貫性をもっている。生物の外部環境で起こったことは、何らかの形で生物の内部環境にも反映される。この一貫性のおかげで、生物はその環境と調和を保ちつつ進化していくことが可能なのである。単純な生物でも、その遺伝的構造はひじょうに複雑であり、極めて精巧に環境に「適合《フィット》」しているが、このような「内部と外部の調整」がなければ、生物の種が生存可能な形に突然変異して自然淘汰を生き延びることはできなかっただろう。私たちの世界に、バクテリアや藍藻植物などのごく単純な生物だけが住んでいるのではないのは、遺伝子、生物、生物の種、そして生物圏《バイオスフェア》の隙間《ニッチ》のあいだに、ある種の「相関《エンタングルメント》」が存在しているからであるということが、最近の分析によって明らかになってきている。

一つの生物に全体として一貫性があることは驚くにあたらない。驚くべきは、その一貫性の程度と形である。生物の一貫性は、生化学系の一貫性をはるかに超えたものであり、いくつかの面では、それは量子系がもつ一貫性を帯びている。

生物が外的世界の制約に屈しないものならば、生物を構成する部分や器官は互いに正確かつ柔軟に相互関係していなければならないことは明らかである。このような相互関係がなければ、生きている状態にある組織は、私たちが知っているような生命が存在しえない、熱的、化学的な平衡状態という死の状態に次第に近づき、すぐにも崩壊してしまうだろう。平衡に近い系はほとんど不活性であり、代謝や生殖など、生きているという状態に不可欠な、生命を維持する過程は起こりえない。生物が熱力学的平衡状態になるのは死んだときだけである。生きているかぎり生物は動的《ダイナミック》な平衡状態にある。生物はその状態でエネルギーや情報を蓄え、それらを生命維持に必要な機能を駆動し制御するためにいつでも使えるように備えている。

さらに詳しく分析してみると、この動的な平衡状態にはひじょうに高度な一貫性が必要であることがわかる。系全体にわたって、瞬間的に長距離相互関係が成り立たなければならない。近くにある分子のあいだで生じる単純な衝突——分子どうしがビリヤードの玉のようにぶつかったときの衝撃のような単純なもの——でさえ、遠く離れたものも含めて、その生物という系のすべての部分を相互関係させる瞬間的情報伝達《コミュニケーション》のネットワークによって補われなければならないのだ。たとえば、ある希少な物質の分子どうしは、めったに隣接することはないが、生命体全体のなかでお互いを見つけている。振動したり混じりあったりするランダムな過程に頼っていては、そのようなことが起こるに十分な時間はとてもない。生命体が成り立つには、分子どうしが遠く離れているときにもお互いの位置をちゃんと見つけて正確に応答することが必要である。これが生命体の部分どうしの機械的または化学的な結びつきによって成し遂げられるとは考えにくい。遺伝子からの生化学信号をDNAやRNA、タンパク質、酵素、そして神経活性化因子や神経伝達物質を通して読み取る神経系をもってしても、そのようなことはありえそうにない。

複雑な生物では、秩序を保つことは至難の業である。人間の身体は、約一千兆個の細胞からなるが、これは銀河系の星の数よりもはるかに多い。毎日この細胞のうち六〇〇〇億個が死に、同じ数の細胞が新たに生まれている。一秒間に一〇〇〇万個以上の新旧細胞が交代しているという計算になる。普通、皮膚細胞は約二週間しか生きない。骨細胞は三か月ごとに作り替えられる。また、九〇秒ごとに数百万個の抗体が合成される。一つの抗体は約一二〇〇個のアミノ酸から作られる。そして一時間ごとに二億個の赤血球が再生される。心臓と脳の細胞は他の細胞よりも寿命が長いとはいえ、人体のなかで変化しないものなどないのである。そして、どの瞬間をとっても、そのとき身体のなかで共存する多数の物質が何千もの生化学反応を起こしているのである。

生物が示す一貫性の水準がたいへん高いことから、生命体のなかで量子論的な過程が起こっているのではないかと推測される。たとえば、生命体はひじょうに低周波の電磁波や、最高性能の装置でなければ測定できないような微弱な磁場に反応する。だが、分子の大きさよりも小さな輻射が分子の集合体に影響を及ぼすことは、その集合体をなす多数の分子どうしがきわめて高い一貫性をもって相関《エンタングル》していなければありえない。このような結びつきは、量子論的な過程が生命体の生化学的過程を補っていてはじめて可能である。生命体は、いくつかの意味において「巨視的な量子系」であると考えられそうだ。

生命体の遺伝子の総体、いわゆるゲノムも、生命体内の一貫性のなかに組み込まれている。これは、主流の生物学から見れば変則事象である。古典的ダーウィン主義によれば、ゲノムは生命体のその他の部分が被る変化から遮断されているはずである。生殖細胞系《ジャームライン》（親から子孫へと伝えられる遺伝情報）は、体《たい》（遺伝情報を発現する生体そのもの）からは完全に分離されていなければならない。ダーウィン主義者たちは、一つの種が何世代も生きていくうちに、体《たい》が被るさまざまな影響とは無関係に生殖細胞系《ジャームライン》はランダムに変化するのだと主張する。ランダムに作られた多数の遺伝的変異に対して、その変異の結果生じた体《たい》の変化がその環境に「適合《フィット》」するかどうかによって淘汰が起こり、進化が起こる。だとすると、生物学的進化は、ゲノムの偶然の変化と、それによって生じた変異体がその環境に適合する偶然という、二重の偶然によって起こることになる。オックスフォード大学の生物学者、リチャード・ドーキンスが使いはじめた有名な喩えを借りると、進化とは、試行錯誤によって進む「盲目の時計職人の仕事」なのである。

しかし、ゲノムの遮断という古典的ダーウィン主義の教義は間違っている。確率統計論的に、そして実験室での実験によって経験論的にも、間接的にではあるが反証されている。ゲノム、生命体、そして環境は、統合的な系を形成し、そこでは自律的に機能するさまざまな部分が密接に相互関係しているゆえに、生命体は生存し、また、親世代にとって生存に適さなかった条件で生き残れるような子孫を産むことができるのである。

遺伝子と環境の相互結合が存在することは、実験室での実験によって示されている。遺伝子―環境の相互結合は、機械的な手段によってさえ起こすことができるのである。細胞生物学者のA・マニオティスは、細胞膜の外側に加えられた機械的な力を細胞核に伝達する実験について述べている。この処置の結果、ほとんど瞬時に突然変異が起こった。実験科学者のマイケル・リーバーは、さらに進んだ実験を行なった。細胞膜の外側に加えられた機械的な力は、遺伝情報に変化をもたらすさまざまな相互作用のうちの一つでしかないことが彼の研究によって示された。環境がもたらす任意のストレスは、機械的であろうがなかろうが、全体的な「超・変異《ハイパーミューテーション》」を引き起こすのである。ゲノムは動的《ダイナミック》で、ひじょうに適応性が高い。危険に曝《さら》されたゲノムは、ほとんど瞬間的に一連の複雑な変化を遂げる。

その際、必要な変化をもたらすためには、それ自体は不必要な状態でさえ作り出すのである。
最近になって発見されたゲノムのこの「適応反応」は、電磁場や放射線が生命体に照射された場合にもはっきりと現れる。この場合も遺伝子の構造に直接の影響が及ぶ。多くの場合、子孫が新しい遺伝子をもつようになる。日本とアメリカで行なわれた実験では、実験室でラットに薬を投与して膵臓内のインシュリンを製造する細胞に損傷を与え、ラットに糖尿病を発症させた。これら糖尿病ラットの子孫は自動的に糖尿病になってしまった。ラットの体細胞に生じた変化が遺伝子にも変化をもたらしたのだと推測される。

さらに衝撃的なのは、特定の遺伝子に欠陥を生じさせたバクテリアの株を使った実験である。たとえば、バクテリアが乳糖《ラクトース》を代謝するための遺伝子に欠陥を生じさせたとしよう。このバクテリアに純粋なミルクだけを餌として与えつづけると、一部のバクテリアは正確に逆変異して、乳糖《ラクトース》を代謝できる遺伝子を修復してしまうのである。バクテリアのようなものでもそのゲノムはひじょうに複雑であることを考えると、このような反応がまったくの偶然だけで生じることは、とてもありえない。

適応反応は、化学物質に曝《さら》されることによっても生じる。植物や昆虫は有毒物質に曝されると毒物の毒性を弱め、それに対する耐性が生じるように遺伝子プール（訳註：交配可能な同じ種の集まりのもつ遺伝子の総体）を正確に変異させることが多い。

ドイツの理論家、マルコ・ビショフは、生命科学の最前線で現在出現している重要な洞察を次のように総括した。「量子力学によって、不可分な総体の優越性が確立された。したがって、新しい生物物理学は、生命体内部、生命体相互、そして生命体と環境とのあいだの根源的な相互結合性についての

洞察を基礎にすえなければならない」（強調はビショフによる）

「生体場《バイオフィールド》」とも呼ばれる場が、生命体のなかにある無数の分子、遺伝子、細胞の無数の相互作用を常に瞬時に調整し、生命体や種のすべてをその環境と調和させる能力をもっているのだろうか？　極微領域を扱う物理学と宇宙論で私たちが出会ったアカシック・フィールドは、生命の世界でも働いているのだろうか？　極微の尺度の存在である量子と超巨視的な尺度の宇宙を相互結合させているように、それは生命体と生態環境を相互結合させているのだろうか？

4　意識研究の謎

意識は、私たちが最も個人的、直接的に経験する現象である。生まれた瞬間から、おそらく死ぬ瞬間まで、私たちは意識をもちつづける。意識は特異なものであり、また、私たち一人一人が固有の意識をもっているようだ。だが、「私の」意識は、私一人に属する固有のものではないかもしれない。「私の」意識が他の人々の意識に結びついていることは、伝統的な社会では（いわゆる原始的な社会のことだが、実は多くの点でひじょうに洗練されている）古くから知られてきたことだが、現在、思考やイメージの転送実験や、一人の人間の心が別の人間の身体に影響を及ぼすことを検証する実験など、管理した条件下で実施されるさまざまな実験によって再発見されている。

◎人間意識の超個的《トランスパーソナル》な世界

最も代表的な特徴――人間精神の連結性

・先住民の部族どうしは、目や耳が届く範囲を超えて意思伝達ができるようである。地球上のさまざまな場所、また異なる時代に生きていたと思われるいろいろな民族の、習慣、建造物、工芸品を見ると、これらの文化のすべてが、まったく接触したことがなくても情報を共有していたことがわかる。

・現代人も、実験室という環境のなかで、印象やイメージの自然発生的な転送を起こしている。このような転送は、感情的な結びつきが強い被験者どうしのあいだで特に顕著に起こる。

・普遍的な象徴や元型《アーキタイプ》など、ある種のイメージや考え方は、近代、古代を問わず、あらゆる文明の文化のなかに繰り返し出現している。これは、それらの文明に属する人々が直接接触していたかどうかにも、互いの存在を知っていたかどうかにも関係なく起こっている。

・人間の心は、別の人間の頭脳や身体に影響を及ぼすことができるようだ。このような能力は、伝統的な社会の人々にはよく知られているが、今日では、管理された実験によっても検証されており、「遠隔身体《テレソマティック》」医療、非局在医療など新しい医療分野の根拠となっている。

人間の意識が常識的な範囲を超えてさまざまなことを成し遂げられることが今日発見されているが、これは半世紀前のアインシュタインの次のような発言を思い出させる。「一人の人間は、我々が『宇宙』と呼ぶ全体の一部、時間的、空間的に制限されている一つの部分である。人間は、自分の思考や感情を、他の部分からは独立したものとして経験するが、これは一種の錯覚、すなわち人間の意識が視覚によって騙されているのである。この錯覚のせいで、我々は自分の個人的な決断や、最も身近な数人の人間への愛情にとらわれている。その意味で、我々にはこの錯覚が一種の枷《かせ》となっている」。保守的な考え方では、人間の意思伝達《コミュニケーション》と相互関係《インタラクション》は、人間の感覚器官に限定されている（保守的な考え方では、心のなかにあるものはすべて、まず視覚または聴覚によって知覚されなければならないとされている）が、先進的な心理学者、精神科医、意識研究者たちは、アインシュタインが気づき、古代文化では常に知られていたことを再発見しつつある。すなわち、私たちは、もっと精妙で包括的な結びつきによってもつながっているということを。現代の科学では、この結びつきを「超個的《トランスパーソナル》」な結びつきと呼んでいる。

伝統的な文化では、遠く離れた人々、部族、文化のあいだのトランスパーソナルな結びつきを幻想だとは考えていなかったが、近代社会ではそのようにとらえている。近代的な精神は、「明白」でないもの、すなわち、「すぐに手にできるもの」（「明白な」を意味する英語の形容詞「マニフェスト」は、ラテン語で「手」を意味する「マヌス」を語源としている）でなければ簡単には受け入れない。そのため、トランスパーソナルな結びつきは超常的なものであるとされ、例外的な条件の下でしかそれと認められていない。

その例外の一つが「双生児の痛み」である。これは、一卵性双生児の一人が、もう一人の経験する痛みや精神的外傷《トラウマ》を感じるという現象だ。この現象の記録は多数存在している。『*Twin Telepathy*（双子のテレパシー）』を著したガイ・プレイフェアは、約三〇パーセントの双子がテレパシーによる結びつきを経験すると述べた。彼は、一九九七年にテレビ放映された、四組の一卵性双生児を対象とした実験を引用している。四組の一卵性双生児について、脳波、血圧、電流皮膚反応が厳密に監視された。その状態で、各組の双子の片方が座っている椅子の背に取り付けられた警報器が突然大音響で鳴らされた。四組中三組で、もう片方の双子が、かなり離れた防音室に閉じ込められていたにもかかわらず、そのとき生じた衝撃を感じた。この実験はその後、テレビの生中継下でも行なわれたが、そのときもテレパシーによる情報伝達が成功した。ただ、受け手側の双子は、送り手側の双子が何を経験したのか明確に説明することはできなかった。しかし番組の技術責任者は、この双子たちは「確かにどこからか何かを受信した」と結論づけた。

一卵性双生児は、結びついた二人組の最もわかりやすい一例でしかない。母と子、恋人たち、長年連れ添った夫婦など、また親友どうしのような場合でさえ、深く結ばれたすべての人たちのあいだで、ある種のテレパシーが起こることが観察されている。これらの事例を前にして、心理学者たちは極端に保守的でないかぎり何らかのトランスパーソナルな結びつきが存在していることを認めざるをえない。しかし、トランスパーソナルな結びつきによって思考やイメージを伝達することができ、また、多くの人々、おそらくはすべての人々にそのような能力があると認めるのは、例外的に柔軟な考え方をもった心理学者だけである。とはいえ、これは最近の実験で明らかになっているのである。人間にはテレパシーの能力があり、さまざまな形の思考やイメージを伝達できるということは、希望による思い込みや、結果の解釈違いではない。ガンツフェルト法と呼ばれる感覚入力遮断法や、厳密なDMILS（「生命系に対する遠隔精神の影響」を表わす頭字語）実験法など、ひじょうに幅広い種類の実験法《プロトコル》が確立されている。感知できる合図が密かに仕込まれている可能性や、測定器のばらつき、被験者のごまかし、実験者の未熟さや失敗などの可能性がすべて検討されたが、統計的に有意な多数の結果が、このような不正や不備によるものではないことが明らかになった。ほとんどすべての人間が、「超常的な」能力をもっているようである。

人間は他の人間の心と交信《コミュニケート》できるだけでなく、他の人間の身体とも相互関係《インタラクト》することができるようである。一人の人間の意識が、他の人間の身体に測定可能な効果を何度も及ぼすことができるという確かな証拠が次第に集まりつつある。この効果が、遠隔身体的《テレソマティック》効果と呼ばれているものである。

遠隔身体的《テレソマティック》効果は、いわゆる未開の部族にはよく知られていた。人類学者たちはこれを「共感呪術」と呼ぶ。シャーマンや呪医《ウィッチドクター》、その他このような呪術を行なう人たち（ヴードゥーなど）は、目標とする人間そのものではなく、その人物をかたどった人形のようなものを対象にする。これは伝統的な部族のあいだで広く行なわれていることである。ジェイムズ・フレイザー卿は、その有名な『金枝篇』（邦訳、岩波書店）で、アメリカ先住民のあいだでは、シャーマンが砂、灰、粘土などに目標とする人物の姿を描き、それを尖った棒で突いたりして傷つけると、絵姿に表わされた人物はそれに対応するような傷を負うと信じられていたと記している。目標とされた人物が病気になったり、無気力になったり、ときには死んでしまったという報告まであったという。

現在、共感呪術は積極的に応用され、ますます広く知られ、実施されるようになってきている。その一例は、スピリチュアル・ヒーリング（心霊治療）と呼ばれる代替医療である。治療師《ヒーラー》は、「霊的な」手段によって、つまり、治癒力《ヒーリング・フォース》や治癒情報《ヒーリング・インフォメーション》を送ることによって患者を治療する。治療師と患者は直接対面していることもあれば、何キロも離れていることもある。距離は結果に影響を及ぼさないようである。この種の治療が有効であることは意外だと思われるかもしれないが、多数の記録が積み重ねられている。有名な医師、ラリー・ドッシーは、第一世代の生化学的医療、第二世代の心身医療に続くものとして、このような医療を第三世代の非局在医療と呼んでいる。

共感呪術の積極的応用のもう一つの例は、遠隔祈禱《きとう》による治療である。祈禱の効果は、信仰の篤い人々や共同体のなかでは数百年、いや、数千年にわたって知られてきた。だが、これに関して管理された実験を行ない記録したのは、心臓外科医のランドルフ・バードの功績である。彼は、サンフランシスコ総合病院の冠疾患集中治療室（CCU）の患者の病歴を一〇か月にわたってコンピュータを使ってまとめあげた。その結果は、一九八八年、『*Southern Medical Journal*（サザン・メディカル・ジャーナル）』に掲載された。バードは、一般の人々から実験への参加者を募った。参加の条件は、全米のカトリックまたはプロテスタントの教会で定期的に祈禱する習慣があることのみ。選ばれた実験参加者たちは、一九二名の患者の回復を祈るようにと求められ、誰も祈らない二一〇名の患者たちが対照群とされた。どの患者がどちらのグループに属しているかは、患者、看護師、医師の誰にも知らされなかった。祈禱をしてもらう人々には、患者の名前と、心臓の状態に関する情報の一部が伝えられた。一人の祈禱者が数人の患者のことを祈ることができたので、患者一人あたり、五から七名に祈ってもらったことになる。この実験の結果は統計的に有意なものであった。祈禱を受けたグループでは、対照群に比べて、抗生物質の必要性は五倍少なく（三名に対し一六名）、肺水腫の発症は三倍少なかった（六名に対し一八名）。祈禱を受けたグループでは、気管内挿入を必要とした患者は一人もおらず（対照群では一二名が必要とした）、さらに、死亡した患者の数も祈禱を受けたグループでは対照群よりも少なかった（ただし、死亡数の差は統計的に有意ではなかった）。祈りを捧げた人たちと患者との物理的な距離や、どのような祈り方をしたかは、結果になんら影響を及ぼさなかった。どの患者に対して祈ったかも、どこで祈ったかも関係なく、ただ集中し、繰り返し祈禱したという事実だけが有効であった。

遠隔祈禱や心霊治療《スピリチュアル・ヒーリング》、そしてその他の精神や意志に関する実験や治療は、テレパシーや遠隔身体的方法による情報やエネルギーの伝達が有効であることの見事な証拠を示している。これらの治療法は、測定可能な効果を実際に人々にもたらしており、ますます広がりつつある。しかし、主流の科学によってはいまだ説明できないことなのである。

星雲が宇宙のなかで、量子が極微の世界で、生物が生命の世界で結び合っているように、私たちの意識も、相互結合をもたらすアカシック・フィールドを通して他の意識と結び合っているのだろうか？　そして、これは私たちがこれまでに出会ったのと同じ場《フィールド》が、自然の領域と同じように精神の領域でも現れているということなのだろうか？

第4章　宇宙の記憶を探る

ここまで現代科学の謎を見てきたが、これによって本書の目的である、科学に基づいた万物の理論を求めての探究に乗り出す準備が整ったと言える。私たちは重要な洞察を得た。これまで知られていなかったが、疑いもなく現実であり、おそらく本質的であると思われるものや過程が次々と発見されているが、これらを説明するためには、現在の科学のパラダイムが認めるよりも世界ははるかに豊かなのだということを認識する必要があることがわかったのだ。

これらの発見のうち、代表的なものをもう一度見ておこう。

・宇宙は一つの総体として、常識では説明できないほど精巧に調整された相互関係を示している。

・量子のレベルにおいて、驚くほど密接な相互関係が存在している。別の粒子と同じ量子状態を占有したことがある粒子は、エネルギーを介在しない奇妙な方法で、その粒子と関係をもちつづける。

・ポスト・ダーウィン進化論と量子生物学によって、生体の内部で、そして生体とその環境のあいだで、量子と同じく不思議な相互関係が発見された。

・意識研究が進むにつれて明らかになってきた相互関係も同じく奇妙なものである。その相互関係は、一人の人間の意識と、他の人間の心や身体のあいだの、「超個《トランスパーソナル》的な結びつき」として現れている。

これらの結びつきと相互関係にまつわる謎をよく検討すると、驚くべき結論に達する。一貫性をもって進化する宇宙、量子の相関性、生体と環境の瞬間的な結びつき、遠く離れた人間どうしの意識が瞬時に交信することなどを成りたたせている、それぞれの結びつきの網状組織《ネットワーク》はすべて、同じものによって説明できるのである。宇宙には、物質とエネルギーの他に、もう一つ、はるかに精妙だが、実在するものがある。それは、活動的で実際に効果を示す「イン・フォーメーション」（「はじめに」参照）としての情報《インフォメーション》である。この形のイン・フォーメーションは、時間と空間のなかですべてのものを結びつける。実際に、時空を通してすべてのものを結びつけるのである。ニコラ・テスラ、デイヴィッド・ボーム、最近ではハロルド・パソフなど、最も進歩的な科学者たちが、「自然の領域と精神の領域の両方における相互関係は、この宇宙の中心にある情報場によって媒介されている」のではないかと推測している。

◎自然界の情報場の探究

近代通信技術の父である、忘れられた天才（近年再評価されつつある）ニコラ・テスラは、二〇世紀初頭、宇宙空間を満たす「原・媒体《オリジナル・ミーディアム》」について語り、それを光を伝播するエーテル、アーカーシャになぞらえた。彼が一九〇七年に書き、未発表に終わった論文、『*Man's greatest achievement*（人類最大の達成）』には、この一種の力の場《フォース・フィールド》である原・媒体《オリジナル・ミーディアム》は、生気《プラーナ》の作用を受けると物質になり、その作用が停止すると、物質としては消滅して元のアーカーシャに戻ると述べられていた。この媒体はすべての宇宙空間を満たしているので、宇宙に生じるすべてのものはこの媒体に由来すると考えることができるとした。テスラは、当時アインシュタインによって提唱されていた空間の湾曲によって存在の由来を説明することはできないと主張した。

しかし、二〇世紀の最初の一〇年が終わるころ、物理学者たちはアインシュタインが数学的に厳密に構築した四次元の湾曲する時空連続体を採用し、少数の異端の理論家たちを除いては、宇宙を満たすエーテル、媒体、力の場などの概念を検討しようとしなくなった。テスラの洞察に満ちた考え方は不評を買い、やがて忘れ去られた。だが現在、テスラの考えが再び脚光を浴びている。ボーム、パソフをはじめ、一部の科学者たちは、自然界における情報の役割を再発見し、自然界の情報場《インフォメーション・フィールド》は、量子真空ではないかと考えている。しかもそのような科学者が次第に増えつつあるのだ。量子真空は、まだ完全には解明されていないものの、現在盛んに議論されている、宇宙空間を満たしているエネルギーの海なのである。

◎量子真空とは

時空がエネルギーに満ちた宇宙の基盤であるとする考え方は、二〇世紀に現れたものである。二〇世紀の初頭にはすでに、宇宙は見えざるエネルギーの場、すなわち発光するエーテルによって満たされているという考え方があった。物体がこのエーテルを通過すると、摩擦が生じて物体の動きは遅くなるとされていた。しかし、有名なマイケルソン＝モーリーの実験でこのような摩擦が測定されなかったので、その後すぐにエーテルは物理学者たちの世界像からは消し去られてしまった（訳註：マイケルソン＝モーリーの実験は、実際には一九世紀末の一八八一年、一八八七年と、そして二〇世紀の一九〇五年に実施された）。それに代わって、宇宙は完全な真空で、物質が存在しないところには何もないと考えられるようになった。

だが、宇宙の真空は空っぽの空間とは程遠いものであることが明らかになった。二〇世紀の後半に展開されたいくつもの「大統一理論」（ＧＵＴ）のなかで、真空の概念は、空っぽの空間というものから、零点場（ゼロ・ポイント・フィールド）を担う媒体へと変化していった（「零点場」という名は、この場のなかでは、古典的な形のエネルギーがすべて消失するとき、すなわち絶対零度においてもエネルギーが存在することに由来する）。それ以後の統一理論ににおいては、自然界のすべての場と力の根源は「統一真空《ユニファイド・ヴァキューム》」と呼ばれる奇妙なエネルギーの海にあるとされた。

この根源的な場と物理的世界で観察される物や現象とのあいだに存在する相互作用が次々と発見されている。一九六〇年代、ポール・ディラックは、フェルミオン場（物質粒子の場）のゆらぎによって真空の零点場が分極し、その影響によって粒子の質量、電荷、スピン、角運動量が変化することを示した。同じ頃アンドレイ・サハロフは、相対論的な現象（光速に近づくと時計が遅れたり物差しが縮んだりする現象）は、零点場が荷電粒子によって遮蔽されることによって真空中に生じる効果の現れではないかと提案した。だとすると、真空は相対論で解釈されているような四次元連続体ではないことになるため、これは革命的な考え方である。真空は単なる時空の幾何学形状ではなくなり、実際に物理的な効果を生み出す実際の物理的な場となる。

零点場の考え方による真空の物理的解釈は、一九七〇年代に、ポール・デイヴィスとウィリアム・ウンルーが、零点場のなかでの等速度運動と加速度運動を区別する仮説を提案したことによって強化された。等速度運動では零点場の等方性（どの方向にも均一であること）は乱されないが、加速度運動では熱輻射が生じ、場がもっていたすべての方向についての対称性が破られる。一九九〇年代には、この前提に立った研究が盛んに行なわれ、カシミール力やラムシフトを早くも「古典的」なものとするほどであった。

カシミール力についてはよく知られている。二枚の金属板を接近させると、そのあいだでは特定の波長の真空のエネルギーが排除され、真空のエネルギー密度が外側よりも低くなる。この不均衡によって圧力が生じ——これが「カシミール力」である——二枚の板は内向きに押されて接触する。「ラムシフト」もよく研究された真空効果で、原子核の周りにある電子が一つのエネルギー順位から別の順位に飛び移る際に放出される光子《フォトン》が示す周波数の変化である。この変化は、光子《フォトン》が零点場とエネルギーを交換することによって生じる。

他にもさまざまな現象が発見された。ハロルド・パソフとベルンハルト・ハイシュは、共同研究者らとともに、慣性力、重力、そして質量も、荷電粒子が零点場と相互作用する結果生じるという高度な理論を打ち立てた。パソフはさらに、原子核の周囲の軌道にある電子は常にエネルギーを放射しているので、電子が真空からエネルギーの量子を吸収して、軌道上を運動していることによって失うエネルギーを補っているのでないかぎり、電子は次第に原子核に近づいていくはずであると述べた。

地球が太陽の周りの軌道を回りながら安定しているのも、真空からのエネルギーの補給があってのことである。地球は軌道を巡りながら常に一定量の運動量を失っているので、零点場からのエネルギーの流入がなければ、地球が軌道上で回転することによる遠心力に太陽の重力場が優ってしまい、地球はらせんを描いて太陽に落ちてしまうだろう。このことから、慣性、重力、質量に加え、原子や太陽系の安定性そのものも、真空の零点場との相互作用によって成り立っていることがわかる。

量子真空については今後解明しなければならないことがまだ多数残っているが、それが極度に高密度の宇宙媒体であることはすでに明らかである。光をはじめ、自然界のすべての力が量子真空によって伝播されている。圧力波も、量子真空中を伝わって宇宙の端から端へと横断しているのかもしれない。これは、ドイツの数理物理学者ハルトムート・ミュラーの考えである。彼は、原子から星雲に至るまですべてのものが、観察されているような大きさをもっているのは、その大きさが真空を伝播する密度–圧力波との相互作用によって決定されているからであるとする。彼の「グローバル・スケーリング理論」によると、宇宙の大きさには限界がある。物質は、小さいほうの限界で最も密に存在し、大きいほうの限界では最も粗に存在する。このようになるのは、真空を伝播する圧力波に原因がある。宇宙が有限なので、特定の大きさのところで波が重なり合い、持続する定在波ができる。これらの定在波が、重力、電磁力、強い核力、弱い核力の値を決定し、ひいては物理的な相互作用も決めるのだ。これらの波は共鳴して、特定の振動が増幅され、それ以外の振動は打ち消される。このようにして宇宙全体にわたって物質の分布が決定される。すべての過程には、真空の定在波とどのように共鳴するかに応じたリズムが内在している。ミュラーは、真空とは、形態形成場として働くひじょうに微弱な宇宙の背景であると結論した。

真空中に圧力波が存在することを裏づけるような発見が最近相次いでいる。NASAのチャンドラX線天文台の天文学者たちは、地球から約二億五千万光年離れたペルセウス座超銀河団にある超大質量ブラックホールから圧力波が発生していることを観測した。この真空の圧力波は、音波にすると変ロ音の周波数をもっている。これは、真空中を二億五千万年かかって旅してきた実際の音なのである。私たちの耳ではこの音を感知することはできない。中央ハの音よりも五七オクターブも低く、人間の聴覚の限度の一〇の一五乗倍も低い音なのである。

光（すなわち光子《フォトン》の波）や圧力波を伝播したり、原子や太陽系が失ったエネルギーを補給したりする場は、抽象的な理論のなかだけの存在ではない。量子真空は現実に物理的に存在しており、宇宙空間を充満していると認める物理学者がますます多くなっているのも不思議はない。

量子真空は、光、エネルギー、圧力、そして音を伝播しているようである。このような性質のほかに、量子真空は二つ以上の事象（遠く離れた二つ以上の事象でさえも）を結びつけるような性質もっているのではないだろうか？　量子、生物、意識、そして宇宙全体の、驚くべき一貫性《コヒーレンス》をもたらす相互関係を生み出しているのではないだろうか？　ほんの二、三年前に比べても、このように考えることは、より自然になってきている。

ニューヨーク近郊にあるブルックヘイヴン国立研究所での超相対論的重イオン加速器（ＲＨＩＣ）を使った実験で、真空の密度はひじょうに高いことが示されている。予想値より約三〇から五〇倍も高いことがわかったのだ。二〇〇〇年に開始され、二〇〇四年の秋に報告された一連の実験では、四キロメートルの軌道を周回させた金の原子核のビームを衝突させた。正面衝突によって太陽の表面温度の三億倍もの高温が生じた。これによって、他の手段では真空の拘束から解放することができない数千個ものクォークが解放された。だが、こうして散乱されたクォークはばらばらには運動しなかった。ばらばらにするのに必要であると予想されたエネルギー（一億七〇〇〇万エレクトロン・ボルト）の二倍のエネルギーを与えても、クォークの集団は相関したままであった。真空は気体よりも液体に近いようだ。二～三〇〇〇個の水の分子を解放してやると、水の分子は一体としては流れず、個々の粒子が勝手な運動をはじめる。しかし真空のなかでは、粒子どうしは超高密度な真空－プラズマによって結びつけられ、一貫性をもった《コヒーレントな》運動をする。そして真空－プラズマの流動性は水よりも一〇から二〇倍高い。

ブルックヘイヴン研究所の実験からわかることは、超高密度であると同時に超流動性をもつ真空が宇宙の基礎をなす粒子を結びつけているということである。この真空が、「物質」の基本的な構成要素を組織立て、それらのなかに一貫性《コヒーレンス》をもたらすのである。ブルックヘイヴン研究所の副実験監督であるトマス・カークは、「物理的な真空は、けっして空虚ではない。それは複雑な構造をもっており、理論家も実験家も、それがどのようなものであるかを理解できるだけ十分に進歩しているのかどうか、私にはわからない」と語った。

真空の構造については、さらに解明しなければならないことが多数残っているが、真空のなかに包まれている粒子どうしのあいだに一貫性《コヒーレンス》を生み出しているのが真空そのものであることはすでに明らかである。真空がもつ一貫性《コヒーレンス》を生み出す性質は、エネルギーの伝達という側面だけによって理解するのはひじょうに難しい。それは、情報の伝達という側面のほうが強いのである。超高密度で同時に超流動的である量子真空は、「エネルギー」の海であるだけではなく、「情報」の海でもあると仮定することは、今や完全に理にかなったことである。

何人もの最先端の研究者が、量子真空は情報を伝播できる可能性があると主張している。たとえばハロルド・パソフは、次のように述べた。「……宇宙的な尺度において、量子レベルでの物質の恒常的なゆらぎと、その周囲にあるエネルギーの零点場とのあいだには、大規模な共謀的な平衡が存在する。このことの一つの結果として、宇宙的規模で振動する零点場を、宇宙の彼方の領域と共有することによって、私たちは文字通り物理的に、宇宙の他の領域と接しているのである」と。さらに、「たとえば、このような場の変調が、最近映画でもてはやされているフォースのように、意味のある情報を伝播することはないなどと、誰が言えるだろう?」と言い添えている。アポロ一四号の宇宙飛行士、エドガー・ミッチェルも、宇宙に滞在したときの経験から、同じ結論に達した。ミッチェルによれば、情報は宇宙の実態そのものの一部であり、情報とエネルギーは互いにダイアド、すなわち対をなしている。

情報はあまねく存在し、しかも宇宙が誕生したときから存在したのである。ミッチェルは、量子真空は物質の歴史的経験を記録しているホログラフィックな情報機構《メカニズム》であると主張する。

◎量子真空はどのように情報を生成、保存、伝達するか

量子真空は、どのようにして「物質の歴史的経験」を伝達するのだろうか？　これは現代物理学に突きつけられた重大な問いであり、おそらくは、今生まれようとしているすべての科学のパラダイムの鍵となるものである。この問いに対して、わくわくするような、そして科学的に正しい答えを約束する、革新的な理論がいくつか存在する。

特に有望なのは、ロシアの物理学者、G・I・シポフとA・アキモフが共同研究者らと打ち立て、その後欧米の科学者たちがさらに発展させた理論である。彼らの「ねじれ波《トーション・ウェーブ》」理論は、真空が時空の全体にわたって物理的事象をどのように結びつけているかを説明する。シポフとアキモフによれば、ねじれ波は光速の一〇の九乗倍（光速の一〇億倍）の群速度で宇宙を結びつけているという。

ねじれ波による結びつきには、まだ知られていない形のエネルギーが関わっている可能性がある。情報が関わっている可能性もある。また、「スピン」という量子パラメータをもつ粒子が磁性をもつことは常識である。スピンをもつ粒子は特定の磁気モーメントをもつ。磁気による力積《インパルス》は、真空中に小さな渦として記録される。水中の渦と同じように真空中の渦でも、中心の周りに他の要素が回転している。回転しているのは、水中の場合はH_2Oの分子、零点場の場合は仮想的なボゾン（真空を構成す

る粒子）である。ハンガリーの理論家、ラズロ・ガズダグは、これらの小さな渦はコンピュータのハードディスク上の磁気インパルスと同じように情報を担っているのだと主張している。ある渦がもつ情報は、その渦を生み出した磁気モーメントに対応する。それはその粒子の状態に関する情報である。これらの微小な回転する構造が、真空中を移動し、互いに作用し合うのである。二つ以上のねじれ波が出会うとき、それらの波を生み出した粒子に関する情報の糸を撚《よ》り合わせた干渉模様が生じる。この干渉模様は、それらの粒子の集合全体《アンサンブル》の情報を伝えるのである。

簡潔だが意味深い表現をすると、次のようになる。真空の渦はそれを生み出した粒子の状態に関する情報を記録し、また、渦たちの作る干渉模様は、その渦たちが関わりあった粒子の集合の情報を記録する。このようにして、真空は原子、分子、巨大分子、細胞、そして生物、生物集団、生態系の情報を記録し、伝達する。相互作用する真空のねじれ波が保存し伝達できる情報量には、はっきりした限度は認められない。つまり、これらの波は宇宙全体の状態に関する情報を伝達することができるのだ。宇宙の全体にわたって、粒子たちは真空によって結ばれている。海のなかで物と物が結ばれているのとよく似た方法、すなわち、波を作り、波を受け取ることによって結ばれているのである。

海が作り出す相互結合について考えてみよう。少し考えただけで、海のなかを進んでゆく波は、波を作り出した船や魚などのあいだに、たとえ一時的なものだとしても実際の結びつきをもたらすことがわかるだろう。海の上を船が進むとき、その航跡として波が広がっていく。これらの波は他の船の動きに影響を及ぼす。これは、巨大な外国航路船《オーシャン・ライナー》のそばで小さな舟を操れば痛烈に思い知らされることだ。海中を進む船は、海の表面にあるものだけでなく、自分の上下の海中にあるものにも影響を及ぼす。たとえば潜水艦は、あらゆる方向に伝わる海中波を生み出す。他の潜水艦や、海にいる魚やクジラをはじめすべてのものが、この潜水艦から来る波に曝《さら》され、ある意味で、その波によって形を与えられる、すなわち「イン・フォーム」される。第二の潜水艦も同じように「波を作り」、この波が第一の潜水艦をはじめ、その近くの海にあるすべてのものに「イン・フォーム」する。

普通の意味の海であれ、不思議な真空であれ、波立つ媒体のなかで多数のものが動くとき、その媒体は変調され、交差し干渉する波で満たされる。数隻の船が海の上を行き交うときもそうだ。海が静かな日に、海辺の丘や飛行機などの高いところから海を見ると、何時間も前にそのあたりを通過した船の航跡を見ることができる。航跡どうしが交差し、複雑な模様を作っている様子まで見える。船が作った海面の乱れは、その船に関する情報を伝える。実際、波の干渉模様を分析することによって、そこを通った船の位置、速度、そしてトン数まで導き出すことができるのである。

すでに存在する波に新しい波が重なっていくにつれ、海の変調の度合いは増していき、次第に多くの情報を運ぶようになる。海が静かなときには、海面は何時間も、場合によっては何日もその変調を保つ。持続する波の模様は、海のその付近を通過した船に関する記録である。風、重力、海岸線などによってこの模様が消されることがなければ、その記録はいつまでも残るだろう。しかし、風、重力、海岸線などが影響を及ぼさないわけはなく、海に記された記録は遅かれ早かれ分散してしまう（しかしこれは水の記録が消失するということではないということを忘れてはならない。ホメオパシー〔同種療法〕による治療法では、元の物質の分子が一つも残っていない希釈液でも効果があることからもわかるように、水が情報を記録し保存する能力には驚異的なものがある）。しかし真空のなかでは、波を打ち消したり、減衰させることのできる力や物はまったく存在しない。真空は摩擦のない媒体なのである。摩擦のない媒体中では、波や物体は抵抗を受けることなく運動し、逆向きの力がないところでは、いつまでも動きつづける。したがって、真空が真に摩擦のない媒体ならば、宇宙に関する波の記録は永遠に保存されるだろう。

しかし、真に摩擦のない媒体など存在するだろうか？　答えはイエスである。オランダの物理学者、カマリーン・オンネスが一九一一年に発見したように、超冷却状態にあるヘリウムは完全に無摩擦である。彼は、常温では気体であるヘリウムを、ゼロ・ケルビンで表わされる絶対零度のごく近くまで徐々に冷却していった。ヘリウムの温度が四・二ケルビンに近づいたとき、劇的な変化が生じた。ヘリウムは気体ではなく液体に変化したのである。同時に、同じ圧力の下で密度が八〇〇倍に増加した。オンネスが超高密度の液体ヘリウムをさらに冷却すると、二・一七ケルビンで新たな大変化が起こった。液体ヘリウムが超流動体になったのである。超冷却されたヘリウムは、超高密度であるにもかかわらず、そのなかを通過する物体にまったく抵抗を与えなかった。より低密度な気体でさえ、ひじょうに大きな摩擦なしには通過できないような小さな亀裂や開口部を摩擦なしに通り抜けた。

超流動ヘリウムは、超高密度で同時に摩擦のない宇宙の真空とよく似ている。ジョン・ホイーラーらの計算によると、真空のエネルギー密度は、一センチ立方あたり一〇の九四乗エルグになるはずであった（この値は、プランク質量を、一辺がプランク長の立方体の体積で割ったものである）。これは結局、現代物理学史における最も有名な間違った予測となってしまった。数字自体が驚くほど大きい（観察可能な宇宙のすべてのエネルギーと輻射を合計したよりも大きい）ばかりか、現在観測されている事実と一致しない。一センチ立方あたり一〇の九四乗エルグというエネルギー密度は、Λρ（ラムダ・ロー）と呼ばれている。そして、観測による証拠から、真空のもつエネルギーはΛρの一〇のマイナス一二〇乗倍のはずであることがわかった。すなわち、予想値よりも一二〇乗のオーダーで小さい値となったのである！　予測がこれほど大幅に間違っていたことは、物理学者たちに重大な危機感をもたらし、なぜこのような間違いが起こったのかを真剣に追究する契機となった。しかし、その結論はいまだに出されていない。

最新の実験に照らし合わせて最も妥当だと思われる説明は、真空に内在する巨大なエネルギーと、粒子や粒子系に真空が及ぼす影響が比較的小さいことのあいだには、矛盾はない、というものである。現在知られている真空の「影響」は、遠方にある銀河たちが膨張しているという観測結果を説明することはできる（最近復活した有名な「宇宙定数」）が、この影響は小さい尺度では観測できるほどのものではない。すでに言及したように、最近の実験では、真空は超高密度であるのみならず、超流動的でもあることが示されている。このことから、予測値と観測値が一致しなかったという謎を説明できるかもしれない。

私たちは、超高密度で超流動的な真空がすべての空間を満たしていると仮定することができる。宇宙に存在するものはすべて、その真空のなかに浸っており、すべての粒子は真空と相互作用している。しかし、その相互作用のエネルギーはひじょうに小さいので、天文学的尺度以外では観測や測定にかからないのではないだろうか。一貫性《コヒーレンス》をもたらす相互作用は、真空のもつ特殊な性質に起因するようである。この構造についてはさらに研究し理解を深める必要があるが、最も妥当な仮定は、真空のなかで伝播する波面が干渉することによって一貫性《コヒーレンス》が生み出されるというものである。あらゆる形をしたすべての系の物質が真空のなかで波を作り出し、これらの波は真空のなかを動いてその「基底状態」から離脱する（すなわち、波を「励起」する渦を生み出す）。波は真空のなかで伝播し、干渉しあう。伝播する波どうしが作り出す干渉パターンは、個々の波がもつ情報を統合する。個々の粒子や、系のなかのすべての粒子が作り出す波が融合するとき、波が運ぶ情報に新しいものが上書きされ古いものが消し去られてしまうのではない。波は、互いに重なり合うのである。重なり合った波は、その場所に制限されない。真空のなかの、関わりのあるすべての場所に分布するのである。これは、ホログラムでおなじみの現象である。

二本の光線の干渉模様からなるホログラムでは、記録された対象物の表面の各点と、記録されたパターンの各点とのあいだに一対一の対応は存在しない。ホログラムがもつ情報は分布をもっており、一つのホログラムを作り上げているすべての情報が、パターンのあらゆる部分に存在しているのである。写真乾板に記録された干渉パターンの全体に、対象物の表面の記録をもつ多数の点が存在している。言い換えれば、対象物の像が写真乾板全体に宿っているのである。その結果、乾板の任意の部分に光が照射されると、乾板全体を照射したときよりはぼやけているものの、対象物の全体像が現れる。

真空のなかで重なり合っている干渉パターンは、自然の「ホログラム」であり、時間と空間が広がっている範囲の全体にわたって、すべての粒子や粒子の集合《アンサンブル》に関する情報を伝えている。さて、ここで私たちが提示できる仮説は、大胆だが理にかなったものである。それは、量子真空は宇宙の記憶であるホログラフィックな場を生み出すというものである。

第5章 いざ、アカシック・フィールドへ

ここまで、主流の科学を悩ます謎を再検討してきたが、その間私たちは一貫して、時空を超越した宇宙と意識の相互関係が示唆する奇妙な場が、宇宙のまさに核心に存在するのではないかという考えを抱いてきた。そしてこれは正しいことが示された。量子真空の零点場は、単に超高密度なエネルギー場であるだけでなく、宇宙のホログラフィックな記録というひじょうに豊かな情報場《インフォメーション・フィールド》である。これはインド哲学におけるアーカーシャ年代記の概念を思い出させる。アーカーシャ年代記とは、アカシック・フィールドに残された、世界で起こったあらゆることについての記録である。この古代の伝統にちなんで、新たに発見された（あるいは再発見された）宇宙の情報場を「Aフィールド」と呼ぶのがふさわしいと思われる。Aフィールドは、科学におけるGフィールド（重力場）、EMフィールド（電磁場）、その他の核力や量子の場と並ぶ、宇宙の基本的なフィールドの一つである。

アカシック・フィールドは幾世代にもわたって伝えられた古い直観かもしれないが、それにちなん

で名づけられたAフィールドは現代科学の革新的な概念である。これが空想の作り上げた怪物《キメラ》ではないことを確かめるために、私たちはこの概念の根拠となるものを検証しなければならない（証拠よりもAフィールドの効果や意味のほうに興味がある読者は、本章をとばして第6章に進んでいただいても、話の筋道を見失うことはない）。

◎なぜAフィールドなのか――証拠の再検討

宇宙の情報場の証拠は、自然界におけるすべての基本的な法則や過程についての証拠と同じように、直接的なものではない。GフィールドやEMフィールドと同じく、Aフィールドは見たり、聞いたり、触れたり、味わったり、嗅いだりはできない。しかし、私たちが感知でき、実際に感知しているさまざまな現象によって示唆されている。

これらの現象は、主流の理論では説明できない。科学の主流派の中枢を占める保守的な人々にとっては、謎めいた不可思議な現象である。しかし、これらの謎や不思議は一つのことを示唆している。何が示唆されているかは、宇宙論、量子物理学、生物学、意識研究など、さまざまな分野で最先端の研究者たちが現在推し進めている、大胆ではあるが厳密に打ち立てられた仮説、すなわち「科学の寓話」を詳しく見ていくことで明らかになるだろう。

それでは、第3章で紹介した謎を本章でもう一度とり上げ、それらの謎を解き明かすために作り上げられた寓話と照らし合わせてみよう。

まず「宇宙の謎」とメタヴァースの寓話から始めよう。次に物理的現実《リアリティ》の根底にある謎、「量子の謎」と、それを説明するエンタングルメント（相関性）と非局在性の寓話に進もう。それから、「生物の謎」と、相互結合する生命の織りなす網《ウェブ》をとり上げる。そして最後は、私たちに最も身近な経験である、「意識の領域」の謎と寓話で締めくくる。

1　宇宙論

宇宙の謎——物理的な宇宙のなかのAフィールドの足跡《あしあと》

第3章で述べたように、物理的宇宙の標準モデルは、数年前と比べても信頼性が揺らいできている。変則事象、すなわち、ビッグ・バン理論では説明できない宇宙の謎がいくつも発見されているのだ。

〈フラットな宇宙〉　一九九八年に南極上空に打ち上げられた気球望遠鏡の観測結果が明らかになるまでは、はたして宇宙はフラット（すなわち、基本的に「ユークリッド的」で、光は重い物体のそばを通過するとき以外直進する）なのか、開いている（時空が鞍のように負の曲率をもっており、いつまでも膨張しつづける）のか、また閉じている（時空が球の表面のように正の曲率をもち、やがて重力が膨張に打ち勝つ）のかという疑問に宇宙論者たちは答えることができなかった。この答えは、宇宙に存在する物質の量で決まる。宇宙に存在する物質の量が、「臨界密度」（一立方センチ当たり約五×一〇のマイナス二六乗グラムと推測されている）よりも多ければ、物質粒子がもつ重力が、ビッグ・バンによって生じた慣性力を上回るときがいつかはやってくる。そのとき宇宙の膨張は止まり、今度は収縮が始まり、私たちの宇宙は潰れてしまう。だが、物質密度が臨界密度より低ければ、物質の重力の作用は小さく、宇宙の膨張する力を超えることはない。この場合、私たちは膨張しつづける開いた宇宙に住んでいることになる。物質密度が臨界値に正確に一致する場合は、最終的には重力が膨張の力と釣り合うようになり、その後宇宙は膨張と収縮という拮抗する力の微妙なバランスの上で永遠に存続することになる。

　ますます高度化していくさまざまな宇宙探索装置によって、この宇宙が開いているのか、閉じているのか、あるいはフラットなのかについて満足できる答えが得られつつある。その最初のものは、一九九八年にブーメラン・プロジェクトが観測したマイクロ波宇宙背景である（「ブーメラン」は、「ミリ波・銀河系外起源放射および地球物理学の気球観測」の頭文字に基づく呼称）。続いて、ＭＡＸＩＭＡ（ミリ波電波異方性撮像アレイの頭文字）と、ＤＡＳＩ《ディジー》（一度角スケール干渉計の頭文字。南極に設置されたマイクロ波望遠鏡を使っている）を使った観測の結果が出た。二〇〇三年の二月には、ＷＭＡＰ《ダブリュー・マップ》の観測結果が発表された（ＷＭＡＰは、「ウィルキンソン・マイクロ波異方性探査装置」の頭文字をとったもの。これは二〇〇一年六月三〇日に地球周回軌道に打ち上げられた衛星で、太陽に対して月の軌道の外側から宇宙放射を記録した）。これらの結果は、非常に妥当性が高く、これによって従来の試算が修正され、その正当性が強化された。現在では、私たちの宇宙がフラットであるということに対して、筋の通った疑いはまったくない。

　これは、ビッグ・バン理論から導かれる多数の予言を裏づけるものだが、それでもなお驚くべきことであるには違いない。なぜなら、現在宇宙がフラットだとすると、この宇宙に存在するすべての物質を生み出したビッグ・バンは、一〇の五〇乗分の一の狂いもないという驚異的な正確さで精巧に調整されていたことになるからである。そのようなごく小さな狂いがあっても、この宇宙は永遠に膨張しつづける（「開いた」）宇宙か、ある時点で崩壊する有限の（「閉じた」）宇宙のいずれかになっていたはずである。このような水準の正確さがどうして可能だったのかについては、ビッグ・バン理論はなんら説明を提供しない。このようなことが偶然起こったという説明は、ひじょうに多数の宇宙が存在してはじめて説得力をもつ。なぜなら、多数の宇宙が存在するのであれば、私たちの宇宙のように、ありえないぐらい微妙に調整された宇宙が出現する可能性がわずかなりともあることになるからだ。ひじょうに多くの回数サイコロを振れば、六の目だけが連続で出ることもたまにあるのと同じである。

〈失われた質量〉 これよりもっと不可思議な謎は、光学望遠鏡による観察で確認できる物質の量が、宇宙に存在するはずの量よりも少ない、ということである。現在の観測によれば、宇宙の物質密度は、膨張する力に対抗して宇宙をフラットなものにするのに必要な、一立方センチ当たり一〇のマイナス三〇乗グラムよりも少ない。宇宙物理学者たちは、これは宇宙に存在する物質の多くが光学的に不可視だからだと説明している（光学的に可視である物質は、主に陽子や中性子などのバリオン［重粒子］からできている）。宇宙にある物質のたった四パーセントだけが、銀河、恒星、惑星、宇宙塵など、光学的に可視なものである。さらに二三パーセントが、バリオン性の暗黒物質《ダーク・マター》（ひじょうに暗く、光学的には不可視な陽子や中性子）か、非バリオン性の暗黒物質（アキシオン、質量をもつニュートリノ、

ＷＩＭＰ《ウィンプ》――相互作用が弱く、質量のある粒子、などの奇妙な粒子）である。しかし、これらの見える粒子と見えない粒子を足し合わせても、宇宙の物質の約七三パーセントが説明されずに残ってしまう。この膨大な質量は、物質ではなく、暗黒エネルギー《ダーク・エナジー》という、量子真空中の仮想粒子のゆらぎに由来する、宇宙そのものがもつ属性である可能性がある。

〈加速する膨張〉　物質密度が臨界密度に一致しており、膨張の慣性力が重力と厳密に釣り合っているフラットな宇宙では、銀河どうしが膨張によって離れていく速度は次第に遅くなってくるはずである。これは、銀河どうしを遠ざける膨張の勢いが、逆に銀河どうしを近づける引力によって次第に弱められるからである。しかし、実際はそうではない。銀河どうしの膨張による乖離の速度は加速しているのである。

遠方にある銀河が遠ざかっていることが確認できる十分精度の高い観測ができるようになったのは、最近のことである。それまでエドウィン・ハッブルをはじめとする天文学者たちは、どの銀河も同じ明るさであるとの仮定のもとに、観測された銀河までの距離を推測していた。この仮定が正しいとすると、明るく見える銀河のほうが、暗く見えるものよりも近いということになる。しかし、これでは、そもそも異なる光度の恒星をもった銀河が存在するということが配慮されていない。また、たいへん離れた銀河から私たちの元に届く光は、その銀河が進化の初期段階にあったときに発せられたものであることも考慮されていない。その段階では、銀河そのものの明るさが、成熟した銀河のものとは違っていたのだ。天文学者らに必要なのは、ほんとうの明るさがはっきりわかっている銀河、すなわち

「標準光源《スタンダード・キャンドル》」である。一九九〇年代までにこのような光源が数個発見された。それは、超新星（ある種の恒星の生涯の最後に起こる爆発の現れ）の一種、Ｉａ型の超新星である。

恒星の質量の一部をなす水素の大部分がヘリウム、炭素、酸素、ネオン、その他のより重い元素に変化してしまうと、その恒星の外側は重力によって地球ぐらいの大きさにまで圧縮される。このとき密度は普通の物質の一〇〇万倍にもなる。これを「白色矮星」と呼ぶ。ほとんどの白色矮星は大きな変化を起こさないまま冷却していくが、このように超高密度の物体の軌道が全盛期にある恒星のそばを通ると、その強力な重力によって恒星の物質が吸い寄せられる。このため白色矮星の密度はさらに増加し、やがて超高温になり、核融合の連鎖反応が始まる。これが超新星である。つまり、白色矮星が爆発し、毎秒一万キロメートルの速度で物質が原子の状態で吹き飛ばされるようになる。超新星の状態がどれだけ持続するかはその明るさによって決まるので、超新星が変化する過程を観測しつづけている天文学者たちには、その超新星の固有の明るさをひじょうに正確に決定することができるのである。

現在、四〇億〜七〇億光年の距離にある標準光源が数十個研究されている。標準光源の固有の明るさは、それらの距離から計算することができる。ところが実際には、これらの超新星は距離から求められた明るさよりも暗いのである。観測される明るさの数値が、計算値と一致しないのだ。だとすると、これらの超新星は標準モデルが予言するよりも遠くにあることになる。天文学者たちが考えていたよりも速い速度で、宇宙は膨張しているにちがいない。何かが――何らかの力またはエネルギーが――銀河どうしを遠ざけているにちがいない。

この最新の発見は、アインシュタインが提唱し、その後彼自身が破棄した宇宙定数というものを復活させる。アインシュタインの定常宇宙では、物質はビッグ・バンの子宮で作られるのではなく、宇宙に元々均一に分布している。物質が引力によって凝集することなく、均一に広がった状態が維持されるのは、宇宙定数のおかげである。宇宙定数とは、重力の引きつけ合う力を正確に相殺する反発力を表わすものである。その結果、宇宙は膨張も収縮もせず、安定した状態を維持するのである。

宇宙定数という仮説を提案してから五年のうちに、アインシュタインはそれを大間違いであるとして放棄した。宇宙は定常的ではないという証拠が明らかになったため、一九二三年、数学者のヘルマン・ワイルに宛てた手紙のなかで、準・静的な世界が存在しないのならば宇宙定数は破棄しなければならないと認めたのだ。

だがこの判断は早計だった。最近の宇宙背景放射の測定は、宇宙のすべての物質がビッグ・バンで生まれたとしても、なおも時空はフラットで、宇宙は膨張と収縮のあいだで正確に均衡を保っていることを示唆している。だが、銀河どうしは膨張し、どんどん離れているのである！　おそらく、宇宙を安定した状態にとどめおかず、膨張を続けさせている何らかの宇宙定数がやはり存在するのだろう。

宇宙論者たちは、宇宙定数が表わしている奇妙なエネルギーの源が量子真空ではないかと推測している。宇宙は常にゆらぎつづける仮想粒子で満たされている。これらの粒子自体は測定不可能なぐらい寿命が短いにしても、仮想粒子のエネルギーは、それがもつと考えられている効果に見合うものである。このエネルギーは正の宇宙定数で表わされ、銀河どうしの乖離の加速の原因であると考えられている。この仮説は新しいものではない。すでに一九六〇年代に、物理学者のヤコブ・ゼルドビッチは、真空エネルギーがアインシュタインによる宇宙定数の試算によって予測されたとおりに振舞うことを示した。

しかし、この予測は完璧ではなかった。この後計算によって得られた量子真空のもつエネルギーの総和は、観測結果から推定された値よりもはるかに大きいものであった。さまざまな計算結果が示すとおりに真空がもつエネルギーがひじょうに大きいものならば、宇宙は膨大なエネルギーを持っていることになって、遠方にある銀河たちがますます遠のくばかりでなく、実際にすべての恒星や惑星は一瞬にしてばらばらに飛び散ってしまうだろう。宇宙は急激に膨らむ風船のように膨張するはずだ。私たちの近傍の宇宙は、ほとんど空っぽになるだろう。夜空を見上げても、月と太陽系の惑星以外には何も見えないだろう。いや、それすら見えないかもしれない。一般相対論が正しいとすると、時空の湾曲の曲率がひじょうに高くなり、一キロメートルの範囲にあるものしか見えなくなるだろう。昼間は太陽も見えなければ、一〇〇〇メートルより高いところを飛ぶ飛行機すら見えないだろう。だが、実際私たちは昼間太陽も空高く飛ぶ飛行機も見ているし、夜空には数十億光年離れた数十億個の星からやってくる光が見えている。

宇宙は膨張しているがばらばらに吹き飛ばされてはいないという観測結果を説明する何かが、つまり、何らかの因子、または複数の因子の組み合わせが、宇宙定数をゼロではないにしてもひじょうに小さな、厳密なある正の数値に保っているようである。

〈宇宙のさまざまな比の一貫性〉 宇宙で観測されているさまざまなパラメータに関して、奇妙な偶然が多数存在する。早くも一九三〇年代に、アーサー・エディントン卿とポール・ディラックは、宇宙の基本的なパラメータどうしの関係を決める「無次元比」について、重要な事実を語っている。たとえば、電磁力と重力の比は約一〇の四〇乗であり、また、宇宙の観測可能な範囲の大きさと基本粒子の大きさとの比も同じく約一〇の四〇乗である。電磁力と重力の比は不変であり（どちらの力も不変だと考えられている）、宇宙と基本粒子の大きさの比は変化している（宇宙は膨張しているのだから）はずなので、これらの比が一致するのはたいへん不思議である。ディラックは「大数仮説」において、一つは変数で、もう一つは定数である二つの比が一致するのは一時的な偶然ではないと考えた。だが、これが一時の偶然ではないとしたら、宇宙は膨張していないか、あるいは、宇宙の膨張に伴って重力が変化しているかのいずれかだということになる！

不思議な一致には、この他にも、基本粒子とプランク長の比（この比は一〇の二〇乗である）、宇宙に存在する核子の数（いわゆる「エディントン数」で、約二×一〇の七九乗）などがある。これらの数字はひじょうに大きいが、これらを使って「調和的な」数を作ることができる。たとえば、エディントン数は一〇の四〇乗のほぼ二乗である。

最近、宇宙物理学者のメナス・カファトスは、ロバート・ナドー、ロイ・アモローソと共に、これらの偶然の一致の多くのものが、一つには、基本粒子の質量と、宇宙に存在する核子の総数との関係によって、さらにもう一つ、重力定数、電子の電荷、プランク定数、光速との関係によって、説明できることを示した。これによって、尺度に無関係な相互関係が明らかになる。すなわち、宇宙の物理的パラメータは宇宙全体の大きさに比例することがわかる。

〈地平線問題〉　さまざまな相互関係によって示唆された一貫性を裏づける証拠が、観測によって得られている。観測によって明らかになったものの一つに、地平線問題がある。これは、地球から観察したときに、地平線上のあらゆる点において宇宙は大規模な均一性を示しているという事実である。これは、宇宙背景放射と、銀河の進化との両方との関連において現れた問題だ。

宇宙のマイクロ波背景放射は等方的である（あらゆる方向で同じである）ことがわかっている。この放射はビッグ・バンの名残であると考えられている。ビッグ・バン理論によると、これは宇宙ができてから約四〇万年後に放出されたものだという。問題なのは、その頃には膨張する宇宙の両端はすでに一億光年も離れていたという点である。その時点では、光はまだ四〇万光年しか進んでいないので、膨張して離れていく領域を結びつけられるような物理的な力や信号は何もなかった。それなのに、宇宙背景放射は宇宙のどの方角でも数十億光年にわたって均一なのである。

均一なのは背景放射だけではない。宇宙の「前景」である銀河や銀河団などの構造も、地球から見たときに、あらゆる方向で均一に進化している。宇宙が誕生して以来、一度も物理的に接触したことのない銀河たちでもそうなのである。地球からある方向に一〇〇億光年離れた銀河が、それとは逆の方向に一〇〇億光年離れた銀河と同じ構造をもっているとすると、二〇〇億光年離れた二つの構造が同一だということになる。物理的な力が時空を伝播する最高の速度は光速であるから、この同一性は物理的なつながりがもたらしたものではない。現在では、それぞれの銀河からの光が一〇〇億光年の距離を経て地球に届いているが（だからこそ私たちにこれらの銀河が見えるのである）、宇宙の年齢は二〇〇億年よりも若いので、そのなかでは一方の銀河からもう一方の銀河に光が届くことはありえない。それにもかかわらず、光では結びつけられない距離にわたって、私たちの宇宙は一貫性をもった全体として進化しているのである。

〈定数の調整〉 宇宙の謎のなかで最も不思議なのは、宇宙のさまざまな物理的定数が「微調整されている」ということだろう。宇宙の基本的な諸パラメータは、複雑な構造が出現するのに必要な値を正確にとっている。複雑な構造が存在できることは地球上に生物が存在する前提条件なので、これは私たちにとっては幸運なことである。宇宙の諸定数がほんの少しでも現在の値からずれていれば、私たちがここに生きており、諸定数の値の正確さについて思索していることなどありえなかっただろう。だが、これはほんとうに単なる幸運なのだろうか?

このように微調整されている定数は、三〇個以上にものぼり、調整の精度もかなりのものである。たとえば、宇宙初期の膨張速度が一〇億分の一でも遅ければ、宇宙はほとんど瞬間的に再崩壊していたはずである。そして、一〇億分の一でも速ければ、急速に飛び散る宇宙は、希薄で低温の気体しか生み出さなかっただろう。重力場に対する電磁場の相対的な強度にしても、わずかでもずれがあれば、高温で安定した太陽のような恒星は存在しなかっただろうし、したがってこれらの恒星に付随する惑星上での生物進化もありえなかっただろう。さらに、中性子と陽子の質量の差が、正確に電子の質量の二倍でなかったなら、実質的な化学反応は起こりえず、また、電子と陽子の電荷が正確に一致していなかったら、物質の形態はどれも不安定になり、宇宙には、輻射と、ほぼ均一な気体混合物の他何も存在しなかっただろう。

しかし、これらの法則や定数が驚くほど正確に調整されていることをもってしても、原始の輻射場からどのようにして宇宙が進化したのかを完全に説明することはできない。この輻射場から銀河たちが形成されたのは、膨張する宇宙の温度が絶対温度で三〇〇〇度まで下がったときのことだ。この時点で存在していた陽子と電子が水素原子を形成し、それが重力によって凝集し、星の構造や巨大な渦巻となり、銀河の誕生をもたらしたのである。銀河が形成されるには、莫大な数の原子、おそらく一〇の一六乗のオーダーの個数の恒星分の原子が集まらなければならなかったということが計算によって示されている。一〇万個の銀河の質量に相当する、この膨大な量の原子がどのようにして集合したのかはまったくわかっていない。個々の原子のランダムなゆらぎでは、説得力のある説明はできない。

宇宙の寓話――多数の宇宙からなる宇宙

急速に成長している物理的宇宙論の分野は、謎、すなわち、既存の理論では説明できない変則事象に満ちている。だが宇宙論者たちは降参してなどいない。ここ数年のあいだに、いくつかの「宇宙の寓話」が提案されている。そのなかに、私たちの宇宙は存在する唯一の宇宙ではないと主張するものがある。これらの新しい「宇宙のシナリオ」は、存在のより大きな局面には、私たちの宇宙の母であり、おそらく他の多数の宇宙の母でもある「メタヴァース」があるとする。第3章で触れたように、メタ宇宙のシナリオは真剣に検討するに値する。これは現代宇宙論を悩ませている謎に対して特に有望な解決法を提案するのである。

◎現在提案されているいくつかのメタヴァース・シナリオ

プリンストン大学の物理学者、ジョン・ホイーラーが提唱し、広く議論されているのが、宇宙の膨張はいつか終わり、最後には宇宙は崩壊して凝縮してしまうというシナリオである。この「大凝縮《ビッグ・クランチ》」のあと、再び爆発が起こって新しい宇宙が生まれる可能性もある。ビッグ・クランチの超凝集状態では量子論的不確定性が優勢なので、宇宙創生のほとんど無限の可能性が存在することになる。これは、私たちの宇宙が微調整されていることを説明するものかもしれない。なぜなら、宇宙創生の振動が連続して何度も起これば、私たちの宇宙のように、ありえないくらい微調整された宇宙でさえも出現する可能性があるからである。

また、多数の宇宙が同時に生まれたという可能性もある。宇宙を生み出す爆発が「網目状」、すなわち、多数の独立した領域をもっていた場合、そのようなことが起こる。ロシア生まれの宇宙論者、アンドレイ・リンデのインフレーション理論は、ビッグ・バンは、小さな泡が集まってできた石鹸の泡のように、個別の領域に分かれていたという。この大きな泡が爆発したとき、小さな泡はばらばらになり、個別の泡が多数できた。これら多数の泡宇宙はどんどん外へ拡散していき、それぞれの運命をたどった。それぞれの宇宙が固有の物理定数をもつようになった。これらの数値は個々の宇宙で相当違ったであろう。たとえば、重力が強すぎて、ほとんど瞬時に崩壊してしまった宇宙もあるだろう。また、重力が弱すぎて恒星が生じなかった宇宙もあるだろう。私たちは、人間を含む複雑な系が展開できるように調整された泡にたまたま住んでいるのである。

ブラックホールの内部でも、新しい宇宙が生まれる可能性がある。ブラックホール内部の時空領域には超高密度の「特異点」があり、そこでは既知の物理法則は成り立たない。スティーヴン・ホーキングとアラン・グースは、このようなブラックホール領域の時空は他の部分から分離して膨張し、独自の宇宙を形成するのではないかとしている。

また別のシナリオでは、この宇宙が生まれたのと同様の爆発によって、ベビー宇宙が周期的に形成されているという。フレッド・ホイルがジョージ・バービッジ、Ｊ・Ｖ・ナーリカーと共に提唱したＱＳＳＣ（準定常宇宙論）では、このような「物質形成事象」は原宇宙《メタ・ユニヴァース》全体で起こっていると仮定している。物質形成事象は、銀河の核など、以前に存在していた物質が高密度に凝集して生じた強い重力場のなかで起こる。最も新しい爆発が起こったのは約一四〇億年前のことで、これは私たちの宇宙の年齢に関する最新の観測結果ともひじょうによく一致する。

イリヤ・プリゴジンは、同僚のＪ・ゲヘニアウ、Ｅ・グンツィヒ、Ｐ・ナルドネと共に、さらに別のシナリオを提案している。大規模な物質形成事象がときどき起こっているという点では、彼らの説はＱＳＳＣと同じである。彼らはさらに、広大な時空の領域が「負のエネルギー」（物体が重力で引かれる方向からそれを遠ざけるために必要なエネルギー）を貯蔵しており、重力によって引き付けられる物体は、この貯蔵庫から正のエネルギーを取り出すとする。このように、物質の合成が継続できることの根底には重力が存在する。これが永続的に物質を製造する工場となる。粒子が多数生み出されれば生み出されるほど、ますます多くの負のエネルギーも生み出され、それが正のエネルギーに変換されて、さらに多くの粒子の合成に使われる。量子真空は重力の相互作用の下では不安定であることから、物質と真空は自己生成のフィードバック・ループを形成する。物質によって極度の不安定性が引き起こされると、真空は膨張をはじめ、これが新たな物質合成期のはじまりとなる。

新しいメタヴァース・シナリオとしては、プリンストン大学のポール・Ｊ・スタインハートとケンブリッジ大学のニール・トゥロクが提唱したものがある。彼らの宇宙論は、ビッグ・バン理論で説明されるすべての事柄を説明することができ、さらに、遠方の銀河で膨張が加速しているという謎を説明することができる。スタインハートとトゥロクによると、宇宙（実質的にはメタヴァース）は、無限に続く時代の連鎖を経過するが、各時代が「爆発《バン》」に始まり「凝集《クランチ》」に終わる。それぞれの周期《サイクル》には、最初は緩やかで次第に加速する膨張の時期と、それに続く逆向きの収縮期がある。彼らの推測によると、今私たちは現在の周期の約一四〇億年目における、一兆年にわたる加速する膨張が始まったばかりだという。私たちの宇宙（すなわち、メタヴァースのなかの私たちがいる周期）は、最終的には均一かつフラットで、次の周期に必要なエネルギーをもった状態に到達する。このモデルでは、振動する宇宙モデルと同じように、メタヴァースは有限で閉じたものではなく、無限でフラットである。

現在さまざまな宇宙論のシナリオが提唱されているのは、一つには、私たちの宇宙の誕生と進化に関する決定的な共通認識がまだ存在しないからである。しかしそれはまた、メタヴァースの寓話が妥当であるからでもある。存在するのはこの宇宙だけではないと考えることはひじょうに理にかなったことなのだ。また、創造の基盤、すなわち、準・永続的でおそらく無限である、私たちが観測し棲息している宇宙の子宮である、原宇宙《メタ・ユニヴァース》も存在するのである。

メタヴァース宇宙論は、さまざまな謎を説明できる可能性がひじょうに大きい。これらの宇宙論は、私たちの宇宙がいかにしてこのように驚異的な性質をもって生まれてきたのかについて、原理的に説明することができる。なぜそのような説明が必要かというと、銀河や恒星、生命体の住まう惑星などを擁したこのような宇宙という存在が、偶然の幸運によって生じたとは考えにくいからだ。ロジャー・ペンローズの計算によれば、存在する可能性のあるさまざまな宇宙のなかから、無作為な選択によって私たちの宇宙を引き当てる確率は、一〇の一〇乗のさらに一二三乗に一つであるという。これは考えられないような膨大な数字であり、天文学的スケールで、ありえないことだということを示唆している。実際、ペンローズ自身、私たちの宇宙の誕生を、物理法則が成り立たない「特異点」だとしている。

しかし、私たちの宇宙がそれほどまでにありえない存在だとしたら、どうして生まれてきたのだろう？　メタヴァース宇宙論から得られる説明は、単純かつ説得力のあるものである。私たちの宇宙の誕生に先立って起こった真空のゆらぎは、生命を維持できる宇宙をもたらすために必要な条件を正確に満たしていたということがわかっている。また、このようなゆらぎはビッグ・バンと呼ばれる最初の爆発によってもたらされたのではないこともわかっている。ビッグ・バンはゆらぎを増幅しただけにすぎない。私たちの驚異的に一貫性をもった宇宙をもたらしたゆらぎは、この宇宙が生まれたときにすでに存在していたのである。真空の「前・空間《プレ・スペース》」としてそこにあったのだ。新しいメタヴァース宇宙論によれば、微調整されたゆらぎはまったくの偶然の幸運によってもたらされたと仮定する必要も、それを選択した超自然的な力や働きを仮定する必要もない。

次の章で議論するように、きわめて正確なゆらぎが選択されたのは、前に存在した宇宙からこの宇宙に情報が伝えられたからだという可能性がひじょうに高い。宇宙真空が私たちの宇宙の子宮であり、それは前に存在した複数の宇宙によって変調を受けたということからすれば、これは十分ありうることだ。Aフィールドは、私たちの宇宙に一貫性をもたらしているだけではなく、私たちの宇宙を、メタヴァースのなかの昔の宇宙に結びつけてもいるようだ。

2　量子物理学

量子の謎——存在の根源にみられるAフィールドの足跡

二〇世紀初頭、新しい観測や実験が行なわれ、ニュートンの古典力学の最も基本的な仮定に対する疑問が湧き起こった。ニュートンが提唱した運動の法則は、地球の表面における条件の下では依然として成り立っているが、宇宙の基本的な性質は、もはや古典的な諸概念の範疇には収まらなくなった。空間は単なる受動的な容器ではなく、時間は永遠に均一に流れるのではない。空間と時間はアインシュタインによって四次元の連続体として統合された。この連続体は、事象、すなわち時空のなかを動き回る物質や光の粒子と相互作用する。

アインシュタインの相対性理論による革命は、二〇世紀の最初の一〇年に起こった。その約二〇年後、もう一つの革命が起こった。量子論による革命である。こちらの革命も、アインシュタインが起こしたものと同じく根本的なものであった。相対性理論は、決定論的な運動をする質点の背景としての時空という概念を破棄したが、物理的宇宙の基本的な構成要素は明確に記述できるという考え方は維持した。ところが量子論は、明確な運動経路というものを否定し（粒子はもはや一つの確定した動き方をするのではなくなり、多数の選択肢のなかからいずれかを選ぶような動きをするように思われた）、存在の基盤そのものに不確定性を導入した（一つの粒子がどのような経路をとるかを決定する際に、ある程度の自由度、もしくは、でたらめさ《ランダムネス》があることがわかった）。機械的で予測可能な古典力学の世界は、あいまいな世界に変わってしまった。ハイゼンベルグ、ボーアをはじめとする量子物理学者たちが、現実的な言葉によって解釈することを拒んだ奇妙な世界にとって代わられたのである。

〈波の状態の重ね合わせ〉　ますます精妙になっていく実験によって明らかになっていった光やエネルギーの量子は、見慣れた普通の物体をただ小さくしただけのものとしては振舞わなかった。実験が進めば進むほど、その振舞いはますます奇妙であることが明らかになった。アインシュタインは光電効果（光を照射した板の上で電子が発生する現象〔訳註：光電効果は光を光量子と解釈してはじめて説明可能〕）の業績に対してノーベル賞を受賞したが、彼は量子の世界が奇妙なものだとはまったく考えておらず、そのことを受け入れることはついぞなかった。だが、これらの光のかたまりとエネルギーの振舞いを研究していた物理学者たちは、何らかの検出器で検出されるか、あるいは何らかの観測行為によって把握されるまで、量子は特定の位置をもたず、また、単一の状態を占有することもないことを発見した。物理的存在の究極の単位は特定の位置をもたず、複数の通常の状態が同時に「重なった」奇妙な状態にあるのだ。

ニュートンの質点やデモクリトス（訳註：原子論を提唱した古代ギリシアの哲学者）の原子は、力、位置、運動によって明確に定義することができたが、量子はそうではない。量子の記述は複雑で、本質的にあいまいである。量子は同時にいくつかの状態に存在する。これは、その粒子の「波動関数」――重なり合った波としての粒子の状態を、古典的時空における状態に関連づける数学的な記述法――によって表現される。光やエネルギーの量子は、とりうるすべての状態を潜在性として同時に占有する。

何らかの手段によって観測または検出されるまで、どの状態が選択されるかは不確定なのである。しかし、観測あるいは測定されるや否や、同時にいくつもの状態をとれるという性質は解けて、一つの粒子は任意の瞬間に一つの状態にしかないという普通の状態になる。物理学者たちはこれを、重ね合わされていた波動関数が「崩壊する」と表現する。波動関数が崩壊すると、粒子は単一の明確な状態に存在するという古典的な記述が可能になる。

〈相補性と不確定性〉 ごく最近まで、粒子はニールス・ボーアの言う「相補性」という性質をもっていると考えられてきた（現在では、この説に対する反証があがっている）。どのように観察や測定を受けるかによって、粒子は粒子としての性質か、波動としての性質かのどちらかを示し、両方の性質を同時に帯びることはないと言われていた。粒子のもつこれら二つの性質は相補的であるとされていた。二つの性質が同時に現れることはないが、両方があってはじめて粒子の状態を完全に記述できると考えられていたのである。

さらに謎を深めるのが、粒子のさまざまなパラメータは同時には測定できないということだ。たとえば粒子の位置を測定したとすれば、その運動量（質量と速度の積）は決定できなくなる。そして運動量を測定したなら、今度は位置が決定できなくなる。これがハイゼンベルグの「不確定性原理」である。

〈不確定性とでたらめさ《ランダムネス》〉 粒子の奇妙さは、その潜在的な多数の状態が一つの現実の状態に解けるという現象でさらに強まる。先に見たように、量子は元々は重ね合わさった状態にあり、明確な一つの位置にあるわけでもなければ、測定可能なパラメータを一そろいもっているわけでもない。だが、それが観測または測定されると、その量子の波動関数が「崩壊する」。元々の重ね合わせの状態は一つの位置をもつようになり、あらゆるパラメータは測定可能な古典的な状態に変化する。だが、粒子が可能な状態のどれをとるかを予言できる物理法則はなんら存在しないのである。重ね合わせの状態が単一の状態に崩壊するとき、それは総体的には確率統計のルールに従うものの、それが任意の瞬間にどのように展開するのかを説明することはできない。それぞれの波動関数の崩壊の結果が、（エヴァレットが提案したように）別々の宇宙で起こるのでなければ、それぞれの多重状態の崩壊は、どんな物理法則にも従わない不確定な「量子跳躍《クオンタム・ジャンプ》」である。

アインシュタインは、自然界において偶然が基本的な役割を担うという考えには反対であった。彼は、「神はサイコロ遊びはしない」と言い、量子力学には、観測法や理論の面で何かが欠けており、どこか本質的なところで理論が不完全なのだとした。しかしこれに対してボーアは、粒子とは何かという問いそのものが無意味であり、そのような問いかけはすべきでないと反論した。ユージン・ウィグナーが、量子物理学は観測を扱うものであり、観測できるものを扱うものではないと述べたのは、ボーアと同じ立場をとってのことである。ハイゼンベルグも、世界のすべては、客観的に存在する原子と呼ばれる建築素材からなっているという「デモクリトスの哲学的な教義」は誤謬なのだと語ったとき、この立場をとっていたのである。ハイゼンベルグは、世界は物質的な構造ではなくて、数学的な構造で作られているのだと述べた。だとすると、数理物理の式が何を意味しているのかと問いかけても仕方がないことになる。それらはその形式以上に何も意味しないのである。

量子の寓話――エンタングルメントと非局在性

量子の奇妙な振舞いを、現実の存在を完璧に記述するものとして受け入れることを拒否した最初の人々の一人が、物理学者のデイヴィッド・ボームである。彼の「隠れた変数理論」は、量子はランダムにその状態を選択するのではなく、現実の物理的なプロセスによって導かれた選択をするのだとする。彼は、「量子ポテンシャルQ」というパイロット波が、宇宙の観測不可能な深い領域から現れて、私たちが観測しているような粒子の振舞いを導いているという理論を作り上げた。この理論に従えば、粒子の振舞いが奇妙で不確定なのは、表面だけのことになる。より深いレベルでは、量子ポテンシャルがその振舞いを決定している。ボームは後に、このより深いレベルの現実は、量子のあらゆる状態が永久にコード化されている全体場《ホロフィールド》、すなわち「内蔵秩序《インプリケート・オーダー》」なのだとした。観察される現実は、このフィールドのなかから出現して、「顕前秩序《エクスプリケート・オーダー》」となる。

今日、多数の理論物理学者たちがボームの理論を様々に発展させている。彼らは量子物理学の数学的な形式が、現実の世界を適切に表現するものであると認めることに抵抗を感じているのだ。彼らは、一九世紀の「輝くエーテル」にとって代わった、空間を満たす多次元の場の、より深い次元と量子との相互作用に関連づけて、量子の振舞いを説明している。

これはかなり最近の展開である。一九八〇年代までは、量子の奇妙さは、宇宙の極微領域がもつ避けられない性質として広く受け入れられていた。物理学者たちは、観測結果を計算したり予測したりするときに使う式がスムーズに働いていればそれで満足していた。だがこの二〇年間で、この図式は変化しはじめた。量子の世界について、新しい寓話とともに、奇妙さがはるかに少ない解釈が出現しはじめたのである。元来は量子の粒子–波動相補性を調査するために計画されたいろいろな実験が、新しい理解をもたらすのに役立っているのだ。

光の波動性を示す最初の実験は、一八〇一年にトーマス・ヤングによって行なわれた。彼の名高い「二重スリット実験」は、スリットが二つ刻まれたスクリーンに可干渉光（コヒーレントな光）を通過させるというものだ（ヤングが準備した可干渉光は、太陽光をピンホールを通過させて得られたものだった。現在ではレーザー光が用いられている）。スリットつきのスクリーンの奥に置かれた第二のスクリーン上には、二つの光の点ではなくて、波の干渉パターンが現れた。これと同じようなパターンは、静かでなめらかなプールの水面に、飴玉か石を二つ落としたときの水底でも観察できる。それぞれの乱れから広がった波がぶつかって干渉し合う。波の山がもう一つの波の山と出会うところでは、互いに強め合って明るく見える。山が谷と出会うところでは、互いに打ち消しあって暗く見える。

ヤングのスリットを通過する量子は波なのだろうか？　だとすると、両方のスリットを通り抜け、干渉パターンを形成することができるだろう。だが、一度に一つの光子しか放出されない弱い光源をこの実験に使う場合には、このように推論することはできない。常識的な考え方では、一つの光子は波ではありえない。それは何らかのエネルギーのかたまりとしての粒子でなければならない。だとすれば、それは一方のスリットだけを通過するのであって、両方のスリットを同時には通過しないはずだ。しかし実際には、光子が一個ずつ放出される場合でも、スクリーン上には波の干渉パターンが形成される。あたかも一個の光子が一度に両方のスリットを通過したかのように。

ジョン・ホイーラーが計画した「分割ビーム」実験でも、同様の二重性の効果が現れる。ここでも光子は一度に一個ずつ放出され、検出器に向けて発射される。検出器は、光子が入射するとカチッと音を立てる。光子の経路にハーフミラーが置かれ、そこで光線が二分される。したがって、平均すれば光子二個につき一個がハーフミラーを通過し、一個がハーフミラーで反射される。これを確認するために、ハーフミラーを通過した光子の先と、反射した光子が飛び込む先の二箇所に光子計数器を設置する。ここまでなんら問題はない。二つの計数器は、ほぼ同数の光子を記録する（訳註：実際の実験では、ハーフミラーで分割されたそれぞれのビームの経路に普通の鏡を置き、そこで反射させることによってハーフミラー通過後の経路を変更させ、計数器に入射する前に再度両ビームが交差するようにされている）。ところが、最初のハーフミラーで反射されずにそれを通過した光子の経路と、反射された光子の経路の交点に第二のハーフミラーを挿入すると、奇妙なことが起こる。第二のハーフミラーを置いても、二つの計数器にはやはり同数の光子が到達するだろうと予想されるかもしれない。二つの鏡によって反射されても、個々の光子の行き先が逆になるだけなのだから、と。だがそうではない。二つの計数器の片方だけがすべての光子を検出する。もう一方には光子はまったく到達しないのだ。

これは、二重スリット実験で見られたのと同じ種類の干渉が、分割ビーム実験でも現れているためらしい。片方のミラーの上側では、相殺的な干渉（光子の位相が一八〇度ずれている）が起こり、光子の波が互いに打ち消し合っている。もう一方のミラーの下側では、建設的な干渉（光子の位相が同じ）が起こって、その結果、光子の波が互いに強め合っている。

実験室においては、ほんの少しだけ異なる時間に放出された光子の波の干渉パターンが観察されているが、それと同じような干渉パターンが、私たちから相当離れたところで、しかも、放出時間が相当に離れた光子どうしでも観測されている。分割ビーム実験の「宇宙版」で、このことが確認されたのである。これらの実験では、人工の光源から放出された光子ではなく、遠く離れた星からの光子を使う。一つの例では、０９５７＋５１６Ａ、Ｂと呼ばれる二重準星《クエーサー》から放射された光線のなかの光子が使われた。この遠く離れた準星《クエーサー》（訳註：電波を放射する準恒星状の天体）は、二つの星からなるように見えるが、実は一つの星の像が二重に見えているのである。この星から来る光が、地球から見て約四分の一の距離にある銀河によって偏向されて、像が二重になっているのだ（相対性理論によると、質量が存在すると空間は湾曲し、したがってそのなかを伝播する光の経路も湾曲する）。湾曲した経路を進む光は、直進する光よりも遅れて到達する。この準星の場合は、途中に存在する銀河によって偏向された光線を構成する光子は、直進する光子よりも五万年も長くかかって地球に届く。数十億年も昔に放出され、五万年ずれて地球に到達しているにもかかわらず、二本の光線を構成する光子どうしは、実験室でほんの数秒の間隔で放射された光子どうしと同じように干渉するのである。

　繰り返し行なうことができ、実際に何度も繰り返されている実験によって示されているように、実験室で数秒の間隔で放射されたにせよ、遠く離れた宇宙のどこかで数千年の間隔で放射されたにせよ、同じ光源から放出された粒子どうしは干渉を起こす。光子や電子は、放出されたときは粒子で（一個ずつ放出されるので）、伝播するときは波動（ほかの光子や電子と出会うと波のような干渉パターンを生じるので）なのだろうか？　そして、この粒子と波の二重性をもった粒子たちの結びつきは、どうしてほとんど無限に、宇宙的な距離にわたっても維持されるのだろう? これらの疑問に対する答えを追究すると、新たな方向が開けてくる。

現在この答えが追究されている方向は、最新の二重スリット実験によって示唆されたものである。これらの実験はそもそも、粒子はほんとうに両方のスリットを通過するのか、それとも片方だけを通過するのか、そして、一方だけだとしたら、どちらのスリットを通るのかという単純な疑問を解決する目的で計画された。一つの光子が二つのスリットの片方だけにしか到達できないように実験装置が工夫されている。光子の流れが放出され、二つのスリットに出会うとき、ある光子がどちらのスリットを通過しているのかが特定できる実験でなければならないのである。

ボーアの相補性原理によれば、実験装置で光子の経路が観測できる場合は、光子の粒子性が現れ、波動性は消える。干渉縞は薄れ、完全に消えてしまうこともある。「経路検出器」の性能が高いほど、干渉縞は薄らぐ。これは、イスラエルのワイツマン研究所のモルデハイ・ハイブルームとエヤル・ブクスが同僚らと行なった実験で示された。彼らはその最先端技術を駆使して、サイズが一ミクロン以下の超高性能の微小素子を作成した。その素子は、電子の流れを発生させ、それを二つの経路を通して障壁へと向けることができるものだった。それぞれの経路を通過する電子の流れは収束され、実験者は二つの電子の流れが起こす干渉のレベルを測定することができる。検出器の感度を高く設定すればするほど、干渉は弱まる。両方の経路に設置された検出器の電源を投入すると、干渉縞は消失する。

この実験結果は、粒子のもつ粒子性と波動性は相補的であり、同時に観測されることはないというボーアの理論と一致する。しかし、若手のイラン系アメリカ人物理学者、シャーリアー・アフシャーの独創的な実験によって、粒子性が観測されているときでも波動性が見られ、干渉パターンは消失しないということが示された。二〇〇四年七月にイギリスの科学技術誌『ニューサイエンティスト』で報告されたこの実験では、干渉パターンの暗い縞が現れるはずの位置に正確にワイヤーが並べられた。光がワイヤーに当たればそこで散乱されるので、光子検出器に到達する光子は減少するはずである。しかし、光子が一度に一個ずつスリットを通過する場合でさえ、暗い縞はあるべき位置にちゃんと存在し、光はこれらのワイヤーにはまったく散乱されなかったのである（訳註：ワイヤーは暗い干渉縞の位置にあるので、光が干渉を起こすかぎり、そこに光はやってこないし、したがってワイヤーに散乱されることはない）。

光子が一度に一個ずつスリットを通過する場合にも干渉パターンが存在しつづけることは、粒子は一個ずつ放出されるときでさえも波として振舞いつづけることを示唆する。ただその波動性が普通の観測でははっきり検出されないだけなのだ。アフシャーは、粒子にとって波動性は基本的な性質であると示唆しており、これは多くの素粒子物理学者たちも支持する方向に傾いている。粒子性は粒子のほんとうの顔ではない。この実験のすべてを、光子が波であるとして説明することができるのである。

だとすると、粒子の振舞いに関する謎はすべて解決したのだろうか？　そんなことはまったくない。波の状態であっても、素粒子の状態はまったく常識を越えたものである。すなわち、それは「非局在性」を示すのだ。「経路検出器」は、スリットを通過する光子と、瞬時に、しかもなんらエネルギーを介在しない方法で結びつけられるように見える。その効果は驚異的である。いくつかの実験においては、検出器の電源が入っていなくても、検出器が準備されるや否や干渉縞が消失する。一九九一年にレナード・マンデルが行なった光学的干渉実験でそのことが示された。マンデルの実験では、レーザー光のビームを二本発生させ、それらを干渉させた。光の経路を特定できる検出器が存在すると、ボーアの予言どおり干渉縞は消える。しかし、経路の特定が実際に行なわれているかどうかにはかかわらず、干渉縞は消失するのである。「経路検出」の可能性そのものが、干渉パターンを破壊するのだ。

この発見は、一九九八年の秋、コンスタンツ大学の物理学者、デュール、ナン、レンペが行なった、低温原子のビームを光の定在波によって回折させて干渉縞を作る実験が報告された際に裏づけられた。原子の経路を特定するようなことが何も行なわれていないかぎり、干渉計は明瞭なコントラストをもった干渉縞を表示した。しかし、どの経路をとるかという情報を暗号として原子に与えると、干渉縞は消失した。経路の暗号を読みとらなくても、干渉縞は消えたのである。この情報が読みとられうるように原子に暗号が付与されているだけで十分なのだ。

この奇妙な発見をどう説明すればよいのだろう？　説明は可能だが、常識の範囲を越えたものである。原子のビームに「方向の情報」の暗号を与えると、この情報は原子の運動量とその内部の電子状態とを結びつけるようである。その結果、原子がとりうる経路のそれぞれに電子的なラベルが付与されると、一方の経路の波動関数がもう一方の経路の波動関数と直交する。直交する原子または光子の流れどうしは干渉し合うことはできない。

つまり、原子も素粒子と同じように、測定器を通してさえも、非局在的に結びつけられるのである。このこと自体は何も新しいことではない。量子の非局在性はもう半世紀以上にもわたって知られてきたことである。早くも一九三五年、エルヴィン・シュレディンガーは、粒子は個別に定義された量子状態をとるのではなく、集団的な状態をとるのだという考え方を提案した。集団的な量子状態の重ね合わせは、二つ以上の性質について、粒子の集団のみならず単独の粒子についても当てはまるものである。いずれの場合も、情報をもっているのは単独の粒子の性質ではなく、その粒子が属する集合の状態なのである。粒子そのものが本質的に互いに「相関《エンタングル》」しており、量子系全体の重ね合わせである波動関数が、そのなかに存在する個々の粒子の状態を記述しているのである。

◎非局在性――革命的な実験

ＥＰＲ実験

物理的現実の極微の領域で現れる非局在性を証明した最初の革命的な実験であるＥＰＲ実験は、一九三五年、アインシュタインが同僚のボリス・ポドルスキー、ネーサン・ローゼンと共に提案したものである。この「思考実験」（当時は実際に試すことができなかった）では、同じ量子状態にあるが、スピンが逆向きで、スピンの合計がゼロとなる二つの素粒子を考える。二つの素粒子を反対方向に一定の距離進ませる。それから両方の素粒子のスピンを測定すると、両方の状態が同時にわかる。アインシュタインは、これによってハイゼンベルグの不確定性原理が規定する奇妙な制約が物理的現実を正しく反映していないことを示せるだろうと考えた。
だが、この可能性を検証できるような高度な実験設備が作れるようになると、アインシュタインの期待したような結果は得られなかった。二つの素粒子の一方の粒子Aで、ある方向、たとえばz軸方向のスピンを測定するとしよう（可能なスピン状態は、x、y、z軸のそれぞれに沿って「上向き」か「下向き」のいずれかである）。測定した結果、スピンが「上向き」だったとする。二つの素粒子のスピンは合計がゼロでなければならないので、粒子Bのスピンは必然的に「下向き」でなければならない。しかし、測定時には二つの粒子は離れ離れになっている。スピンの和がゼロになるという制約など維持されていないだろう。ところが、この制約は依然生きている。片方の粒子で測定を行なうたびに、もう一方の粒子で制約を守るような測定結果が得られるのである。粒子Aを測定したことが、即座に粒子Bに影響を及ぼし、粒子Bの波動関数を崩壊させて粒子Aと相補的になる状態をとらせているように見える。粒子Aの測定は、粒子Bがすでにとっていた状態をただ明らかにするのではなく、実際に粒子Bの状態を作り出すのである。

AからBへ瞬間的に影響がおよび、何が測定されているかについての正確な情報が伝えられる。Aが測定されているときに、Bがそれに対応する状態をとるのだから、Bは何のパラメータが測定され、その結果がどんなものであったかを「知っている」ことになる。AとBが遠く離れていても、非局在的な結びつきがAとBを結びつけているのだ。一九八〇年代にアラン・アスペらが行ない、一九九七年にニコラ・ギシンが再現した実験は、この影響が素粒子間で伝わる速度は驚異的なものであることを示した。アスペの実験では、一二メートル離れた素粒子間のコミュニケーションは、一秒の一〇億分の一以下の時間しかかからなかったと推定されるが、これは真空を光が伝わる速度の約二〇倍も速い。一方ギシンの実験では、一〇キロ離れた素粒子が光速の二万倍の速度でコミュニケーションした。相対性理論においては、光速はそれより速いものはないという速度の上限である。この実験はさらに、素粒子間の結びつきは、測定器のなかで通常の手段によって媒介されたものではないことを示した。素粒子たちは「相関《エンタングル》」していた。素粒子どうしの結びつきは、空間的な距離にも時間的な乖離にもなんら影響を受けなかった。

この後、より多数の素粒子を使い、空間的な距離もさらに長くして（本書執筆時で最長四一キロメートル）、多数の実験が繰り返されたが、この驚異的な結果は変わらなかった。離れていても素粒子どうしの結びつきは切れてはいないようだ。さもなければ、片方を測定したことの影響がもう片方に及ぶはずがない。素粒子どうしが、元々一つの系をなしていて同じ量子状態にあったという必要もないのである。任意の二つの素粒子は、それが電子、中性子、光子のいずれであっても、別々の場所で異なる時間に生まれたとしても、一度一つの座標系のなかに一緒に存在しさえすれば、それだけで相関する《エンタングル》ということがいくつもの実験によって示されている。その後は、たとえ離れ離れにされても、同じ量子系の一部として振舞いつづけるのだ。

遠隔伝達《テレポーテーション》実験

最近の実験で、遠隔伝達《テレポーテーション》として知られている非局在性は個々の量子のあいだのみならず、量子が一体となってできた原子どうしのあいだにも存在することが示されている。一九九七年以降、光線のなかの光子の量子状態と、原子のかたまりによって生じる磁場の状態に関する遠隔伝達《テレポーテーション》が実験によって証明されている。二〇〇四年の春、二つの物理学者たちのチーム（コロラド州にある米国標準技術研究所のチームと、オーストリアのインスブルック大学のチーム）が、原子全体の情報は、その原子を定義する量子ビット（キュービット）を伝達することによって遠隔伝達できることを示した。M・D・バレット率いるコロラドのチームではベリリウムイオンの基底状態が、M・リーベが率いるインスブルックのチームでは、磁気的に捕捉されたカルシウムイオンの基底状態および準安定状態が、遠隔伝達された。これらの実験で達成された遠隔伝達の忠実度はひじょうに高い（コロラドのチームでは七八パーセント、インスブルックのチームでは七五パーセント）。二つの実験で使われた技術は異なっていたが、実験法《プロトコル》は同じであった。
まず、A、Bと名づけられた二つの帯電した原子（イオン）が相関《エンタングル》され、EPR実験で観察されたものと同様の瞬時の結びつきを作り出す。次に、第三の原子Pに、これから遠隔伝達する量子状態を可干渉性をもたせて重ね合わせ、暗号を付与する。そしてエンタングルされたイオンの片方であるAが、処理を施された原子Pと一緒に測定される。この時点で、Bの内部の量子状態が変化する。BはPに付与されたまさにその状態をとるのである！　まるでPの量子状態がBに「遠隔伝達」されたかのように見える。

　これらの実験には複雑な手順が含まれているが、それが示す現実のプロセスは基本的で単純明快である。AとPが一緒に測定されるとき、その前から存在していたAとBの非局在的な結びつきが、PからBへ状態を非局在的に伝達するのである。EPR実験で、相関《エンタングル》された一対の粒子の片方が、測定された状態をもう片方の粒子に「イン・フォームする」〔伝える〕のと同じように、遠隔伝達の実験でも、相関《エンタングル》された一対のイオンの片方が、第三のイオンと一緒に測定されるとき、第三のイオンの状態を相手方のイオンに暗号として伝える。このプロセスによって、Pに重ねあわされた量子状態は消えて、Bで再生されるので、まるでSFに登場する、物体をある場所から別の場所へ「ビーム転送する」というアイデアのようである。

　人間は言うに及ばず、物体をビーム転送することは今のところまだとてもできないが、人間のレベルでの同様なプロセスを考えることができる。この「思考実験」では、お互いに感情的に近い二人の人間、仮にアーチーとベティという名前の、深く愛し合っている若いカップルをとりあげよう。ペトラという第三の人物に、ある考えやイメージに集中してもらうように頼む。そして、アーチーとペトラに一緒に祈ったり瞑想したりしてもらい、二人のあいだに深い超個的《トランスパーソナル》な結びつきを作り出す。もしも人間のレベルで遠隔伝達《テレポーテーション》が起こるならば、アーチーとペトラが深い瞑想状態に入った瞬間に、ペトラが集中していた考えやイメージは、ペトラの心からは消え去り、ベティの心のなかに現れるだろう。

最先端の遠隔伝達《テレポーテーション》実験は、広大な眺望を開いてくれる。巨視的な大きさの物体や人間を「ビーム転送」することが近い将来可能になることはないだろうが、考えやイメージを「ビーム転送」する術を習得することはできるかもしれないし、また、一つの原子からもう一つの原子への転送だけではなく、多数の粒子のあいだで同時にキュービットをビーム転送する方法が、物理学者たちによって見出されるはずである。これは、新世代の超高速量子コンピュータの基礎となるであろう。相関《エンタングル》された多数の粒子が一台のコンピュータの構造の全体にわたって配置されていれば、ワイヤーで繋《つな》がれることも、隣接することも必要なしに、「量子テレポーテーション」によってこれらの粒子のあいだで瞬時に情報を伝送できるだろうと期待できる。量子コンピュータは、遠く離れたところから制御することも可能だ。ただ、この遠隔操作ソフトウェアは使い捨てのものでなければならない。なぜなら、そこに含まれていた情報がコンピュータのなかに出現した瞬間、遠く離れた操作側が元々もっていた情報は消失してしまうからである。

物理学者のニック・ハーバートは、「非局在性の本質は何ものにも媒介されない遠隔作用である……。非局在的相互作用は、一つの場所をもう一つの場所と結びつけるが、空間を横切ることもなく、情報が損なわれることもなく、しかも瞬時にこれを成し遂げる」と語る。理論量子物理学者のヘンリー・スタップは、この結びつきは、もしかしたら「すべての科学のなかで最も深い意味をもった発見かもしれない」としている。

一見しただけでは、「遠隔作用」は奇妙に映る（アインシュタインはこれを「気味が悪い」と言った）が、量子の領域で見られるさまざまな現象に比べればそれほど奇妙ではない。そして、この現象をもたらしている真の物理的要因を見逃さないかぎり、これが謎となることはない。非局在性の根底にある真の要因を説明するには、科学の新しいパラダイムが必要である。なぜなら、非局在性によって起こる相互作用は、既知のどんな相互作用とも異なっているからだ。それはエネルギーの消費を伴わないし、これまでに知られている空間と時間の制約を超越している。非局在性の相互作用は、瞬間的な「情報《インフォメーション》」のやりとりであり、このあとで議論するように、物理的に実在する情報場《インフォメーション・フィールド》、すなわちAフィールドの働きによると解釈するのが、もっとも妥当である。

3　生物学

生きているという状態の謎──生命体のなかのAフィールド

物理的な世界はほとんど信じがたいほど奇妙であることがわかったが、生物の世界では常識的なまともさがある程度は守られているように思える。しかし、これは完全には正しくない。生物は単なる生化学的な機械ではない。実験生物物理学者のメイワン・ホーが指摘したように、生物は動的《ダイナミック》かつ流動的であり、その無数の活動は自発的、自己組織的、そして自動的である。局所的な自由度と、広範囲な結合の両方が、極大の状態になっている。部分と全体が相互に影響を及ぼし合い、相関《エンタングル》している。

〈系全体としての一貫性《コヒーレンス》〉　生命体の一貫性は、一つの細胞を形成する何万個もの遺伝子、何十万個ものタンパク質やその他の巨大分子から、組織や器官を作るさまざまな種類の細胞まで、本質的に多元的であり、あらゆる階層で多様である。ある部分や器官が、他の部分や器官を支配しているということはまったくない。すべての構成要素が、瞬間的かつ継続的に結びついて《コミュニケーションして》いるのである。その結果、生命体を維持するために必要な調整、応答、変化が、あらゆる方向に同時に伝わる。この種の瞬間的な系全体の相互結合は、分子、遺伝子、細胞、器官のあいだの物理的な相互作用では説明できないし、化学的相互作用をもってしても不可能である。ある種の生化学的信号、たとえば制御遺伝子の信号は、活性化プロセスが生命体内に広がる速度や、これらのプロセスの複雑さなどからすれば、驚くほど効率的ではあるが、生化学のみに依存していては生命体としては不十分である。たとえば神経系を通しての信号の伝達速度は、一秒間に約二〇メートルを越えることはなく、さまざまな種類の信号を同時に大量に伝達することはできない。しかし、生命体の全体が精巧かつ効果的に相互結合しているという証拠がある。非線形的で、不均一で、多次元の相互結合が、ほぼ瞬間的に、生命体のすべての部分のあいだで起こっているのである。

生命体のなかに見られる一貫性《コヒーレンス》の水準は、生命体はいくつかの側面において巨視的な量子系であることを示唆している。生きている組織は、「ボーズ＝アインシュタイン凝縮体」、すなわち、これまでは微視的な領域でしか起こらないと考えられていたような量子論的なプロセスが起こっている巨視的な物体である。巨視的なレベルでボーズ＝アインシュタイン凝縮が起こることは、一九九五年に実験で検証された。この実験で、物理学者のエリック・A・コーネル、ウォルフガング・ケーテル、カール・E・ワイマンは、二〇〇一年にノーベル賞を受賞している。この実験は、ある条件の下では、離れている粒子や原子が波として相互貫通することを示したものである。たとえば、ルビジウムやナトリウムの原子は、古典的な粒子としてではなく非局在的な量子波として振舞い、凝縮体の全体に広がり、干渉パターンを形成する。

生命体が一つの系として一貫性をもっていることは、生命体が量子的であるという仮説を支持するさらなる証拠を提供する。離れた分子や分子の集合体のあいだに相互関係が成り立つのは、それらが同じ波長、もしくはひじょうに近い波長、あるいはオクターブの関係にある波長で共鳴するときだけであることは知られている。このような分子の集合体のなかに生じる力が引力なのか斥力なのかは、個々の場合の位相関係で決まる。集合体のなかで凝集が起こるためには、粒子どうしが同調して共鳴しなければならない。すなわち、粒子たちに同じ波動関数があてはまらなければならない。この条件は、複数の集合体のあいだで波動が相関するためにも必要である。速い反応と遅い反応が、ある一つの全体として一貫性《コヒーレントな》のあるプロセスのなかに共存するためには、それぞれの反応の波動関数が一致していなければならない。事実それらは一致しており、だからこそ量子生物学者たちは生命体全体を表わす「巨視的な波動関数」について語ることができるのだ。

〈超伝導性〉　生命体の内部では、超伝導が起きていることを示唆するプロセスが巨視的な規模で、しかも常温で現れる。これらの現象の根底にあるメカニズムの詳細について、現在熱心な研究が行なわれている。かつてハイゼンベルグの弟子であったハンス・ペーター・デュールは、ドイツのマックス・プランク研究所長であった当時、生体分子中の電子をとりまく電磁放射を説明する論文を書いた。何十億個もの原子からなる生体分子は、一〇〇から一〇〇〇ギガヘルツの周波数で共鳴する。生体分子の縦方向の振動は、周期的に起こる電荷の移動と関係しており、それと同じ周波数の電磁波の放射を起こす。デュールは、このような特定の変調を受けている搬送波は、生体分子、細胞、そして生命体の全体をも、それらが接触している場合も、相当離れている場合も、相互結合できるのではないかと考えた。そのプロセスは、極低温で起こる超伝導と同じようなものだが、それが温血動物の普通の体温で起こっているのではないだろうか、と。

デュールは次のように結論した。量子物理学によれば、すべてのものは分割できない一つの潜在的な現実のなかに組み込まれているのだから、いろいろな現象を結びつけているさまざまなつながりを見つけることができるはずだと。このようなつながりのなかには、同じ周波数で振動している別の物とのあいだの情報の伝達（デュール自身はこのようなつながりを考えていた）というよりも、見かけ上は別々だが、実際には相関《エンタングル》している粒子や原子、そしてそれらから成り立っている物のあいだに存在する、真に非局在的な「交わり《コミュニオン》」と表現したほうがよい場合もあるかもしれない。

〈動物のテレパシー〉　後で議論するが、いわゆる「未開」の部族は、同じ部族のメンバーが遠くにいるときでも、その人から信号を受けとることができるという驚くべき能力をもっている。このようなテレパシーの能力は、動物界では広く見られるようだ。生物学者のルパート・シェルドレイクは、飼い主と精神的に親密な結びつきをもっているペットは、飼い主の考えていることや、飼い主の身に起こっていることがわかっているということを示す一連の調査と実験を最近行なった。これらのペットはある意味で「心が読める」のである。イギリスとアメリカで繰り返し行なわれた調査によると、イヌを飼っている人の半数以上、ネコを飼っている人の三分の一以上が、ペットとのあいだにテレパシーを感じたことがあると答えた。感覚でとらえられるような手掛かりがないときでも、飼い主や家族の誰かが帰ってくるとか、外出しようとしているところだとわかっていたり、飼い主が考えていることや、表現してはいない命令に反応したりしたという。管理の下で行なわれ、録画されたある実験では、ニキシという名前のオウムがテレパシーの能力を発揮し、飼い主のエイミー・モルガナの心のなかのイメージや考えを受けとる様子を披露した。ニキシは、四歳半のコンゴ産のアフリカン・グレーパロットで、人間に捕獲された親から生まれ、ニューヨークのアパートで暮らしていた。ニキシは生まれてからほとんど毎日モルガナと交流をもち、約七百語の単語と、いくつかのフレーズを使っていた。

シェルドレイクが計画した実験では、エイミー・モルガナの目の前に、封をした封筒のなかに入れた絵を、彼女も実験者も知らないでたらめ《ランダム》な順序で置き、彼女が開封してなかの絵を見る様子を録画した。このカメラと同時に回してあるもう一つのカメラでは、堅固な壁を数枚隔てた別の部屋でカゴのなかにいるニキシの様子が録画された。モルガナが次々と封筒を破って絵（花、橋、抱擁する人たちなど）を見ると、ニキシは自分の使える語彙のなかから対応する単語やフレーズを選んだ。ニキシが最もよく応答したのは、モルガナが実験のことを何も考えずに絵に意識を集中させたときだった。

他の種の動物も、同じ種、捕獲者、獲物の違いにかかわらず、また、深い絆で結ばれた人間も含めて、他の生命体からの信号を受けとることができるようだ。有名なチンパンジー研究者、ジェーン・グドールは、数年にわたって彼女に特別なついているメスのチンパンジーが、グドールがアフリカ滞在のために訪れる前日に、ケニアにある彼女のキャンプに必ずやってくると話している。イヌやネコ、オウムやチンパンジーが示すテレパシーの能力は、人間も大昔にはもっていたのかもしれないと考えられるし、また、アフリカのブッシュマンやオーストラリアのアボリジニーなどの伝統的な民族が今なお保っている類似の能力ともひじょうに近いものである。

生物学の寓話——相互結合した生命の網《ウェブ》

すでに見たように、ダーウィンはゲノムとフェノム（表現型）は完全に独立であることを自明の前提としていた。すなわち、生物体の細胞のなかにあるDNAに暗号として含まれている遺伝情報は、その遺伝情報に従って形作られた生命体に周囲の環境が及ぼす影響とは無関係であると考えていた。ゲノムはフェノムが被る環境変化の影響をまったく受けずに、無秩序《ランダム》に突然変異するとした。

ランダムな突然変異と自然淘汰が進化の基本的なメカニズムである、という考え方が登場したのは一八五九年である（訳註：『種の起源』出版の年）。これは、遺伝物質の性質が、遺伝可能な形質が伝達さされる具体的なメカニズムと共に解明される、丸一世紀前のことであった。遺伝子がDNAのより合わさった糸からなるという発見はさらにこの後のことだ。これに続いて、突然変異やゲノムの再配列のさまざまな様式が発見される。多細胞生物の遺伝子の構造が解明されたのは、一九七〇年代後半のことであり、遺伝子の起源を分析するに十分な数のDNA配列《シーケンス》が明らかになったのは一九八〇年代、そして、ゲノム全体のマッピングが始まったのは一九九〇年代であった。だが、このような進展にも、ダーウィンの説明に基づいた基本的な進化のメカニズムの考え方はまったく変化しなかった。ダーウィン主義の現代版である「総合学説」では、ランダムに生じた遺伝子の突然変異と、突然変異した形質が偶然に環境に適合することによって、新しい遺伝子と新しい発生プロセスができあがり、新しい生存可能な生命体構造、新しい身体の部位、新しい器官が暗号化され、ある一つの種が別の種に進化するのだとしている。

しかし、ゲノムのなかでランダムな再配列が起こることによって生存可能な種が作られるとは考えにくい。ゲノムのなかで可能な遺伝子の再配列の「探索空間」はじつに膨大であり、ランダムな過程によって新しい種を生み出すには、地球上で進化に使うことができる時間の長さよりも、はるかに長い時間がかかりそうである。生命体の多くが、そして生命体がもつ器官の多くが、「これ以上単純化できない複雑系」であることを考えると、ランダムな過程による新種の創生の可能性はより一層低くなる。生物学者のマイケル・ベーエは、ある系が「これ以上単純化できない複雑系」であるというのは、その系のさまざまな部分が、そのうちどの一つをとり除いても系全体の機能が破壊されてしまうような相互関係をもっていることであると述べた。ある「これ以上単純化できない複雑系」が、生存可能な別の系に突然変異するには、この変異の過程の最初から最後まで、すべての部分が他のすべての部分とのあいだで機能可能な関係を維持していなければならない。一つのステップで一つの部分がこの関係からとり残されても、その変異を起こした個体は死んでしまう。遺伝子プールのランダムな変化が徐々に積み重なるという過程が、どうしてこのような水準の正確さを常に維持することができようか。

孤立したゲノムがランダムな突然変異を何度も受けるというプロセスでは、まともに機能する新しい突然変異体《ミュータント》が生まれる可能性は低い。このようなミュータントが実際に生まれ、また、進化の過程で何度も生まれるとしても、突然変異したゲノムは、その生命体の環境条件に正確に適応していなければならない。このような適応についての議論が繰り返されたものの、二〇世紀においては、そのようなものは神秘的な「前適応《プレ・アダプテーション》」だと退けられてしまった。前適応とは、ミュータントは、その種が生存している環境に一種自動的に適応した形で生じるという考え方である。しかし、実際にゲノムの突然変異が正確に環境に適応していなければ、その結果生じたミュータントは自然淘汰によって排除されてしまい、生き残ることはできない。

だとすると、どうして複雑なミュータントが排除されずに生き残ってきたのだろうか？　どうして藻類やバクテリアよりも複雑な種が何百万も生物圏《バイオスフェア》に棲息しているのだろうか？　ゲノムの突然変異が、高度に、そしてほぼ瞬間的に、その生命体に影響を及ぼす環境条件に応答していないかぎり、すなわち、遺伝子と環境が相互結合した系をなしていないかぎり、このようなことはありえない。そして実際にこのようになっているのだという証拠が、すでに現在得られている。

その証拠とは、地球上に生命が誕生したときまでさかのぼることによって得られる、統計的なものである。最も古い岩は約四〇億年前のものだが、最も古く、しかもすでにかなり複雑な形の生命（藍藻植物とバクテリア）は、三五億年以上昔のものである。最も単純な形の生物でさえも驚異的な複雑さをもっている。存在する種が偶然の突然変異のみによって生まれるのだとしたら、このような水準の複雑さが約五億年という比較的短い時間で出現するのは不可能であろう。自己複製する原始的な原核生物（原始的な、細胞核をもたない生物）を組み立てるにしても、そうとう複雑な仕事である。約一〇万のヌクレオチドからなるＤＮＡの二重らせん構造を作らなければならないし、また、それぞれのヌクレオチドで三〇から五〇個の原子が正確に配列されていなければならず、そのうえ、二層構造の表皮と、細胞が養分をとり込むためのタンパク質も必要である。このような構造を作るには、膨大な数の反応過程が必要であり、しかもこれらの過程はお互いに精巧に調和されていなければならない。

遺伝子の突然変異は、その種に一つや二つの良い変化をもたらすだけでは不十分である。一組の変化が一挙に起こらなければならないのだ。たとえば、羽が進化するだけでは飛行することのできる爬虫類は生まれない。筋肉組織と骨格構造が大々的に変化し、また、飛行を維持できる体力を生むために代謝も速くならなければならない。個々の変化は、それ単独では進化による利益をもたらすものではなく、むしろ変異する前の標準的な形態よりもミュータントの適合性を低めてしまう傾向がある。だとすれば、そのようなミュータントは冷酷な自然淘汰のメカニズムによって即座に排除されてしまうだろう。宇宙論者であり数理物理学者でもあるフレッド・ホイルは、偶然によってのみ生命が進化することは、ハリケーンが廃物置場を通過することによってまともに飛ぶ飛行機が組み立てられるのと同じぐらいありえないことだと指摘している。

◎目の見えない人とルービックキューブ

選択肢がそれほど多くない場合でも、でたらめな選択《ランダム》によって有効な結果が生じるにはあまりにも時間がかかりすぎることを、フレッド・ホイルは見事な例を使って示した。目の見えない人が、めちゃくちゃに乱れたルービックキューブの色の面を揃えようとしているとしよう(このキューブは、六つのそれぞれの面が、小さな正方形に区切られ三色に色分けされており、それぞれのピースをねじることによって各面の色を揃えることができる)。この人は、ピースをねじるたびに、それによって色を揃えるという最終目標に近づいたのか、そこから遠ざかったのかを知ることができないという不利な条件を負っている。彼はでたらめに試行錯誤することしかできず、そのため彼が六つの面の色を同時に揃えることができる確率は、一と、五×一〇の一八乗分の一のあいだの範囲にあることになる。彼が一回の操作をするのに一秒ずつ使って、可能な操作のすべてを行なうとすると、五×一〇の一八乗秒かかることになる。だが、それは彼には不可能である。なぜなら、五×一〇の一八乗秒は、一二六〇億年に相当するからである。これはこの宇宙の年齢の約一〇倍の時間である。

この目の見えない人が、作業をしながら助言をもらえるとすると、この状況は一変する。彼が操作するたびに、それが正しいときは「イエス」、間違っているときは「ノー」という助言を正しく与えられるとすると、彼がキューブの色を揃えるのに必要な操作回数は確率の法則によって平均で一二〇回となる。一秒に一回の速さで操作を行なうとすると、彼に必要な時間は一二六〇億年ではなく、たったの二分となる。

早くも一九三七年に、生物学者のテオドシウス・ドブザンスキーは、遺伝子の突然変異によって新しい種が突如として出現することは、現実的に不可能であろうと述べている。「一つの種に含まれるさまざまな品種のあいだでは、多くの遺伝子が異なっており、また、染色体構造も異なっているのが普通である。一つの属に含まれるさまざまな種のあいだでは、この傾向はさらに強い。したがって、新しい種をもたらす突然変異は、多数の遺伝子座と染色体構造が同時に変化するものでなければならない。現在知られている突然変異率をもってしては、このようなことが起こる可能性は皆無に等しい」と彼は述べた。しかしドブザンスキーはダーウィン主義を放棄することはなく、種の形成は、「準地質学的な規模」で起こるゆっくりとした漸進的なプロセスであるとした。

だが、ゆっくりとした漸進的な進化という仮定は、一九七〇年代に新しい一連の化石が発見されたことによって反証された。生物が進化する途中の中間型の化石が発見されていないという、いわゆる「失われた鎖《ミッシング・リンク》」は、あるはずのものが未発見だから生じたのではなく、そこでは実際に進化が飛躍的に起こったのであり、中間型などそもそも存在しなかったのだということが、新たに発見された一連の化石から明らかになった。新しい種は、既存の種が段階的に変化して生じるのではなく、ほとんど一瞬にして出現するのである。当時ハーバード大学に在籍していたスティーヴン・ジェイ・グールドと、アメリカ自然史博物館のナイルズ・エルドリッジは、この発見をきっかけにして、「断続平衡説」という理論を提唱した。この巨視的進化理論は、新しい種はたかだか五〇〇〇年から一万年という時間で出現するとしている。これは人間から見れば長い時間かもしれないが、グールドとエルドリッジが指摘するように、「地質学的には瞬間である」。

ゲノムは、その種が生きている環境と何らかの形で結びついているはずである。なぜなら、そのような結びつきがなければ、既存の種が突然変異という困難を克服して生存可能な新しい種に進化することを可能にする、瞬間的「プロンプト（訳註：指示メッセージ）」は生まれないからだ。実験データが統計的な証拠を裏づけている。第3章で述べたように、フェノムとゲノムは結びついており、その結びつきには、機械的、化学的、生化学的なものがありうるし、場《フィールド》によって伝播される場合もあろう。電磁的な場や量子力学的な場は、ひじょうに敏感な生命体に作用し、ゲノムのなかに適応性のある突然変異を引き起こしうる。量子場は、一つの生命体のすべての部分を結びつけているようであり、また、生命体をその外部環境と結びつけてもいるようだ。事実生命体は、それ自体で驚異的な一貫性をもっており、その周りをとり巻く世界とも一貫性のある結びつきをしている。

生命体の内部と外部の結びつきは、動物の神経系の情報伝達能力も、ゲノムの保存容量も超えている。すでに触れたように、神経系を通しての信号の伝達は、一秒間に約二〇メートルより速くなることはなく、一時《いっとき》にさまざまな種類の信号を大量に伝達することはできない。しかし、原始的な神経系しかもたない比較的単純なものを含めて、多くの種が、驚くほど複雑で正確な行動をしている。クモは獲物を捕らえるために複雑な網を張る方法を知っているし、鳥や魚はきわめて長い距離にわたって正しい方向に移動する方法を知っている。そして、原始的な動物たちでさえ、捕獲者に対してどのように身を守ればよいかを知っている。これらの行動は、そのような情報がDNAに含まれているから可能なのだと説明されているが、すべてが遺伝情報としてのみ伝達されているとは考えにくい。

クモの巣作り行動を考えてみよう。あらゆる昆虫がそうであるように、クモの脳の大きさはかなり小さいと言ってよく、クモの巣作り行動に脳の働きが関与しているとしてもごく一部であろう。だが、標準的な複雑さの網を張るために必要なプログラムの規模と複雑さはひじょうに大きい。巣を張るに適した場所を選ぶための情報、素材や張り方の手順についての情報、そして、当然必要なことだが、完成した巣が被る外部からの力と、それに抗するための巣のしなやかさについての十分な配慮を含んでいなければならない。このようなプログラムは、種に応じて異なるはずである。すべての解決策《ソリューション》のなかから、特定の種類のクモに適したものが選ばれているはずである。そして、プログラムの全体がそのクモのＤＮＡに保存されていて、少しの誤り《エラー》もなく次の世代のＤＮＡに伝達されなければならないと考えられる。なぜなら、転写の際にごく小さなエラーが生じても、クモの巣の機能は低下してしまい、それがその後に続く世代で繰り返されるため、その種の生存可能性が損なわれて、絶滅につながると考えられるからである。

あるいは、たとえば哺乳類など、もっと複雑な種の闘争・逃避反応を考えてみよう。この反応は生まれてまもなく現れるもので、たった二、三ミリ秒のあいだに、どの方向に逃避するかを決め、急速な動きに必要なエネルギーを動員し、しかもそのあいだを通してバランスと見当識を維持しなければならないというものである。これは驚異的な離れ業である。複雑な種の成体は、多くの場合優秀な教師であるとはいえ、その幼体にとっての生存可能パターンはたいへん複雑であるため、闘争・逃避反応が成体の行動を模倣した結果身についたものだとすれば、生まれてからこの反応が現れるまでの時間が短すぎる。試行錯誤による学習の成果であるとしても完全には説明できない。幼体が捕食者から逃れる方法を時間がかかり危険も大きい試行錯誤のプロセスによって学ぶのだとしたら、ほとんどの種はとうの昔に絶滅していただろう。

遺伝的にも生化学的にも、ありえそうにはないにもかかわらず、事実は厳然としている。複雑でほぼ瞬間的な情報の流れが、生命体のすべての要素を結びつけ、生命体をその環境と結びつけている。これらの結びつきは遺伝的、生化学的情報伝達では説明できないことから、一部の研究者たちは、たとえば「全体論的寓話」(holistic fable) などの大胆な仮説を提案している。この寓話によると、生命体と環境は一つの包括的な系をなしており、そこでは生命体と関係のある環境が、まるで生命体そのものの延長のように見えるという。

　これらの新しい寓話が受け入れられるためには、生命体のなかで神経信号の伝達を超えた情報伝達をし、環境から受けとった情報や、環境によって誘引された情報を次の世代に伝達している媒体が何であるかを、これらの寓話が特定できなければならない。環境からの情報を次世代に伝達するという話は、ラマルク主義（ある個体が生存中に獲得した形質が、次の世代にも伝達されるという説）を彷彿させる。しかし、ここで示唆されているのは古典的なラマルク主義ではなく、それとはまったく異なる二つの形の「継承」である。その一つは、ゲノムの突然変異を引き起こすことによって、環境が遺伝子に及ぼす影響を後続の世代に伝えるというものである。すでに見たように、有毒物質や放射線場は、遺伝子プールに突然変異を起こすことができ、それによって生じた突然変異体《ミュータント》は、それらの悪条件にどのように反応するかを次の世代に伝える。もう一つの「継承」は、古典的な概念からさらに遠いものである。こちらは、生理学的な性質や暗号の継承ではなく、一連の経験が生命体に及ぼす影響の継承である。捕食者や獲物の行動が変化する例など、生存に関わる経験を繰り返して行なうことによって、生命体は反応行動を状況に適応させたり、修正したりすることがあり、これらの反応行動が子孫や、その種の別のメンバーに自動的に出現する場合がある。これは遺伝による継承ではなく、自然発生的な形の行動学習が伝達されたものである。

これらの現象は遺伝的には説明できず、主流の科学者たちは無視を決め込んでいる。シェルドレイクの「形態形成場」仮説のように、異なる生命体や遠く離れた生命体のあいだでほぼ瞬間的、あるいは実際に瞬間的に、情報が伝達されることを認めるような寓話は、総じて無視されている。最近になってようやく、このような寓話のうち最もうまく構築されたものが、システム生物学と量子物理学が結びついてできた「量子生物学」と呼ばれる分野における最先端の生物学の研究で注目を集めるようになった。最新の画期的な寓話によると、生命体は巨視的な量子系であり、量子系としてすべての細胞や器官を非局在的に結びつけ、他の生命体やその環境と非局在的に結びついているのである。

この非局在的な結びつきを伝播する物理的な媒体が、議論と研究の対象になっている。それは生命の領域でも、物理の領域でも、同じものである可能性がひじょうに高い。現時点で得られている証拠に照らし合わせてみて、これは量子真空の情報場である、Aフィールドであるという確信がもてる。

4　意識研究

超個的な意識の謎　人間の心のなかにもAフィールドがあることを暗示するもの

意識に関する研究は今や流行となっている。意識研究を専門に扱う研究機関、大学の学部、科学雑誌、シリーズ本などがある。量子的脳研究に取り組んでいる人々は、意識が物理的な世界と行なう相互作用を、非局在性、エンタングルメント、位相関係、超空間などの最新の量子的概念を駆使して調査している。精神神経免疫学、精神身体医学をはじめ、その他の形の生体自己制御《バイオフィードバック》研究に携わる人々は、身体のプロセスと意識との結びつきに注目している。その一方で、変性意識状態を研究する勇敢な科学者たちは、夢、精神異常発現物質、トランス状態や瞑想などの効果を調べている。彼らは、これらの研究によって、被験者の個人の意識に関してのみならず、被験者と外界との結びつきについても、他の手段では解明不可能な重要な事柄を明らかにできると信じて取り組んでいるのである。さらに進んだ研究では、伝統的にはプラーナ、クンダリニー、気などと呼ばれている、通常とは異なる形態のエネルギーが意識に及ぼす影響が注目されている。

急速に発展している意識研究のさまざまな部門で、多様な方法論が採用されているが、それらが到達している結論は驚くほど一致している。これらの諸分野における発見に共通するのは、人間の精神は孤立した存在ではないということである。グレゴリー・ベイトソンが広めた言い回しを借りると、人間の精神は一つの生態環境《エコロジー》である。意識は個人が完全に所有しているのではなく、社会全体に、そしておそらく人類の全体に広がっているのだ。

〈超個的《トランスパーソナル》な結びつき〉 個々の人間の脳や心は、精妙に、しかし効果的に結びつけられているようである。いわゆる「未開」の部族では、そのような「超個的」な結びつきがはるか昔から知られていた。呪医《メディシン・マン》やシャーマンは、社会的・感覚的遮断、集中、断食、詠唱、踊り、太鼓、幻覚を誘引するハーブなどによって、テレパシーの能力を喚起することができる。メンバーたちがどこにいようが、一族の全体がお互いに結びつきを維持することができる。人類学者のA・P・エルキンは、オーストラリアのアボリジニーは、家族や友だちが感覚器官によるコミュニケーションが不可能な遠方にいるときにも、彼らの身に起こったことを知らされるということを発見した。故郷から遠く離れている男が、父親が死んだことや、妻が出産したことや、故郷で何か災いが起こったことなどを口にすることがある。男はそれが事実であると確信しており、即座に帰郷を決める。

マルロ・モーガンは、部族的生活を送る人々の多くは、彼らを取り巻く環境から情報を取り込み、独特の方法でそれを解読し、そして、まるで宇宙からのメッセージを受信できる小さな宇宙信号受信機を身につけているかのように意識的に振舞うと述べた。現代人はこの「宇宙信号受信機」を日常的に使うことはできなくなってしまったが、受信機そのものを失ってしまったわけではないことが実験室での実験によって示されている。適切な条件の下ではたいていの被験者が、視覚、聴覚、味覚、嗅覚、触覚の届かないところにいる他の人や環境のある側面に自分が「触れている」のだという、あいまいだが意味のあるイメージ、直感、感覚に気づくことができる。

心理学や超心理学のさまざまな研究所によって、人間どうしの超個的な接触が報告されている。思考やイメージを転送する実験が、送信者と受信者を隔てる距離を、一キロから一万キロという広い範囲で変化させて行なわれている。どこで、誰によって実施されたかには関係なく、成功率はでたらめ《ランダム》な確率だけによるとするよりもかなり高い。受信者は普通、最初に穏やかな印象を一瞬感じるという。この印象が次第によりまとまったイメージに成長していく。イメージを受信できると、それがひじょうに明瞭であり、また、どこか別の場所にあることが明らかなので、受信者はたいへん驚く。

思考・イメージ転送実験を凌駕するが、それと関係があり、同様に誰もがもっていると思われる超個的能力が、人間の脳の電気的な活動を他の人の脳と同期させる能力である。イタリアの医師で脳研究者のニタモ・モンテクッコが実施し、著者も立ち会った一連の実験では、深い瞑想状態では、左脳と右脳はまったく同じ脳波パターンを示した。もっと驚異的なことには、深い瞑想に入ると、別の被験者の左脳と右脳さえも同期するのである。ある実験では、一二人の瞑想者のうち、一一人までが、感覚器官に頼った結びつきなしに、ＥＥＧ（脳電図）波形の全体にわたって驚異的な九八パーセントもの同期を示した。

二〇〇一年の春、ドイツ南部で行なわれた実験にも著者は立ち会った。約百名が出席したあるセミナーで、シュトゥットガルトにある、意志伝達および脳研究協会（the Institute for Communication and Brainresearch）の会長であるギュンター・ハッフェルダー博士が、心理学者としての教育を受け、治療者《ヒーラー》としての能力を生まれつきもっているマリア・サギ博士のＥＥＧ波形と、出席者のなかから志願した若者のＥＥＧ波形を同時に測定した。治療者であるサギ博士が別室に連れて行かれ、若者はセミナー会場にとどまった。サギ博士と若者のそれぞれに電極がつながれ、二人のＥＥＧ波形が会場の大きなスクリーンに投影された。サギ博士は被験者である若者が悩んでいる健康上の問題を診断し、そして治療しようと試みた。被験者は目を閉じ、浅い瞑想状態にあった。サギ博士が仕事に集中しているあいだ、博士のＥＥＧ波形は深いデルタ領域（毎秒〇〜三ヘルツ）に低下し、ときおり急に振幅が大きく振れることがあった。普通脳波がデルタ領域に落ち込むのは、睡眠状態にあるときであるため、これ自体が驚くべきことである。博士は、ひじょうにリラックスしていたとはいえ、完全に覚醒状態にあった。もっと驚かされるのは、被験者の脳波が同じデルタ波形を示したことである。博士の

EEG波形がデルタ領域に入った約二秒後に、被験者の波形もデルタ波形になったことがスクリーン上の表示で確認された。だが、二人のあいだに感覚器官による接触はまったくなかったのである。

〈超文化的《トランスカルチュラル》な結びつき〉

人間と人間のあいだに超個的な結びつきがあることが人類学と実験室の両方からの証拠によって示されているが、これがすべてではない。考古学や歴史の証拠によって、民族や文化のあいだにもこのような結びつきが生じることが明らかになっている。

広い範囲で、文化と文化のあいだで、密やかで自然発生的な結びつきが起こってきたらしいことは、異なる文明が生み出した工芸品を調べればわかる。広範囲にわたるさまざまな土地で、しかも、異なった時代に、古代の諸文化はじつによく似た工芸品や建築物を多数生み出している。アステカ族、エトルリア人、ズールー族、マレー人、古代インド人、古代中国人が、それぞれ独自の装飾を施してはいるものの、あたかも一つの共通するパターンに従っているかのように、そっくりな記念碑や道具を作っていたのである。巨大なピラミッドは、古代エジプトでも、コロンブスの発見以前のアメリカ大陸でも建造され、しかもそれらの設計は驚くほど似ていた。アシュール文化（訳註：ヨーロッパ、アフリカ、西アジアにわたって広範囲に広がっていた旧石器時代前期の文化。アシュール文化と呼ばれるのは、フランスのサン・アシュールで最初の石器群が発見されたことによる）において広く使われていた手斧は、石の両面を特徴的なアーモンド型、あるいは涙滴型に対称的に打ち割って作られている。このタイプの手斧は、ヨーロッパでは燧石《ヒウチイシ》（訳註：フリントとも呼ばれる。黒色または灰色の塊状の玉髄の一種）で、中東ではチャート（訳註：玉髄質石英と微晶質石英からなる硬い岩石）で、そしてアフリカでは珪岩《けいがん》、頁岩《けつがん》、輝緑岩《きりょくがん》で作られていた。その単純な形状は機能的なものだが、ほとんどすべての原始文化において細部の形状に至るまで一致していることは、どの文化にも共通する必要性を満たすための実用的な解決策が同時に広範囲で発見されたということでは説明できない。これほど多くの、広範囲にわたる人々のあいだで、試行錯誤によって細部に至るまでの一致がもたらされるとは考えにくい。

陶器などの工芸品も、すべての文化においてほとんど同じ形をしている。ボローニャ大学の歴史学者、イグナチオ・マスーリは、著者の提案にしたがい、紀元前五〇〇〇年から二〇〇〇年のあいだにヨーロッパ、エジプト、ペルシャ、インド、中国で、それぞれ独立に発展した土着文化によって生み出された壷や甕《かめ》を詳細に調査した。マスーリは、基本的な形状やデザインが驚くほど繰り返して現れることを見出したが、それを従来合理的とされてきた方法では説明することができなかった。それらの文化は地理的に遠く離れ、場合によっては歴史的にも隔たった時期のものであり、普通の手段ではお互いに接触したとは考えられなかったのだ。

◎先駆的な四つのトランスパーソナル的実験

1. 二人の物理学者、ラッセル・ターグとハロルド・パソフは、一九七〇年代の前半に、思考とイメージの転送に関して、管理された実験を初めて行なった。彼らは、「受信者《レシーバー》を、光と電気を遮断された密室に閉じ込めておき、別室にいる「送信者《センダー》」に一定の間隔でまぶしいフラッシュを浴びせた。送信者、受信者両方の脳波がEEG測定器に記録された。送信者が、まぶしいフラッシュを一定の周期で浴びたときに通常現れる周期的な脳波を示したのは期待通りだった。ところが、受信者のほうは直接フラッシュを浴びることもなく、受信者から通常の感覚器官による信号を受けとってもいなかったにもかかわらず、やはり短い間隔をおいて同一のパターンを示し始めたのである。

ターグとパソフは、遠隔透視《リモートビューイング》の実験も行なった。この一連の実験では、送信者と受信者は感覚器官に頼る意思伝達はいっさい不可能な距離で隔てられた。無作為に選ばれた場所で、送信者に「見張り番《ビーコン》」となって、目にした風景を発信してもらい、受信者には送信者が見たものが何であるかを捉えるよう試みてもらった。受信者がどのような印象を得たかを記録するために、受信者に口頭で説明してもらい、場合によってはそれにスケッチを添えてもらった。第三者に判定してもらうと、受信者のスケッチが平均六六パーセントの確率で送信者が実際に見た風景の特徴と一致することがわかった。

2．一九九四年、イギリスの二人の物理学者、ピーター・スチュワートとマイケル・ブラウンが、ニューヨークの大学の理事をしているヘレン・スチュワート博士と共に行なった実験は、ジェイン・ロバーツがベストセラーとなった自著のなかで紹介した、「セス」（訳註：ジェイン・ロバーツを媒介としてメッセージを残した人格存在。「肉体に波長を合わせることをやめた、人格をもったエネルギー」と自称）が提案したテレパシーを発現させる手順を検証しようとするものであった。その年の四月から九月のあいだの、注意深く設定された日時に、大西洋を越えての意思伝達が試みられた。それぞれの実験の後で、何が観察され、どのような印象が得られたかの詳細な記録が、電子メールを使って集められ、日時と共に自動的にディスクに保存された。離れたところで受信者が見たイメージは、送信者が見たものを絵として正確に再現したものというよりは、何がしか関係のあるものという程度であったが、全体的に見てよく対応していた。たとえば、流星雨の絵は吹雪として、最上階に回転レストランがある塔の絵は、スタンドの上の地球儀として受信された。静止した画像も、動く連続画像も同様に受信された。「静止画」も「動画」も同じように受信されたのである。実験を行なった物理学者たちは、ジェイン・ロバーツが紹介したテレパシー発現手順の有効性は、合理的な疑いの余地なく立証されたと結論した。

3．三つ目に紹介する一連の実験は、メキシコ国立大学のジャコボ・グリンバーグ＝ジルバーバウムが行なったものである。彼は、個人と個人のあいだで自然発生的に起こる意思伝達に関して、五年にわたって五〇回以上の実験を行なった。彼は被験者のペアを、音も電磁波も遮断された「ファラデー・ケージ」に入れ、二〇分間二人で一緒に瞑想するように指示した。その後、二人を別々のファラデー・ケージに入れ、一方の被験者にのみ刺激を与えた。刺激は、ランダムな間隔で、いつ刺激が与えられるのか被験者も実験者も前もってわからないように与えられた。刺激を受けない方の被験者は、パートナーがどのような状況にあるかは一切知らされずに、リラックスし、目を閉じた状態で、パートナーの存在を感じるようにと指示された。

標準的に一〇〇回の刺激が連続で与えられた。刺激の種類は、閃光、音響、人差し指と薬指に強力だが痛みは感じない電気ショックを短時間与えるなどであった。両被験者の脳電図（EEG）の波形記録が同期され、刺激を受けた被験者で「正常な」電位が、刺激を受けなかった被験者で「転移された」電位が、現れているかどうかが検証された。対照のために行なわれた実験、すなわち、被験者が二人とも刺激を受けなかった場合や、刺激を受けるはずの被験者と刺激（閃光など）とのあいだにスクリーンを置いたので実際には刺激が受けられなかった場合、そして、二人の被験者が前もって結びつきをもっていなかった場合には、転移された電位は認められなかった。しかし、前もって結びつきができていた二人の被験者の一方に刺激を与えた実験では、約二五パーセントの事例で、転移された電位が一貫して現れた。深く愛し合っている一組の若いカップルは、特に顕著な結果を示した。彼らのEEGパターンは実験のあいだ一貫してひじょうに正確に同期しつづけ、彼らが強い一体感を感じていると語ったことが幻想ではないことを証明した。

グリンバーグ＝ジルバーバウムは、これらの実験を完全にではないが再現することもできた。一回の実験で電位の転移を示した被験者は、たいてい次回の実験でも電位の転移を示した。送信者と受信者の空間的な距離は、結果には影響を及ぼさなかった。二人がどんなに離れていようが、またどんなに近かろうが、電位の転移は現れたのである。

4. 四つ目の実験は、ダウジング（水脈探査）に関するもので、とりわけ興味深い。ダウザー（訳註：ダウジング・ロッドと呼ばれる棒や、振り子を用いて水脈を探る人）たちがしばしば水脈の位置をじつに正確に見つけるということは、よく知られている。地下水、磁場、そして石油やその他の天然資源などが存在すると、ダウジング・ロッドや振り子が反応する（ダウザーがダウジング・ロッドを手にしないかぎり、ロッドが動くことはないので、ダウジング・ロッドそのものではなく、それをもつ人間の脳や神経系が、水やその他のものの存在に反応しているということは明らかである。ロッドは単に情報を目に見える形に表わしているだけなのだ。ダウザーの腕を動かす無意識の微妙な筋肉の動きをロッドが拡大しているのである）。最近になってわかってきたのは、ダウザーは自然界から発信される情報だけではなく、他の人間によって遠く離れた場所から発信される情報も受信できるらしいということだ。「ダウジングできる」線や図形を一人の人間が意図的に作ると、それが、何がどこで作られたかを知らされていない、遠方にいる人間の心や体に影響を及ぼす。彼らがもっているロッドは、それらの線や図がまるで彼らの眼前にある自然の原因によるものであるかのように動く。これは、この一〇年間に、名高い技術者、ジェフリー・キーンが英国ダウザー協会のダウジング研究会の共同研究者らと共に実施した一連の遠隔ダウジング実験で明らかになったことである。

相当な回数の実験で、ダウザーは実験者によって作られた図形を正確に特定することができた。図形が数千キロも離れたところで作られた場合でも、数センチ以内の誤差で図形の位置が特定された。位置の特定の精度は、ダウジングできる場（ダウジング・フィールド）を作っている人間のいる場所と、実際にフィールドができる場所との距離には依存しなかった。実験者がダウジングできる図形を数センチ離れたところに作ろうが、八〇〇〇キロ離れたところに作ろうが、結果は同じだった。実験者が地面に立っていようが、地下の洞窟のなかにいようが、飛行機で飛んでいようが、あるいはファラデー・ケージのなかだろうが、何の違いもなかった。時間も問題にならないようだった。フィールドは、遠く離れた場所でさえ、測定不能なほど急速に作られた。いったん作られたフィールドが安定に存在しつづけることからも、時間は無関係であることがはっきりした。ある回の実験では、フィールドが三年以上も存続した。だが、フィールドを作った人間がその消失を望んだ場合には、フィールドは消失した。

キーンは、ダウジング・フィールドは「宇宙全体に広がっている情報場《インフォメーション・フィールド》」のなかに作られ、そこで維持されているのだと結論した。脳はこのフィールドと相互作用して、ダウジング・フィールドをホログラムとして受信するのである。キーンとダウジング研究会は、これは、別々の、そして場合によっては遠く離れた人間が行なった、脳とこのフィールドとの非局在的な相互作用の一例であるとしている。

〈臨死体験（NDE=Near Death Experience）およびその他の変性意識状態に関する実験〉　脳や意識に到達している情報は、目や耳から入ってくる範囲を超えていることを示す証拠が、すでにかなりの量で集まっている。なかでも注目に値するのは、イギリスの臨死体験研究者、ケネス・リングの研究によって得られたものである。死を間近に経験した普通の人々による本物の体外離脱体験（エリザベス・キユーブラー・ロスがＮＤＥ現象の研究をはじめて以来、多くの事例が記録されている）という証拠を得たことに満足せず、リングは視覚に障害のある人々の臨死体験の研究に取り組んだ。

一連の試験で、身体の状態が死に近づいた二一名の視覚障害者のうち一五名が、完全な視覚を経験したと報告した（残る六名のうち、三名は見えたかどうかはっきりしないとし、三名が何も見えなかったようだとした）。視覚を経験したと報告した人々のあいだでは、生まれつき目が見えなかったのか、生まれた後に視覚を失ったのか、重い視覚障害をもっているのかによる明確な違いはまったくないことをリングは発見した。さらに、彼らが報告した経験は、視覚をもった人々の報告とほとんど同じだった。リングは、そのように思えただけで実際にはそうではなかったのだとか、夢のようなものだとか、昔の経験を思い出しただけだ、あるいは、脳や皮膚の受容体《レセプター》による一種の「盲視《ブラインドサイト》」だろうという、よくある懐疑的な議論によって結果を説明しようとした。しかし、被験者たちの経験のはっきりした視覚的な特徴や、さらにそれらの経験のさまざまな特徴から、それが本物の知覚であることが検証されたことは、このような議論によっては説明できなかった。

ＮＤＥはその他の体外離脱体験と同様に、変性意識状態で起こる。瞑想、熱心な祈り、断食、リズミカルな動き、呼吸のコントロールなども変性意識状態を作り出し、いずれの場合も感覚器官によらない情報を受信できる状態につながっていくことが明らかになった。意識が変性状態にあるとき、脳は、常識的な世界観とは相容れない情報を抑圧しない状態で働いているようである。これに対して、通常覚醒しているときの意識は、厳格な検閲を行なっている。すなわち、ほとんどの人々が、目や耳によって伝えられたとはっきりわかる、明瞭な経験以外の経験をすべて無視するように「洗脳」されているのである。親は子供に空想するなと言い、教師は生徒たちに夢想はやめて現実的になれと強制し、すでに洗脳されている他の子供たちは、空想や夢想にふけりつづける子供を笑いものにする。しかし、変性意識状態では、奇妙なものも意識のなかに入ってくるのだ。しかも、入ってくるもののなかには、単なる空想の産物ではないものも含まれていることがわかる……。

変性意識状態が世界についての正しい情報を伝播することができることは、伝統的な人々には知られており、彼らは変性意識状態をその力ゆえに賞賛し、それを研ぎ澄ませた。だが近代的な人間たちは、病気、精神異常、あるいは薬物の影響で高揚していることの現れであるとして、変性意識状態を病的なものととらえる。夢、白昼夢、アルコールによる酩酊状態、性的なオーガズムだけが、覚醒した意識状態からの「正常な」逸脱であるとされている。だが、自然療法家、最先端の精神科医、そして意識研究者たちは、変性意識状態について異なる見方をしている。たとえば精神科医のジョン・ネルソンは、変性意識状態は、その幅広い様態の一端は狂気に接し、もう一方の端は創造、洞察、天才の最高の領域に接している、人間の精神にとって基本的なものだと考えている。

有名な精神科医のスタニスラフ・グロフは、四〇年にわたる臨床経験のなかで、変性意識状態の力について研究を行なった。さまざまな精神変調物質を使った四〇〇〇回以上のサイケデリック・セッションと、同僚が実施した二〇〇〇回のセッション、そしてホロトロピック呼吸（訳註：激しい呼吸を行なって過酸素状態を起こし、体内のエネルギーを賦活させる呼吸法）を使った三万回以上のセッションをまとめたグロフの成果は、覚醒した意識の検閲が機能していない状態では、宇宙のほとんどすべての部分や次元から情報が心に届くことを示唆している。

たとえば、「二重の自己の経験」という現象では、変性意識状態にある人間は、身体の自己《エゴ》の境界があいまいになって、他の人間と融合して一体になると感じる。この経験においては、他の人間と融合しているという感じがするにもかかわらず、自己のアイデンティティも保たれている。「他者との同一化《アイデンティフィケーション》」の体験では、一人の人間が他の人間との融合を経験する際に、自己のアイデンティティを失ってしまうまでの完全な一体感をもつことができる。このときの一体感は、総合的かつ複雑なもので、身体イメージ、肉体的な感覚、感情的な反応や態度、思考過程、記憶、顔の表情、特徴的な身振りや癖、姿勢、動き、声の抑揚にまで及ぶ。一体感を感じる相手は、目の前にいても、遠く離れたところにいてもかまわない。生きている人物でも、死んでしまってかなり経つ人物でも同じである。「集団的同一性《グループ・アイデンティフィケーション》と集団的意識《グループ・コンシャスネス》」では、意識の広がりと自己《エゴ》の境界の崩壊はさらに進む。人間は他の個人と同一化するだけではなく、人種、文化、国家、イデオロギー、政治思想、職業意識などを共有する人々の集団全体と一体感をもつこともできる。社会的あるいは政治的な集団、ある国や大陸の人間全体、ある人種に属する人々の全員、ある宗教の信者全員などとの同一化がある。この一体感の経験は、その深さ、範囲、強さにおいて驚くべきレベルにまで到達しうる。歴史が始まって以来戦死したすべての兵士の苦しみや、暴君を打倒しようとしたあらゆる時代の革命家の願望や、すべての母親が赤ん坊に対してもつ愛情、優しさ、献身的な気持ちなどの、総和を感じる人々がいるのである。

〈遠隔身体的《テレソマティック》な相互結合〉 超個的な影響や文化を超えた影響は、別々の人間どうしの、そして場合によっては遠く離れた人間どうしの、精神のあいだに限定されるものではない。一人の人間の精神が、他の人間の身体に影響を及ぼすこともあるのだ。このような遠隔身体的《テレソマティック》な影響もまた、伝統的な文化においてはよく知られていた。人類学者たちはそれを「共感呪術」と呼ぶ。実験超心理学者のディーン・ラディンは、ネヴァダ大学において、実験室内の統制された環境の下でこれを検証した。

ラディンの実験では、被験者たちは自分の姿をかたどった小さな人形を作り、さらに自分を「表わす」いろいろなもの（絵、アクセサリー、自伝、個人的に大切な記念品など）を提供した。また、自分が満たされ快適だと感じるもののリストを提出した。これらの品物や付随する情報を使って、「治療者《ヒーラー》」（思考・イメージ転送実験での「送信者」と同様の働きをする）は「患者」である被験者たちと共感的な結びつきを作り出した。患者たちの自律神経系の活動（皮膚電気活動、心拍数、心拍出量）を監視するため、彼らをモニターにつないだ。そのあいだ治療者は、隣の建物にある、音も電磁波も遮断された部屋にいた。治療者は自分の前に置かれたテーブルの上に人形やその他のものを置いて、それらのものに意識を集中させ、「滋養」（介入的ヒーリング）と「休息」の二つのメッセージをランダムな順序で送った。

患者の皮膚電気活動と心拍数は、介入的ヒーリングの期間と休息の期間とで有意な差が見られた。しかし心拍出量については、介入的ヒーリングの期間の数秒間だけが有意であった。心拍数も心拍出量も「弛緩反応《リラクセーション》」を示したが、これは治療者が人形を通して被験者に「滋養」を与えようとしていたのだから、辻褄《つじつま》が合う。一方、皮膚電気活動が高まったことは、患者の自律神経系が活性化していたことを示している。どうしてこのような結果が生じたのかという疑問は、治療者が人形の肩をさすったり髪の毛や顔をなでたりして患者に滋養を与えたということに実験者が気づいて解消した。どうやらこれが患者の皮膚を「遠隔マッサージ」する効果をもっていたらしい。

ラディンと共同研究者たちは、ある場所における治療者の行動や思考が、まるで治療者と患者がすぐそばにいるかのように、離れた場所にいる患者に現れたのだと結論した。両者の距離による違いはないようだ。このことは、二人の実験超心理学者、ウィリアム・ブロードとマリリン・シュリッツが、送信者の心的表象《イメージ》が受信者の心理に及ぼす影響に関して行なった多数の実験によって確認された。ブロードとシュリッツは、送信者の心的表象が空間的な隔たりを越えて届き、遠く離れた受信者の心理に変化をもたらすことを見出した。その際の効果は、人間の精神的なプロセスがその人自身の身体にもたらす効果に匹敵する。離れた場所にいる人間による「遠隔身体作用《テレソマティック》」は、個人が自己に及ぼす「精神身体作用《サイコソマティック》」と類似しており、また、ほぼ同程度に効果的なのである。

遠方からの精神の影響は、人間以外の生物にも及ぶことがある。嘘発見器の専門家、クリーヴ・バクスターは、自分のニューヨークのオフィスにある植物の葉に嘘発見器の電極を取りつけた。彼は、人間の被験者の場合と同じように、葉の表面の電位の変化を記録した。植物の電位変化の記録がバクスター自身の感情を反映しているのを発見し、彼は驚いた。バクスター自身が激しい感情的な反応を示したまさにその瞬間に、植物の電位も突然上昇したり、激しく揺れ動いたりしていたのだ。バクスターがオフィスにいるか外出しているかは関係なかった。何らかの方法で、植物は彼の心を「読んで」いるようだった。バクスターは、植物は自分の周りの人々や出来事を感知する「原始的な受信機」をもっているのではないかと考えた。この実験に続いて、彼はさまざまな植物、細胞、そして動物について実験を行ない、嘘発見器で同様の反応が得られることを見出した。植物の葉をすりつぶしたものを電極の表面に塗った場合でさえも反応が見られた。

バクスターはさらに、被験者の口から採取した白血球を使って一連の実験を行なった。白血球採取の手順は、歯科の分野で開発され完成されたもので、その方法を用いると、純粋に白血球だけを分離して試験管に入れることができる。バクスターは白血球を被験者から離れた場所に移した。その距離は五メートルから一二キロメートルであった。遠く離れたところにある白血球に嘘発見器の電極を接触させ、被験者に感情的な反応を起こさせた。ある実験では、若い男性に『プレイボーイ』誌を見てもらった。しばらく何事もなく過ぎたが、その若者が見開きにあった女優のボー・デレクのヌード写真を見たとき、目を見張るようなことが起こった。その瞬間、遠く離れた白血球に取りつけられていた嘘発見器の針が揺れだし、被験者がその写真を見ているあいだじゅう揺れつづけたのである。彼が雑誌を閉じると、針の動きは正常なパターンに戻ったが、若者がもう一度ちらっとその雑誌を見ようとしたとき、突然また大きく揺らいだ。

また別の実験では、日本軍の奇襲の際パールハーバーにいた元海軍掌砲長に、それに関するテレビ番組を見てもらった。彼はしばらくこれといった反応を示さなかったが、画面に海軍掌砲長の顔が映し出され、続いて日本軍の戦闘機が海に墜落する場面が現れると、表情が変化した。その瞬間、一二キロ離れたところにあった彼の白血球に接続された嘘発見器の針が大きく振れた。これらの実験のあと、この元軍人も先の若者も、これらの瞬間には感情が大きく揺さぶられたことを認めた。白血球が数メートルの距離にあろうが、数キロメートル離れていようが、結果に変わりはなかった。バクスターは、それが被験者の身体に接続されている場合とまったく同じ反応を示したのである。嘘発見器私たちには十分説明することができない何らかの形の「バイオコミュニケーション」が起こっていると結論せざるをえなかった。

超常《サイ》現象の寓話――非局在的な意識

超常現象にまつわる寓話は世界じゅうにあふれている。奥義を教えるという人気の道場にとっては、これらの寓話は教義の基礎である。最近では、少数ながら洞察力と勇気をもった科学者たちもこのような寓話を提案している。そのなかに注目に値するものがいくつかある。

アメリカ心理学の父、ウィリアム・ジェイムズは、次のように宣言した。「私のこれまでの経験から……揺るぎない一つの結論が導かれる。……命をもった私たちは、海に浮かぶ島のようなもの、あるいは、森に生える木のようなものである。カエデやマツは、葉を震わせてお互いにささやきかけるだろう……だが、木々はまた、暗い地下で根をからませることによっても交わり合うし、島々は海の底ではつながっている。同じように、宇宙的な意識の連続体があって、そこにただ偶然に囲いが張られて、そのなかに私たちの個としての存在が生まれる。また、私たちの精神のいくつかは、その連続体を母なる海、あるいは源泉として、そのなかへ飛び込んでゆく……」。物理学者のエルヴィン・シュレディンガーも同様な洞察をしている。「世界のどこを見渡しても、意識を複数のものとして見出せるような枠組は存在しない。そのような枠組は、個人としての人間の存在が空間的・時間的に複数であるために、私たちが勝手に作り出しているにすぎない、誤った枠組である……個々の人間の自意識は、お互いに同じものであり、また、より高いレベルで形成されていると表現して差し支えないであろう、

〝大きな自己〟とも同じものである」

デイヴィッド・ボームも、本質的には同じ結論に達した。「根底では人類の意識は一つである。これはほとんど確実であると言っていい。なぜなら、真空のなかでは物も一つなのだから」と彼は主張した。二〇〇一年、ヘンリー・スタップは、非局在的な意識の超常現象的寓話を現代物理学の枠組のなかに組み込んだ。「新しい物理学は、私たち人間の心が非局在的な結びつきによって自然とつながっているという明白な証拠を提供している。一人の人間がある場所で行なった選択が、宇宙のなかの他の場所での真実に瞬時に影響を及ぼすらしいことがわかってきた。この非局在的な様相は、宇宙を物質の小片《ビット》の集合体ではなく、次第に成長していく〝情報の最小単位《ビット》〟の集まりとしてとらえることによって理解できる」と彼は述べている。

科学者たちに十分な覚悟がなければ、超常現象的寓話は彼らにとっては危険な領域であり、そのようなことを主張する者は批判や非難の対象になる可能性が高い。しかし、人間の脳や精神のあいだに非局在的な結びつきがあることに関する証拠は現在では相当に積み重ねられており、主流の科学界でさえも無視できないまでになっている。二〇〇〇年の春、通常は保守的な米国心理学会が発表した一連の論文で、このような証拠が検討、検証された。エッツエル・カルデナ、スティーヴン・ジェイ・リン、スタンリー・クリップナーらによって編集された『*Anomalous Experience: Examining the Scientific Evidence*（異常経験——科学的証拠の検証）』では、幻覚的経験、共感覚、明晰夢、体外離脱、超常現象的経験、宇宙人による誘拐《エイリアン・アブダクション》、前世の経験、臨死体験、変則的なヒーリング経験、神秘的体験などを検討している。これらの体験を錯覚や精神異常の兆候だとして無視するわけにはいかないという点で、著者らの見解は一致している。これらの体験は、これまで考えられていたよりもはるかに一般的であり、それを体験した人々に重大な影響を及ぼしている。しかし、これらの体験に関する決定的な説明はまだ存在しないと彼らは語った。

この結論は、学問としての意識研究の現時点での到達水準をよく表わしている。意識に非局在的な側面があることに対しての反論は次第に減ってきているが、それについての理解が十分深まったわけではない。変性意識状態の先駆的研究者ラッセル・タークが言ったように、「まだ現象しか把握されていない」状態である。従来の科学の枠組内では意味のある説明ができないので、これらの現象の研究は「超」心理学の領域へと移行した。だが、すくなくとも超心理学の範疇で扱われるものについては、学者たちも関心を示している。オランダのユトレヒト大学とスコットランドのエディンバラ大学には超心理学の講座があり、二〇〇四年の時点で、スウェーデンのルンド大学にも、「超心理学、催眠学、透視学」の講座が一つある。

しかし、神経生物学的な脳研究の最先端で、真の科学的な説明が出現しつつある。その鍵となるのは、脳は生化学的な機械ではないという洞察である。脳は、あるいは、生命体の全体は、「巨視的な量子系」なのである。人間の脳にある一〇〇〇億個のニューロンのうち、毎日数千個が死んでおり、また細胞膜自体が常に更新されている。大脳皮質は、ニューロンのネットワーク全体を常に変化させており、シナプスの数や位置を変えさえしている。シナプスは、ニューロンのすべてを互いに結びつけている一〇〇兆個にものぼる接点である。すべてのニューロンは、それを包む細胞膜の内側と外側のあいだに電位差をもっており、ニューロンのネットワークのなかでは、情報は主に活動電位（シナプスの脱分極や過分極によって生じる膜の電位の違いに起因するもの）の形で移動する。活動電位の総和が、数十億個のニューロンを含む磁場パターンをもつ一過性の電場を一ナノ秒（一秒の一〇の九乗分の一）毎に生み出す。個々の目的のために特殊化されたニューロンのネットワークの樹状突起構造に沿って生み出される、この派生的ではあるが高度な秩序をもったパターンの場《フィールド》は、脳のダイナミックな自己組織化の効果の表われである。これは、混沌《カオス》の周辺部で起こり、脳の系全体に量子的一貫性《コヒーレンス》をもたらすプロセスである。

量子系は、標準的な生化学系がもつ限界を超えている。じつにさまざまな情報をほぼ瞬間的に送受信することができ、現実の極微の領域で優勢な非局在性を示す。脳が巨視的な量子系ならば、脳は、量子や銀河を、そして生命体や生命の網を結びつける情報場と結ばれながら、ほぼ瞬間的に情報を受け取り、また発信することができるはずである。この情報場であるAフィールドは、人間の脳や心を結びつける、私たちが共有している情報のプールなのである。それはカール・ユングが集合的無意識と呼び、テイヤール・ド・シャルダンが精神圏《ヌースフエア》と呼んだものであり、またエルヴィン・シュレディンガー、デイヴィッド・ボーム、ウィリアム・ジェイムズ、ヘンリー・スタップなどの科学者たちにとっての、根底的な量子場なのである。

第6章 Aフィールド効果

考えてみよう。私たちの目の前に一組の謎と、それを説明しようとするさまざまな寓話がある。これらの寓話は、概念や理論としては異なる枠組に分類されているが、共通の根本的な結論を指し示している。すなわち、現実世界のなかにあるものは、お互いまったくばらばらで何のつながりももたないのではないということである。物はエネルギーの流れによって結びつけられているばかりではなく、情報の流れによっても結びつけられているのである。この結びつきは実際どのように起こるのだろうか？　これは、Aフィールドが世界に及ぼす影響についての疑問である。これからこの疑問について考えてみよう。

◎さまざまなAフィールド効果

Aフィールドがすべての物にすべての他の物の情報を与えているのだということは、私たちが物理学、宇宙論、生物学、意識研究において見てきた非局在性と相関性《エンタングルメント》に対する説明として、最も単純で意味のあるものである。だがこの主張自体は、たとえうまい説明だとしても、単なる「寓話」以上のものではなく、科学的理論とは言えない（または、まだ科学的理論にはなっていない）。私たちはAフィールドがどのように機能するのかも説明できなければならないのである。

Aフィールドは感知できないので、Aフィールドの機能を調べるのはたやすいことではない。しかし、このフィールドは効果を生み出し、その効果は感知できるのだから、けっして空想の産物などではない。これは、科学で自明の存在として仮定されている他の場《フィールド》でも同じであり、Aフィールドが例外なのではない。物体を地面に落とすと、落ちる物体は見えるが、落下を起こしている場《フィールド》を見ることはできない。すなわち、「Gフィールド（重力場）」の効果は見えるが、Gフィールドそのものは見えない。Gフィールドの効果は、離れた物体の間に働く引力として現れる。EMフィールド（電磁場）の効果は電磁波の伝達である。そして弱い核力と強い核力の場《フィールド》の効果は、きわめて近い距離にある物体の間に働く引力と斥力である。では、Aフィールドの効果とは正確にはどのようなものなのだろう？

私たちはAフィールドの効果を生み出しているものが何であるかを知っている。それは量子真空である。問題は、真空のAフィールドがどのようにして、粒子や、粒子が集合してできた、原子や分子、細胞や器官、星や銀河など、時空に存在するもっと複雑な物に影響を及ぼすのかということである。

Aフィールドは情報を伝播し、この情報は捉えがたい精妙なものではあるが、注目すべき効果をもっている。すなわち、相互関係を可能にし、一貫性《コヒーレンス》を作り出す。この、すべての物に、すべての他の物の「情報を与える」という現象は普遍的に起こっているのだが、一様に同じ形では起こっていない。

普遍的な情報は、均一な情報ではない。Aフィールドが、最も直接的で、強烈に、そして、それゆえ明瞭に情報を伝播するのは、互いによく似た物（すなわち、基本的な形状が同じで「同形」であるもの）のあいだにおいてである。これは、Aフィールドの情報が、ホログラムに相当する、真空の波の干渉パターンの重ね合わさったものによって伝達されるからである。ホログラムでは、すべての要素が、同形の要素、すなわち自分と似た要素と相関している。科学者たちは、このような結び合いを「共役」と呼ぶ。したがって、ホログラムのパターンは、任意のパターンの集合（それがどんなに広大な集合であっても）のなかにある自分と同形なパターンと共役なのである。

これは実際の経験によって確認することができる。共役パターンを「鍵」として、ホログラムの複雑な波形パターンのなかから、任意の一つのパターンを取り出すことができる。ホログラムをなしているさまざまなパターンの混合体のなかに、所定の波形パターンを挿入すればよいだけである。挿入されたパターンは、自分と共役なパターンを選び出す。これは共鳴現象と同じである。音叉や楽器の弦は、同じ周波数や、数オクターブ高いか低い周波数に調音された音叉《おんさ》や弦と共鳴するが、それ以外の周波数に調音された音叉や音とは共鳴しない。インターネットにおいても同様の選択的な応答が起こっている。自分が探しているウェブサイトのコードを入力すると、システムがそれに対応するサイトを照合する。これによってウェブ上に存在する何百万もの扉のうち、探していた一つの扉が開かれる。

この共役原理をAフィールドのなかの干渉パターンに適用すると、単純で論理的な図式が得られる。Aフィールドのなかで作られ、Aフィールドによって伝達されるホログラムを通して、物は自分に一番よく似た他の物から直接「情報を与えられる（イン・フォームされる）」。たとえばアメーバは、他のアメーバたちから直接情報を与えられる。これは、似ていない物どうしは情報を与え合わないということではない。そのような情報も与えられているが、情報の影響はどんな場合でも同じように明白に現れるわけではないのだ。アメーバは他の単細胞生物からも情報を与えられているし、分子などのもっと単純な物からも、そして、多細胞生物などはるかに複雑な物からも情報を与えられている。しかし、他のレベルの物からの情報は、同じレベルの物からの情報ほど強烈で明白ではない。人間についても同じことが言える。私たちは仲間の人間たちから直接情報を与えられているが、動物、植物、そして自然のすべてから、より間接的にではあるが、情報を与えられている。Aフィールドを通して伝えられる情報は、すべての物を他のすべての物と精妙に同調させており、宇宙のなかや生き物たちの自然界のなかに見られる一貫性をもたらしているのである。

宇宙におけるAフィールド効果

すでに第四章で見たように、Aフィールドは真空中のねじれ波を通して、宇宙のなかの物や事象を光速の一〇億倍という驚異的な速度で結びつける。ねじれ波の干渉パターンが、宇宙的規模のホログラム、すなわち、星やすべての恒星系のホログラムを形作る。これらのホログラムは、私たちの宇宙全体に広がり、銀河やその他の巨大構造を相互に結びつけている。

恒星や恒星系のねじれ波干渉パターンは、銀河のホログラムを形作り、メタギャラクシー（すべての銀河の集合）の真空ねじれ波が干渉しあって宇宙全体のホログラムを形作る。全宇宙のホログラムは、銀河たちのホログラムと共役であり、したがってこの包括的な全宇宙のホログラムは、銀河たちのあいだの一貫性《コヒーレンス》を生み出し、それぞれの銀河の進化の過程を相互に結びつけている。このAフィールドの効果は、ひじょうに密やかだが、効果的である。現代物理学で知られているどんな光や信号も横断したことのないような距離で離れていても、恒星や銀河は、宇宙の全域で、一貫性をもって進化している。

「宇宙のさまざまな定数が微妙に調整されていること」——宇宙の基本的な定数が、人間のような複雑な系がそのなかに出現できるように驚異的なまでに調整されていること——も、同様にAフィールドの効果である。ビッグ・バンの諸定数がきわめて正確であり、その爆発によって生み出された粒子が凝集して銀河や恒星や、生命の住処《すみか》となりうるさまざまな惑星になる前に飛び散ってしまわないように真空のエネルギー密度が正確に調整されていたことは、すでに見たとおりである。これほどまでに宇宙の定数が調整されていなかったなら、この正確さに驚嘆している私たちも存在しなかっただろう。ほんのわずかの狂いがあっても（電磁力、重力などの普遍的な力の値が一〇億分の一変化したり、エネルギー密度がわずかに過剰であったとしても）、宇宙は生命体が出現し進化できる条件を生み出すことはできなかっただろう。

ビッグ・バン理論は、定数の微妙な調整を十分に説明することができない。主流の宇宙論では、宇宙の前・空間《プレ・スペース》は無秩序《ランダム》で、真空が偶発的なゆらぎをもっていたという仮定しかできない。しかし、偶発的なゆらぎが、このように微妙に調整された宇宙を生み出せるようなゆらぎのパターンになったとは、とても考えられないことである。

弦《ストリング》理論の研究者たちは、私たちの宇宙が微妙に調整されていることに対する説明を提供してくれている。たとえばレナード・サスキンドは、真空のエネルギー密度が領域ごとに異なるのではないかと提案している。ある領域のエネルギー密度が、その領域で成り立つ物理法則を決定するというのである。局所的に安定な真空エネルギーの状態がひじょうに多数、おそらく一〇の五〇〇乗のオーダーで存在するので、そのなかの少なくとも数個は、私たちの宇宙で成り立つ法則と同じものをもっていると確信しても間違いではないだろう。（安定した時空をそなえた）こうした真空のなかに入ってしまうと、他の多くの真空からの情報を得ることができなくなり、私たちはひとつの分離した宇宙で暮らすことになる。ラファエル・ブッソとジョゼフ・ポルチンスキーが示唆するように、真空は次から次へと変容していくが、真空どうしは光速よりも急速に膨張する時空によって隔てられており、最も近くにある真空からでさえも情報を受けとることができないのかもしれない。

　銀河や生物圏のような複雑な構造が進化できるほどに「好適な《フレンドリー》」物理法則（つまり、私たちがよく知っている物理法則）が成り立っている真空領域に私たちが住んでいるのは偶然のことである。どうしてこのような幸運に恵まれたのだろう？　宇宙論者たちも、それはわからないということを認めている。「人間原理《アンスロピック・プリンシプル》」を提唱する者たちもいる（サスキンド、ブッソ、ポルチンスキーなど）。これは、私たちは好適《フレンドリー》な真空領域にしか生まれない、なぜなら、さもなければ、私たちがここにいてこのことを疑問に思うなどありえないからである、という考え方である。

　だが、もっと単純な説明が存在する。弦理論を宇宙論に適用すると驚異的な数の解が存在するからといって、それだけの数の宇宙が実際に存在すると考える必要はない。私たちの宇宙が、それがもっているような物理的性質をもつようになった理由はむしろ、それが生まれた真空が、一つ前のメタヴァースの周期から情報を受けとったからだということのほうが可能性が高い。メタヴァースという、より大きな宇宙は、空間的に無限であれ有限であれ（これは現時点ではまだ明らかになっていない）、時間的には有限ではない可能性がひじょうに高い。宇宙《コスモス》は、一周期かぎりの宇宙《ユニヴァース》に限られてはいないのだ。これは重要なことである。なぜなら、存在するすべての宇宙、そしてこれまでに存在したものも、これから存在するものも含めて、すべての宇宙は量子真空のなかで出現したからである。ある宇宙を構成する粒子は真空から生まれ、その宇宙のライフサイクルが終わるときには再びそこへ還っていく。真空は、どんな宇宙もまだ生まれないうちからすでに存在し、局所的な宇宙がいくつ消え去ろうとも存在しつづけるであろう。膨大な数の宇宙が生まれては消えていくなかで、真空は次々と生まれてくる宇宙で生じるさまざまなプロセスによりよく適合するように、徐々に調整されていくのである。

Aフィールドの効果は、私たちのこの宇宙が微妙に調整されていることに対する、単純で論理的な説明を提供する。この宇宙が誕生したとき、これを生み出した爆発《バン》と、それが起こった真空は、でたらめな過程で形成されたのではない。前に存在した宇宙から情報を与えられたのである。これは、受胎の際に受精卵の遺伝子コードが両親の遺伝子コードから情報を与えられているのとよく似ている。これが真実ならば、天文学的な数のばらばらの宇宙のなかに、あるいは、一つの宇宙のなかに存在する、同じく途方もない数のばらばらの真空のなかに、偶然このように定数が調整されたものが存在したという説明よりも、はるかに説得力がある。

生物界におけるAフィールド効果

Aフィールド効果は、自然界の隅々にまで及んでいる。Aフィールドは生命体にも影響を及ぼすのである。これは理にかなっている。生命の領域で、一つの生命体の分子や細胞のそれぞれのホログラムは、それを包含しているその生命体全体のホログラムと結び合っている（共役の関係にある）。その結果、密やかだが効果的な相互関係が、生命体の分子、細胞、器官のあいだにもたらされ、生命体の内部でほとんど瞬間的に一貫性が成り立っているのである。この共役関係は、分子や細胞が隣どうしにあろうが、遠く離れていようが、存在している。すでに見たように、ある生命体に属していた細胞は、そこから何キロも離されてしまっても、その生命体との結びつきを維持している。

Aフィールドを通しての情報伝達は、生命体のすべての部分でほぼ瞬間的に一貫性が成り立つことを説明するだけでなく、生命体と環境の、密やかだが効果的な相互関係をも説明する。群体《コロニー》（訳註：同一種が一箇所に集まって生活している個体群）、群れ《グループ》（訳註：一般的な動物の集団で、ある場所にある生物が多少とも集合している場合）、共同体《コミュニティ》（訳註：二種以上の生態学的に関連する種の特殊な組み合わせを特徴とする生物の集団）のホログラムは、それらが属している生態環境のホログラムと共役である。生命体たちがそのなかに組み込まれている生体環境のホログラムは、そのなかにあるすべての生命体と相互関係をもち、それは生命体のゲノムにまで至る。したがって、その神経系やゲノムの異型《ヴァリエーション》も含めて、一つの生命体の全体は、捉えがたい精妙な仕方で情報を与えられている（イン・フォームされている）。これによって、一つには、環境が変化した場合に、新しい環境で生存可能な突然変異をゲノムが起こすことができる可能性と、もう一つには、種が無数の世代をかけて完成した、生存に必要な適応行動が次の世代に伝えられる可能性が増加するのである。ゲノムは、変化する環境に「前もって適応している」のではないし、複雑な生得的行動に必要な情報は、遺伝子コードに組み込まれているのではない。ゲノムも生命体の全体も、常に、そして多次元的に、時間と空間の両方のなかで、環境と結びついているのである。この結びつきの媒体は真空であり、共役関係にある真空中のホログラムを「読む」ことによって、意味のある情報が伝達されるのである。

　生まれて間もない地球の太古の海のなかで驚異的に急速な生命の進化が起こったこともこの原理によって説明できる。最古の岩は約四〇億年前のものだが、三五億年以上も昔に、すでに相当複雑な形態の生物——藍藻植物とバクテリア——が初めて出現しているということは先に見たとおりである。このような形態の生命体を作り出すためには、複雑な一連の反応が調整されたうえで起こる必要があったし、そのうちたった一つのステップでも失敗が起これば、すべてがだめになってしまっていたであろう。浅い太古の海で「分子のスープ」をでたらめ《ランダム》にかき混ぜても、利用可能な時間枠のなかでこのような離れ業を成し遂げることは可能であるとは思えない。太古の地球の表面で起こった分子の混合は、完全にランダムなものではなかったのだ。そこには、すでに進化していた生命体の痕跡から、情報が与えられていたのである！　このような痕跡は、地球の生命体のものではないことは明らかである。なぜなら、私たちは地球で生物進化が始まった最初について議論しているのだから。それは他の惑星における生命の痕跡だったのである。

　地球上での生物進化をもたらす「情報の種まき」があったということは、十分ありうる話である。

真空の零点場は、宇宙の隅々にまで広がり、粒子や粒子系のねじれ波の干渉パターンをあまねく伝達することができる。真空のホログラムが届くところには、そのホログラムが由来する宇宙の領域で進化した生命体に関する情報がもたらされる。私たちの銀河では、地球で生命が進化したよりも前に他の惑星で生命進化が起こっていた可能性があり、地球で最初の生命体が出現したときに、真空のなかに他の生物圏《バイオスフェア》の痕跡がホログラムの形で存在していたに違いないと考えられる。その痕跡は、若い地球の上に出現した生命体と十分共役で、密やかだが決定的な影響をそれに及ぼしたに違いない。これによって進化の試行錯誤が加速され、分子のスープを乱暴にかき混ぜるなかで、安定で、自分で自分を維持できる組み合わせが実現する可能性が増加したのである。

地球の生命は、宇宙のどこか他の場所の生命から情報を与えられたのである。それと同じように、地球の生命は目下、この銀河のなかであろうが、他の銀河のなかであろうが、生命存続可能な他の惑星の生命に情報を与えているのである。

◎結論として……

主流の科学の、謎に満ちた世界の彼方で、新しい宇宙の概念が現れつつある。既存の概念は超越された。それにとってかわるのは、真空に基づく全体場《ホロフィールド》として再発見された、古代の伝統、アカシック・フィールドという新しいと同時に古い概念である。この概念においては、宇宙は生物にきわめてよく似た、高度に統合された一貫性のあるシステムである。その重要な特徴は、宇宙のあらゆる部分によって生み出され、保存され、そしてあらゆる部分に伝えられる情報である。この特徴はまことに根源的なものである。これによって、進化の一つの局面から次の局面に進む道をやみくもに手探りしていた宇宙は、すでに自分が生み出した情報の上に成長を重ねていく高度に相互結合したシステムへと変貌する。

世界のすべての物の根底にある、それらを結びつけている宇宙的な場《フィールド》という考え方は、しばしば人間の直感に上ってきたものであり、伝統的な宇宙論や形而上学のなかに見られる。古代の人々は、空間は存在するすべての物と、これまでに存在したすべての物の根源であると同時に記録であり、けっして空虚なものではないことを知っていた。しかしこの知識は、哲学的あるいは神秘的な洞察に基づくものであり、疑う余地はないように見える場合が多いものの、個人的で再現不可能な経験から得られたものであった。現在進行しているアカシック・フィールドの再発見は、質的な個人の経験を、科学の実験の手法によって得られた量的なデータによって強化するものである。特異な個人的洞察を、大勢の人間が観察でき、再現できる経験と結びつけることによって、私たちは真実に近づいているのだという確信、そして、宇宙の情報場は、生命の世界においては生命体と心を結びつけ、宇宙の全体においては粒子、恒星、そして銀河を結びつけているのだという、最強の確信をもつことができる。

自然のなかの情報場は、目下科学の最先端で再発見されつつある。それは強力な寓話として現れており、そしてまた、継続されている研究が深まり、Aフィールドの理論の詳細が明らかになるにつれて、二一世紀の科学的世界観の主柱として出現している。これによって、私たちがもっている、私たち自身についての見方と、世界に対する見方が根本的に変化するであろう。

Ａフィールドの再発見によって、私たちの世界も変化するであろう。空間は物を分離しているのではなく結びつけているのだという、古くからあった直感的知識に対して、本物の科学的説明が存在することに人々が気づいたとき、現代文明を代表する、新しいものを創造する天才たちは、これを実用に供する方法を見出すであろう。Ａフィールドをどのように活用すればよいかがわかってくるにつれ、有用で効果的な「イン・フォーメーション」を、ある場所から別の場所へ、瞬間的に、しかもエネルギーの消費を伴わずにビーム発信する無数の方法が明らかになるであろう。これによって量子コンピュータが実現するばかりか、一連の技術革新が次々と起こる道が開けるだろう。量子ビットを遠隔伝達《テレポーテーション》するのみならず、原子や分子、そして生きた細胞や組織、さらに意識の諸相や諸要素を遠隔伝達《テレポーテーション》する方法も開発されるだろう。どのような可能性があるのか、現在のところはまだ完全にはわかっていない。しかし、驚くようなことが何度も起ころうとも、驚いてはならないのだ。

第2部

〝情報体としての宇宙〟を探検する

◎〝情報体としての宇宙〟とは

〝情報体としての宇宙〟では、Aフィールドが現実の重要な要素である。この場《フィールド》のおかげで、この宇宙は驚異的な一貫性を維持している。ある場所で起こることはすべて、ほかの場所でも起こる。ある時点で起こったことは、それ以後いつでも起こる。何ごとも、それが起こる場所や時間に限定されることはなく、「局所的」なことなど何もないのである。すべてのものごとの記憶は、すべての場所、すべての時間に広がっていくのだから、すべてのものごとは世界的《グローバル》であり、実際には宇宙的《コズミック》である。これが〝情報体としての宇宙〟の概念であり、これからの時代の科学と社会を特徴づける世界観となるものである。

〝情報体としての宇宙〟は、ばらばらの物や事象からなる、精神性をまったくもたない出来事を外部から傍観者が見ている宇宙ではない。主流の科学の世界観とは異なり、物質中心的ですらない。素粒子が集まって原子核となり、それが原子を作り、その原子が集まって分子となり、それがさらに集まって細胞となり、細胞が集まって組織となり、それが集まって生命体を作り、それが集まって生態環境をなしているという、一種の物《スタッフ》としての物質は、真の実在ではない。物質は実は量子化された波束に包まれたエネルギーなのである。世界のなかに存在するのは物質だけであり、すべてのものはビッグ・バンによって生み出され、ブラックホールかビッグ・クランチによって消失するという古典的な考え方は、とんでもない大間違いであった。そして、物質の振舞いを把握すればすべてを知ったことになるという、古典物理学とマルクス主義のイデオロギーがもっていた信条は、とてつもない虚偽であった。これらの考え方は、完全に放棄された。古い考え方の科学者、技術者、マルクス主義者たちが考えていた以上のものが、この宇宙には存在するのである！　そして、この世界に存在するもののなかには、ＳＦ作家たちでさえ想像できなかったようなすばらしいものがたくさんあるのだ。

しかし、この宇宙の基礎は物質ではないということは、〝情報体としての宇宙〟の真に驚異的な特徴ではない。真に驚異的なのは、そのなかで起こるすべてのことが、他のすべてのものに影響を及ぼす、すなわち、「情報を与える」ということである。これは、見かけほどには奇妙ではない。第四章で、私たちの身近にある海においてさえ、すべての物がほかのすべての物に影響を及ぼしているということを見た。より親しみ深い例は、私たちの多くが子どものころもっていた水槽である。著者の息子、クリストファー・ラズロも、十代の頃そのような水槽で魚を飼っていたことがあり、水槽で何が起っているかを理解することは、宇宙全体で何が起こっているかを理解するよい手がかりになると主張している。

◎水槽と〝情報体としての宇宙〟——示唆に富む比喩（クリストファー・ラズロ*による寄稿）

あなたが今、広々とした壁一面にひろがる水槽の前に立っているとしよう。エンジェルフィッシュやドワーフシクリッドが優雅に泳いでいる一方で、ジャイアントグラーミーや、赤い縞のあるタイガーバルブスが、水底の小石の上でのんびりしていたスカベンジャー（訳註：水槽に生えたコケや魚の糞などを食料とする魚）たちを追い掛け回している。アフリカ産の水生シダやアマゾンソードプラントのあいだで、銀色のネオンが光る。電動フィルターがブーンとうなり、小さな気泡がのぼっていく。

突然水面から、モーター付きのおもちゃの潜水艦が二隻入ってきて、半分の深さまで沈んできた。魚たちはあわてふためいて、水槽の壁に沿って全速力で泳ぎ回るが、危険はなさそうだとわかると、落ち着きをとり戻す。

ここで潜水艦の動きに注目してみよう。魚たちの動きや、のぼってくる気泡によって、潜水艦は上下左右に揺れ動く。モーターの電源が入ると、潜水艦は水のなかをなめらかに進みだし、水中にささやかな航跡を作る。この航跡は、魚たちをひきつけ、水中の植物を揺らす。ときには魚が航跡の渦に巻き込まれて潜水艦に引きずられてしまい、逃れようとしてもがき、それが乱流を起こして、今度は潜水艦のほうが急に進行方向を変える。

どの動き一つをとっても、それは水槽のなかにあるすべての他のものに影響を及ぼす。どの魚も、植物も、潜水艦も、小石も、気泡も、波という形の水中の動きによって結びつけられている。あなたの目には見えなくても、交差する波たちは、波を立てたものについての情報を運んでいるのだ。潜水艦のスクリューの作る航跡は、魚の背びれが作るさざなみとは違うデータを暗号としてもっている。この二つの波が衝突するとき、潜水艦と魚は相互に影響を及ぼしあい、お互いの位置、速度、そして大きさの情報を交換する。

あなたが今見ているのは、Aフィールド理論による宇宙を単純化したモデルである。この理論によれば、根底に存在する物理的な実体は、そのなかですべてのものが他のすべてのものと結びつけられている、ホログラフィック場《フィールド》である。粒子も、原子も、分子も、アメーバも、ネズミも、そして人間も、すべてのものがそのなかで結ばれている。そして、すべてのものは、文字通り自分の周りのものを形作る波の圧力を通して、他のすべてのものに影響を及ぼしているのである。

水槽のモデルは、いくつかの重要な点で、Aフィールド＝〝情報体としての宇宙〟とは異なっている。水槽では、波は情報だけでなく物理的な力も含んでいる。水槽の水のなかでは、あなたも実際に波の感触を味わうことができる。Aフィールドのなかでは、波は力を伴わずに情報だけを運ぶので、あなたはこの波を感じることはできない。水槽では、波はいつかは弱まって消えてしまう。Aフィールドでは、波は摩擦のない媒体中を進んでおり、その動きを阻むものは何もないため、減衰することはない。水槽とAフィールドのあいだの、これら最初の二つの相違点は、Aフィールドは、超伝導実験で用いられる極度に冷却されたヘリウムのように、普通の手段ではとらえられない媒体であることに起因している。Aフィールドのなかでは、波を見たり感じたりすることはできないのである。エネルギーは、超伝導物質を通過するとき、けっして減速したり減衰したりすることはない。これは、銅のなかを電流が伝わる場合などとは違う。銅線では減衰が起こるため、長距離にわたって信号を伝達するためには電話線には中継器が必要なのである。Aフィールドの媒体のなかでは、物はどんな抵抗にも阻まれることなく、何の苦もなく動いていく。このため、過去の優れた科学者たちは、空間とは何もないただの空隙《くうげき》であると結論した。サー・アイザック・ニュートンその人も、真空は、そのなかを物理的な対象が、彼が発見した運動の法則に従って動くだけの受動的な「容器」であると考えていた。

しかし、何ということだろう。〝情報体としての宇宙〟は見れば見るほどますます奇妙であることがわかってくるではないか。水槽では、波はたかだか一時間に五キロメートル程度の常識的な速度で短い距離のあいだを伝わるだけである。Aフィールドでは、波は光よりも速く伝わる。つまり、一秒間に三〇万キロメートルよりも速い速度で伝わるのである！　情報がこのような超高速度で伝達されることは、ひじょうに遠く離れたところで事象が同期して発生するように見えること、すなわち、科学者たちがさまざまな分野で発見している、非局在性と呼ばれている一種の瞬間的な相互関係を説明する。あなたの身体のなかのすべての分子が、毎秒起こっている何千もの生化学的反応に瞬間的に順応する様子や、あなたの頭にふと浮かんだのと同じ考えが、何百キロも離れたところにいた、あなたが愛する人の頭にもまったく同じ瞬間に浮かんだときのことを考えてみてほしい。

水槽のなかでは、「あなたが見るものは、あなたが得るもの」である。タイガー・バルブスは、いつ見ても同じ色と形をしている。〝情報体としての宇宙〟のなかでは、物理的現実を構成する最小単位の要素（クォーク、グルーオン、ボゾンなどの奇妙な名前で呼ばれている）のそれぞれが、多数の異なる潜在的な状態の和として存在している。これらの要素は、観測されたり相互作用を受けたりしたときに、一つの実際の状態に崩壊すると言われている。これは、まるでタイガー・バルブスの「潜在性」が存在し、それが観測されると数匹の可能な実際のタイガー・バルブスのうちの一匹になるというようなものである。この場合、タイガー・バルブスは銀色で痩せているときもあれば、縞模様で太っていることもあるし、またあるときは透明なのである。

Ａフィールドは、すべての物理系を高度な一貫性をもった一つの総体に結びつける。これは、無秩序な突然変異が最適者の生存をもたらしたというダーウィンの理論とはまったく異なり、純然たる偶然、すなわちサイコロの目は、進化において重要な役割を果たすことはないということを意味する。Ａフィールドは、原子より小さいレベルから宇宙のレベルまで、あらゆるレベルで物質と絶えず相互作用し、すべての生き物が成長し、適応し、進化することに影響を及ぼしている。このことは、一つのレベルにあるもの（たとえば原子）が、他のレベルにあるもの（たとえば人間）によって影響され、この影響を与えているものが、今度はさらに別のレベルのものに影響され、このような連鎖が宇宙そのものにまで、そして以前に存在したいくつもの宇宙にさえも到達している、高度な一貫性をもつ世界が成り立つことの必要条件であり、私たち自身の宇宙がこのように微調整された一貫性をもっていることの理由なのである。

このような観点から言えば、宇宙は、存在するすべてのものの痕跡を保存し更新している、本質的に創造性に満ちたものなのである。Ａフィールドは、空間と時間のすべてを包む（あまねく存在し、絶えることがない）一種のアクティブ・メモリー（動的記憶）である。水槽の比喩を使うなら、水槽のなかのすべての魚や植物は、水が具象的な形をとったものであり、そのなかの一つのものに起こることはすべて、相互依存系のなかにあるすべての他のものに影響を及ぼすという意味で、それらのものはすべて相互結合しており、生きるものすべてと、自然のなかに存在するものすべての、優美なダンスのなかで、共に進化しているのである。

＊クリストファー・ラズロは、サステイナブル・ヴァリュー・パートナーズ（Sustainable Value Partners）というマネジメント・コンサルティング会社のシニア・パートナーである。著作には、『*The Insight Edge*（洞察の先端）』（アーヴィン・ラズロとの共著）、『*Large-Scale Organizational Change*（大規模組織変革）』（ジーン・フランソワ・ローゲルとの共著）がある。最新のものは、『*The Sustainable Company*（サステイナブル・カンパニー）』である。アメリカ、ヴァージニア州のグレートフォールズに暮らす。

第7章　生命と宇宙の起源と運命

◎万物はどこから来たのか——そしてどこへ行くのか

第7章と第8章では、宇宙ならびに宇宙のなかに存在する主要なものの性質と、その未来に関するいくつかの疑問について考える。すべてのものはいったいどこから来たのか、そしてどこへ行くのか？　この銀河や、さらにその外側に、地球以外に生物の住むところがあるのだろうか？　もしあるとすれば、そこでも生命はより高い段階や次元へと進化するのだろうか？

私たちはまた、意識の性質についても考える。意識はホモ・サピエンスに始まったのだろうか？　それとも宇宙がはじめからもっていた基本的な構造の一部だったのだろうか？　意識は時が経過するにつれてさらに進化するのだろうか？　もし進化するのなら、そのことは私たちや私たちの子どもたちにどのような影響を及ぼすのだろう？

私たちはさらに深く追究する。肉体の死において、意識も消滅するのだろうか？　それとも、この世界もしくは別の世界において何らかの形で存在しつづけるのだろうか？　そして最後に重要なことを問いかけよう。宇宙そのものが、何らかの形の意識をもちうるのだろうか？　私たちの意識がそこから生まれ、そして精妙な結びつきを保っている、宇宙的、あるいは神的な根源としての意識を？　まず、「重大な疑問」のなかでも最も重大であると思われるものから始めよう。「宇宙はいったいどこから来たのだろうか？」

人間は、世界の起源と運命について問いかけるのをやめたことはない。この問いに対する最も古い答えは、神秘的世界観に基づいたものであった。続いて、偉大な宗教の世界観に基づく答えが提供された。起源と運命についての考え方に関しては、西洋と東洋の古典的見解は驚くほど一致していた。いずれにおいても、途方もない自己創造のプロセスが宇宙の起源であるとされた。だが、西洋で一神教的な宗教が興ると、旧約聖書の天地創造の物語が、神秘的な説明や形而上学的な説明にとってかわった。キリスト教徒、イスラム教徒、ユダヤ教徒は、中世のあいだ一貫して、全能である一人の神が頭上の天と足元の地と、そのあいだに存在するすべてのものを、私たちが見ているまさにそのような状態になるように計画と意図をもって創造したのだと信じていた。

一九世紀に入ると、ユダヤ教とキリスト教による天地創造の説明は、近代科学、特にダーウィン主義生物学の理論と対立するようになった。私たちが見ているすべてのものは神的な力によって計画的に創造されたという考え方と、生物の種は単純な共通の起源から誰の意思によるものでもなく自然に進化するという考え方は、激しく対立した。この対立から白熱した議論が果てしなく続き、これは今日、公立学校で「創造論」と「進化論」のどちらを教えるかをめぐる論争としてなおも続いている（特にアメリカの公立学校において激しい対立が起きている）。

一九三〇年代以降は、ユダヤ教とキリスト教による天地創造説は、生物進化に関するダーウィン主義の教義のみならず、物理学的宇宙論とも戦わなければならなくなった。ニュートンの時計仕掛けの宇宙においては、それが動きはじめるためにぜんまいを巻き上げる「最初の駆動者」が必要であり、これが「造り主」たる神の仕事であったとすることができた。ところが、続いて登場したアインシュタインの定常宇宙は、時が始まって以来現在の姿を保ってきたのだから、「造り主」は必要なくなってしまった。だが、ビッグ・バン理論の爆発的に膨張する宇宙がこの定常宇宙にとって代わると、世界の起源に関する疑問が再び沸き起こった。宇宙が一三七億年前のビッグ・バンによって生まれ、今から約二兆年後に起こるビッグ・クランチか、一〇の一二二乗年後という、ほとんど想像もできない時間の彼方に起こるといわれる、銀河団規模の大きさのブラックホールたちの消失で終わるのだとすると、次のような疑問が浮かんでくる。「この宇宙が生まれる前には何があったのだろう？　そして、この宇宙が終わった後には何が存在するのだろう？」

「ビッグ・バン理論」が宇宙の起源について提供できる最善の説明は、宇宙の原・空間であったゆらぎをもつ宇宙的真空のなかに、無秩序《ランダム》な不安定性が生じたというものである。この不安定性がなぜ生じたのかや、どうしてそれがまさにそのときに起こったのかに関しては、なんら説明できない。さらに、宇宙がどうしてこのようなものになったのか、すなわち、どうして今見られるようなすばらしい性質をもつに至ったのかに関して、ランダムに作り出された多数の宇宙のあいだで行なった宇宙的ルーレットゲームで当たったなどの、机上の空論としか思えないような寓話以上の説明も提供できない。この問いかけは、まるで宗教や神秘主義の領域に戻ってしまったかのようである。だが、科学的な説明をあきらめてしまうのはまだ早い。ビッグ・バン理論は最終的なものではない。新しい宇宙論は、宇宙の期限について、もっとよい説明を提供できるのだ。

すでに見たように、私たちの宇宙が唯一の宇宙ではないとする洗練された宇宙論はいくつか存在する。この宇宙を産み出したバン（多数の爆発のなかの一つなので、もはや「ビッグ」という修飾は適さない）によって創造されたのではない、原宇宙《メタ・ユニヴァース》、すなわちメタヴァースというものが存在し、また、このメタヴァースは、最後のブラックホールが崩壊するときに、この回のバンによって生まれたすべての物質が消失する際にも終焉を迎えることはないのだ。私たちが今つかみかけている洞察は、私たちの宇宙が生まれる前から「宇宙」は存在しており、これは私たちの宇宙が消滅した後も存続しつづけるというものである。この「宇宙」とは、私たちの宇宙の母であり、おそらく無数の他の宇宙たちの母でもある、メタヴァースなのである。

メタヴァースの宇宙論は、私たちの宇宙のライフサイクルの前にあった状態と、その後に生じる状態について、（私たちの宇宙に限定された）ビッグ・バン理論よりもよい説明を提供することができる。宇宙のすべての物質の根底に存在する精妙なエネルギーと情報の海である量子真空は、今回のバンによって生み出されたのではなく、この爆発によって作り出された物質が死に絶えて根源に戻る際にも消失することはない。この宇宙の根底に存在する精妙なエネルギーと情報は、この宇宙の物質を作る粒子が出現する前から存在し、これらの粒子が消失した後も存在する。このように、より深い存在として量子真空、すなわち、永続する仮想的なエネルギーの海があり、これが脈打ち、局所的な複数の宇宙を生み出す爆発を周期的に起こしているのである。宇宙創生の爆発（繰り返し起こる「バン」）は、メタヴァースの真空に生じた不安定性である。これらのバンが粒子‐反粒子対《つい》を生み出し、粒子の過剰分が生き残って、生まれたばかりの宇宙の時空のなかに満ちる。やがてこれらの粒子が重力に引かれて凝集して銀河的構造になり、私たちがこの宇宙で観測しているのと同じような進化が始まる。これが何度も繰り返して起こるのである。

宇宙の進化の最終段階は、準星《クエーサー》とブラックホールである。銀河は、その中心にブラックホールが形成されると自己崩壊してしまう。私たちの「天の川」の中心にも、このようなブラックホールが最近発見されている。すべての銀河は遅かれ早かれ超銀河的なブラックホールのなかで「蒸発」してしまうのである。その後、さらに爆発が起こる（このような「スターバースト」が実際に観測されている）。これらの爆発は、次の宇宙が始まるバンになるのかもしれない。

さまざまな宇宙論の提供するシナリオには、細かな違いはあるものの、私たちが生きているのは「ユニヴァース」という単一の宇宙のなかではなくて、「マルチヴァース」という多元的な宇宙のなかであるという点では、ほとんどの宇宙論が一致している。局所的ないくつもの宇宙が、進化し、終わりを迎えて根源に帰り、時間的には無限である（空間的には無限とは限らない）広大なメタヴァースのなかで、他の宇宙と共存し、また、他の宇宙によって後を継がれるのだ。これらの宇宙がお互いに因果関係で結びついていないとすれば、それぞれの宇宙は、その基本法則と基本定数を偶然できた組み合わせとして始めなければならず、だとすると、すでに見たように、このような組み合わせによって生命体のような複雑な系が生み出される可能性はほとんどゼロに近い。私たちの宇宙が誕生したとき、以前に存在したいくつもの宇宙と因果関係によって結びついていなかったと仮定するなら、この宇宙が生命を生み出すのに驚くほど適した性質を備えていることを説明する自然な原因を見出すことができなくなる。科学者たちは、地球上で、そしてもしかしたらこの宇宙のどこか他の場所で、生命が誕生し進化したという驚異的な幸運に感嘆するしかなくなってしまう。

私たちはそのような信じがたいシナリオに感嘆するのではなく、この宇宙が誕生したときに、それまでに存在した宇宙から情報が提供された可能性をここで検討してみることができる。このような宇宙論によると、海を行く船が海のなかにその航跡を残すように、すべての宇宙は、自分が包まれている真空のなかにその痕跡を残す。このホログラムによる痕跡は、新しい宇宙が誕生しても消滅しない。それらは重なり合い、積み重なっていく。その結果、局所的な宇宙どうしのあいだで、常に情報の転送が行なわれているのである。すなわち、新しい宇宙を生み出す「バン」は、それまでに存在した宇宙の痕跡から情報を与えられているのである。新しい宇宙のさまざまなパラメータが、以前の宇宙で起こった諸々のプロセスに合うように調整されるので、新しい宇宙は生まれてすぐに自己崩壊することもなければ、急速に膨張しすぎて希薄な粒子のガスだけになってしまうこともない。新しい宇宙はますます効率よく進化し、したがって、以前の宇宙よりも先の段階まで進化するのである。

すでに見たように、私たちの宇宙は生命の進化に適するようにきわめてよく調整されており、それが誕生したときの太古の真空のゆらぎはランダムなものではなかったことがうかがえる。このゆらぎは正確なもので、したがって偶然のものではないと考えられる。このようなわけで、私たちの宇宙の起源についての論理的な結論は、私たちの宇宙は真空のなかで生まれ、その真空は、以前に存在した宇宙によって調整されていたのだということになる。

では、私たちの前に存在した宇宙や、それ以前に存在したすべての宇宙の起源についてはどうであろうか？　「メタヴァースそのものは、どのようにして生まれたのだろうか？」

この疑問について考えるにあたって、私たちは複雑系のもつ、ある重要な性質、すなわち、複雑系は初期条件によってひじょうに大きく左右されるという事実から始めなければならない。これが意味するのは、複雑系がどのように展開するかは、その展開が開始されたときの状況にひじょうに大きな影響を受けるということである。私たちの宇宙は複雑系である。実際私たちの知るかぎりでは、存在する最も複雑な系である。その展開は、それが開始されたときの条件からきわめて大きな影響を受けたに違いない。つまり、ゆらぎをもった真空の「原空間」が爆発を起こし、それによって私たちの宇宙の微視的・巨視的構造のすべて、すなわち粒子から銀河までを作り出したとき、その「原・空間」が、その後の展開を大筋で決める初期条件となったにちがいない。

では、この初期条件依存という考え方をメタヴァースそのものに適用してみよう。メタヴァースの展開も、その初期条件から大きな影響を受けたに違いない。しかし、メタヴァースはすべての宇宙に先立って存在していたのだから、その前に存在していた宇宙があって、それが初期条件を設定したのではなかったはずだ。だとすると、メタヴァースの初期条件はどのように決定されたのだろう？「何によって」……あるいは、「誰によって」と尋ねるべきかもしれない。これは、すべての謎のなかでも最も深遠で巨大な謎、宇宙創生プロセスそのものの起源に関する謎である。

この最大の謎は、「超経験的」である。観察や実験に基づいた推論によっては解決できない。しかし、はっきりしていることが一つある。すなわち、私たちの微調整された宇宙が一連の無秩序《ランダム》なゆらぎから生まれたとは考えにくいし、徐々により高度に進化していく一連の局所的宇宙を生み出した「母宇宙《マザー・ユニヴァース》」がそのように生まれたとはもっと考えにくいということである。メタヴァースの原宇宙のなかで一つの宇宙が生まれることができたというのにとどまらず、一連の宇宙が次々と生まれることができた。これは、単なる幸運なまぐれ当たりではありえない。私たちは、最初の創造的行為、「メタヴァースの計画」という行為があったに違いないと認めないわけにはいかない。

◎計画か進化か？——新しい角度から見た、創造論をめぐる論争

保守的なキリスト教徒、イスラム教徒、ユダヤ教徒（「創造論者」）と、科学者や科学的な考え方をもった人々（「進化論者」）のあいだの根深い論争の焦点に、生物進化がある。しかし、もっとよく見てみると、これは生命がそのなかで進化した、あるいは創造された、宇宙そのものについての論争なのである。

一見したところ、科学者たち——そして、科学は存在とはどのようなものかについて、なにがしかの基本的な真実を明らかにしてくれると信じている人たち——は、現在存在する種はそのように計画されたからそのような姿なのだ、それらは創造という特別な行為の結果なのだ、という仮説を拒否する確信をもっているようである。しかしその一方で、現在存在する種が無秩序《ランダム》な突然変異と自然淘汰によってもたらされたということも、とてもありえそうにないことは明らかである。創造論者たちは、このような理論を肯定することで、進化の学説全体が誤ったものになってしまうと主張している。

主流のダーウィン主義者たちは、無秩序《ランダム》な過程によって進化が起こるとすることで事実を十分に説明できると主張し、創造論者たちからの反論を招いている。たとえばリチャード・ドーキンスは、生命の世界は徐々に進む試行錯誤の結果生じたものであり、それ以上の深い意味や意義はないと主張する。ワインバーグと同じくドーキンスも、この世界には目的も意味もないとする。したがって、それが目的をもって計画されたと仮定する必要もないと言う。

彼は、チータについて考えてみなさいと言った。チータのあらゆる特徴が、チータはアンテロープを殺すために最適に計画されたのではないかと思わせる。チータの歯、爪、目、鼻、脚の筋肉、背骨、そして脳のすべてが、神ができるだけ多くのアンテロープを死に至らしめようという目的でチータを創造した場合に期待される特徴を正確に備えている。一方、アンテロープは足が速く、機敏で、用心深く、いかにもチータから逃れられるように計画されているようである。それでもなお、どの特徴も特別な計画を示唆するものではない。ドーキンスによれば、これは単に自然がこういうものであるというだけのことなのだ。チータはアンテロープを殺すために、そして、アンテロープはチータから逃れるために、「有効な機能《ユーティリティ・ファンクション》」をもっているだけのことなのだ。自然そのものは、彼らの運命にはなんら関心をもっていない。私たちの世界は、盲目的な物理的力と遺伝による複製によって成り立っており、そのなかであるものは衰退し、あるものは繁栄する。世界の根底には何の計画も目的もなく、したがって善も悪もなく、盲目的で非情な無関心だけが存在するとした場合に期待されるまさにその特徴を、この世界は備えているのである。

もしこれが真実ならば、知能を備えた「造り主」を信じることが困難であることは明らかである。この世界を造った神は、流血競技の観戦を楽しむサディストではないとしても、無関心な神でなければならないだろう。ドーキンスは、世界は理由も目的もなく、ただ存在すると考えるほうがはるかに理にかなっているという。世界が今ある姿は、基本的な物理法則が定めた制約のなかでランダムな過程が進行した結果生じたものである。計画という説明は無用である。この点に関してダーウィン主義者たちは、フランスの数学者、ピエール・ラプラスと同じ考え方に立っている。ラプラスはナポレオンに向かって、神はもはやまったく必要のなくなった仮説であると告げたのだ。

しかし創造論者たちは、私たち自身も含め、この世界にあるものすべてが、非情な法則によって支配されているランダムなプロセスの結果であるとはまったく考えられないと指摘する。すべての生物は、共通の単純な起源から盲目的な偶然によって進化したのだという教義は、机上の空論にすぎず、確固たる証拠による裏づけはまったくなされていないと彼らは主張している。科学者たちは、この進化の理論に対するはっきりした証拠を示すことができない。「実験室や野外実験場で、一から魚を作ることはできない」と、米国中部創造科学研究会（the Creation Science Association for Mid-America）の理事、トム・ウィリスは語る。私たちをとり囲む世界は、ばらばらの要素がただ偶然に連続しているというものをはるかに超えており、意味と目的を示している。これは、計画が存在することを暗示する。

最先端の進化論が、現在存在する種は真に盲目的な偶然の産物であるとするのなら、創造論を選ぶのが理の当然であろう。しかし、最先端の進化論はこのような見解をとっていない。すでに見たように、ダーウィン以後の生物学は、単に偶然起こった突然変異が自然淘汰に曝《さら》された結果生物進化が起こるのではないということを見出した。地球の生命が織り成す網《ウェブ》のなかで起こる、すべてのものが他のすべてのものと起こす共・進化《コ・エヴォルーション》は、一つの体系的なプロセスであり、そこにははじめから原動力が組み込まれている。それは、粒子から銀河や惑星を伴う恒星に至る宇宙の進化の一部なのである。この進化が、生物進化というすばらしいプロセスが起こるに最適な、物理的、化学的、そして温度の条件を地球にもたらしたのである。このような条件が実現できるのは、厳密に調整された法則や定数によって支配されている宇宙においてのみである。これらの法則や定数がほんの少し異なるだけで、生命の誕生は永久に不可能であっただろう。

このように、創造論者と進化論者の論争は、生命の起源に関する疑問から、宇宙の起源に関する疑問へと、争点が変化している。最新の研究では、私たちの宇宙がそのなかで生まれた、メタヴァースをめぐる論争になっている。「私たちの宇宙、そして過去、現在、未来のすべての宇宙の母であるメタヴァースは、生命を生み出すことのできる宇宙を作り出せるようにという目的をもって計画されたものなのだろうか?」創造論者にとっては、これ以上単純で論理的な仮定はない。進化論者はこれを論駁することができない。非可逆的な過程である進化には、始まりがあったはずであり、その始まりについて説明できなければならない。宇宙がまったくの無から生じるはずはないのだから。

この最後の争点において、進化論対創造論という図式は意味をなさない。「計画か進化か?」という問いは、二者択一として妥当なものではない。計画と進化は相容れないものではない。実際、両者はお互いを必要とするのである。メタヴァースは、無から、すなわち、まったくの偶然によって生じたとはとても考えにくい。そして、それが計画によるものだとすれば、明らかに進化できるように計画されたのである。ことの本質は、「計画か進化か」ではなく、「進化のための計画」なのである。

〈宇宙はどこへ行くのか?〉　ここでは質問の方向を反転させてみよう。時間を遡るのはやめて、時間を先に進めてみるのだ。これは、一貫性をもって進化している宇宙のなかでは可能なことである。私たちがここで考えるのは、「この宇宙と、メタヴァースのなかのすべての宇宙の進化は、どこに向かっているのだろうか?　進化の最終的な段階、あるいは状態は、どのようなものなのだろうか?」という問題である。

この問題を考えるにあたって、私たちが考えているのは必然性をもった運命（destiny）であって不条理な宿命（fate）ではないということを心にとめておかなければならない。起源と運命には大きな違いがある。起源は過去のある時点であり、確定された単一の状態であると考えなければならない。運命も、そこに到達したときは同様に確定された単一の状態になるだろう。しかし、到達するまではそうではない。何かの干渉によって波動関数が崩壊するまでは、どの状態をとるかについて自由度をもっている、多重の可能性をもった量子のように、宇宙も実際に最後の段階に到達するまでは最終状態が確定していない。古典力学とは違い、その最終状態の選択に関しては決定されていないのである。宇宙は、さまざまな進化の可能性をもっているのである。

過去は確固たる事実であり、完全に定まったものであるが、未来はそうではない。完全に自由ではないとしても、ある程度の自由度をもっている。とはいえ、私たちの世界は、無秩序で偶然の世界ではなく、整合性をもった諸法則と諸定数に従って進化する世界である。この進化は首尾一貫しており、非可逆的である。そのプロセスは、ある意味で定まった最終状態に向かって進んでいるが、単一の状態を唯一可能な結果として、あらかじめ定めてはいない。

最初の段階では決定されていない最終状態に向かって進むプロセスは、システム理論家たちにはよく知られている。これは、いわゆるストレンジアトラクタとか、カオティックアトラクタ（訳註：ある程度時間が経過したあとに、カオス系がその初期状態に応じてとりうる状態の範囲）と呼ばれるものによって支配されているプロセスである。アトラクタは、系《システム》に不確定性の要素をもたらす。コンピュータ・シミュレーションによって、このようなアトラクタによって支配されている系は、シミュレーションを実行するたびに詳細な点が異なった最終状態に至る傾向が強いことが明らかになっている。

◎自分自身の目標を生み出すゲーム

最初の段階では与えられていなかった目標にたどり着くプロセスが実際に経験できる、コンピュータ・シミュレーションよりも簡単な方法がある。これは、「二〇の扉」という有名な室内ゲームを変形したもので、物理学者のジョン・ホイーラーが提案したものである（ホイーラー自身は量子物理学の難問を解くために考案したのだが）。このゲームは普通、次のように行なわれる。プレーヤーとなる者が退室し、そのあいだに他の者たちがプレーヤーに当てさせる対象物を決める。プレーヤーは、対象物を推測する手掛かりとして二〇問まで質問をしてよいが、回答者はその質問に「はい」か「いいえ」でしか答えてはならない。だが、一つ質問するごとに、半分の可能性は否定されるのだから、質問を重ねていくことによって対象物を考える範囲を狭めることができる。たとえば、最初に「それは生きていますか?」と質問し、その答えが「はい」だったとすると、植物、動物、昆虫、その他単純な生き物などの生物以外のものは対象物ではないことになる。

ホイーラーによる変形版では、プレーヤーが退室したあと、他の者たちはプレーヤーには気づかれないように、対象物はあらかじめ決めてはおかないが、決めたふりをすることを約束する。ただし、プレーヤーの質問に対して全員が一貫性のある返事をしなければならない。したがって、何も知らないプレーヤーが戻ってきて、「それは生きていますか？」と質問し、最初の回答者が「はい」と答えたとすると、その後のすべての質問に対して、答えの対象物が、植物か、動物か、あるいは微生物か、とにかく生き物であるとして返事をしなければならないのである。巧みなプレーヤーは、二〇の質問を重ねて可能性の範囲を狭め、たとえば「隣の子猫」というような、特定の回答にたどり着くことができる。しかし、それはゲームが開始された時点では目標として定まってはいなかったものである。目標は何もなかったのであり、出現した目標は、ゲームそのものが生み出したのである！

私たちの宇宙は、高度な一貫性と整合性をもって進化する。一つのことが次のことを引き起こす。一つの選択がなされたとき、次々とその結果が連鎖的に展開していき、やがて最終状態に到達する。選択そのものが無作為《ランダム》ではなく、宇宙系の法則や定数によって制限されている。宇宙の進化には固定された目標はないが、その方向は決定されている。すなわち、構造が拡張し、複雑さも増大する方向である。進化のプロセスは、整合性と自己一貫性をもった総体に、一つずつ部分を加えていく。このような総体がさらに、より包括的な自己一貫性のある総体の部分となるのである。

複雑さが進化できるようにこれほど精巧に調整されている私たちの宇宙は、メタヴァースのなかに初めて登場した宇宙ではありえないだろう。そして、もしこれが最初の宇宙でないのだとしたら、おそらく最後のものでもないであろう。やがて他の宇宙が現れるだろう。「それはいったいどのような宇宙なのだろうか?」私たちはこの深遠だがもはや「とんでもない」とはいえない問いにも答えることができる。

メタヴァースの進化は、循環的ではあるが、反復的ではない。一つの宇宙がもう一つの宇宙に情報を与える――すなわち、一つの宇宙から次の宇宙へ移るとき、進歩があるのだ。したがって、どの宇宙も一つ前の宇宙よりさらに進化しているのである。母・宇宙《マザー・ユニヴァース》自体も、無秩序《ランダム》な最初の宇宙から、複雑さの向上により適した物理的パラメータをもつ宇宙へと、進化を続けている。宇宙的進化は、進化した形の生命や、そうした生命のすべてがもっていると考えられている進化した形の精神を育むことのできる構造をも含めて、複雑な構造が出現することのできる宇宙へと向かっているのである。

メタヴァースは、純粋に「物理的」な局所的宇宙から、生命を含む「物理―生物的」宇宙へと進化している。そして、生命には精神が伴っているのだから、宇宙の循環は物理的な世界から物理―生物的な世界へ、そしてさらに物理―生物―精神的な世界へと向かうのである。

物理―生物―精神的な世界に到達することが進化のより深い意味であり、そしてまた、メタヴァースが存在することそのものの深い意義なのだろうか? その可能性はあるし、おそらくその可能性は高いであろう。だが、私たちはまだ確信をもつことはできない。決定的な答えは、科学では見出すことはできないし、このような神秘的直感や予言的洞察は、理性的な思考によってはけっして到達できないのである。

◎地球上および宇宙のなかの生命

〈宇宙のどこか他の場所に生命が存在するのだろうか?〉では、次の一連の「重大な疑問」へ移ろう。これらの疑問は、「重大」であるには変わりないが、いくぶん与《くみ》しやすい。それらの疑問とは、地球上と宇宙のなかの、生命の起源と運命に関するものである。最初の疑問は、生命がどの程度広く存在するのかということに関するものである。「生命は地球にしか存在しないのだろうか? それとも宇宙にあまねく存在するのだろうか?」

地球上で見られるような生命が、地球だけに限られたものではないと信ずるに足る十分な理由がある。生命が地球に出現したのは四〇億年以上も昔のことであり、それ以降、ひじょうに不連続にではあっても、構造の上に構造を築き、システムのなかにおいて、また、システムに付随するように、新しいシステムを作りながら、絶え間なく進化を続けている。適切な条件が存在するところならどこでも、物理的、物理—化学的プロセス、そして究極的には生物的かつ生態環境的な自己構築(組織化)のプロセスが進行していることを疑う理由は何もない。また、適切な条件は多くの場所で存在したことがあり、現在も存在していると信ずる理由は十分ある。天文学のスペクトル分析によって、さまざまな恒星の物質の組成は驚くほど一様であることが明らかになり、したがって、恒星に付随する惑星の組成についてもそうであることがわかっている。最も多く存在する元素は、多い順に、水素、ヘリウム、酸素、窒素、炭素である。このうち、水素、酸素、窒素、そして炭素は、生命の基本的な構成要素である。これらの元素が適切な分布をしており、反応の連鎖を起こすに必要なエネルギーが得られるところでは、複雑な化合物が生成する。多くの惑星は、軌道の中心にある活発に活動している恒星から、このようなエネルギーを供給されている。このエネルギーは、紫外線、放電、イオン放射、そして熱の形で与えられる。

約四〇億年前、若い地球の大気の上層部で光化学反応が起こり、その生成物が対流によって地球の表面まで移動した。この生成物は地表近くの放電（訳註：雷など）によって太古の海に堆積し、そこで火山性の温泉からさらにエネルギーを受けとった。太陽からのエネルギーと地中に貯蔵されたエネルギーとの組み合わせが一連の反応を引き起こし、その結果、有機化合物ができたのである。他の惑星でも、そこでの特殊性はあるだろうが、これと同じシステム構築プロセスが起こりうることは疑いの余地がない。古生物学者のシリル・ポナムペルマらによって始められた一連の多数の実験で、太古の地球に存在したのと同じような条件を実験室でシミュレートすると、地球の生命の基礎となったまさにその化合物が出現することが示されている。

地球とよく似た条件がそろった惑星が他にも存在するはずである。私たちの宇宙には一〇の二〇乗個以上の恒星が存在し、活動期にあるすべての恒星はエネルギーを生成している。このエネルギーが恒星に付随する惑星に到達すれば、それは生命を生み出すに必要な光化学反応のエネルギー供給源となりうる。もちろん、すべての恒星が活動期にあるわけではないし、すべての恒星が、適切な化学組成と適切な大きさをもち、適切な距離にある惑星を伴っているわけではないが。

〈生命が育つ可能性をもつ惑星は、どれぐらい存在するのだろうか?〉　試算の結果はばらついている。ハーバード大学の天文学者、ハーロウ・シャプリーは、控え目な試算を行ない、一〇〇〇個に一個の恒星しか惑星をもたず、惑星をもつ恒星のうちさらに一〇〇〇個に一個しか適切な距離にある惑星をもたない（私たちの太陽系には、そのような惑星が二個存在する）と推定した。彼はさらに、適切な距離にある惑星のうち一〇〇〇個に一個のみが大気を保持するに足りる大きさをもち（私たちの太陽系には、それに十分な大きさのある惑星が七個存在する）、適切な距離にあり、かつ適切な大きさをもっている惑星のうち一〇〇〇個に一個のみが、生命を育むに適した化学組成をもっているとした。このような仮定をしても、生命を育むことができる惑星がすくなくとも一億個宇宙に存在することになる。

天文学者のス・シュ・ファンは、もっと制約の少ない仮定のもとに試算を行ない、より希望のもてる数値を得た。彼は、恒星や生物の進化の時間尺度と、惑星で生物が生息可能な領域、そして、関連する動的《ダイナミック》な要因を考慮し、宇宙のすべての恒星系の、すくなくとも五パーセントは生命を維持できるはずだと結論した。だとすると、生命を維持できる惑星は、一億個ではなく、一〇〇〇億個になる。ハリソン・ブラウンの試算はさらに大きい数値を示している。彼は、観測可能な恒星の付近に、観測不能な惑星に似た物体が存在する可能性を検討した。火星より重いこのような物体が恒星の付近に六〇個ぐらい存在すると考えられる。だとすると、観測可能な恒星のほとんどすべてが、部分的、あるいは完全に観測不能な恒星系をもっていることになる。ブラウンの試算によると、私たちの銀河のなかだけでも、すくなくとも一〇〇〇億個の恒星系が存在することになる。そして、この宇宙には、一〇〇〇億個の銀河が存在するのである。彼が正しければ、宇宙のなかにはこれまでに考えられていたよりもはるかに広範囲に生命が存在することになる。

この希望をもたらす試算結果は、二〇〇三年の一二月のハッブル宇宙望遠鏡による発見によって裏づけられた。ハッブル宇宙望遠鏡は、銀河系のひじょうに古い領域にある、それまで議論の的であった物体を測定することに成功した。この物体が惑星なのか褐色矮星なのか、議論が分かれていたのである。これが木星の二・五倍の質量をもつ惑星であることが判明した。推定年齢は一三〇億歳であり、これが正しいとすると、私たちの宇宙が誕生したほんの一〇億年後に形成されたことになる！

惑星は現在もなお驚異的な速度と数で形成されている。二〇〇四年の五月、天文学者たちは、この宇宙の「星のゆりかご」として知られる、RCW四九と呼ばれる星雲（訳註：地球から約一万四〇〇〇光年離れたケンタウルス座にある星雲）にスピッツァー宇宙望遠鏡を向けて収集した画像の一枚から、三〇〇もの生まれたばかりの恒星を発見した。なかには、一〇〇万歳に満たないものもある。そのうち二つの恒星をさらによく見ると、塵とガスからなる、微かな惑星形成円盤が周囲に存在することがわかった。天文学者たちは、三〇〇の恒星すべてにこのような円盤があるのではないかと考えている。これは驚くべき発見である。多数の恒星の周囲で惑星が形成され、しかもこれほど急速に形成されるのなら、これまで考えられていたよりもはるかにおびたたしい数の惑星が存在することになる。

生命が存在する可能性のある場所がこれほど多数存在するならば、知能をもった生命体や、さらに技術文明をもった生命体も存在するのではないだろうか？　この可能性については、一九六〇年にフランク・ドレークが初の試算を行なった。彼の有名な「ドレークの方程式」は、私たちの銀河のなかに、惑星を伴った恒星が存在すること、生命維持可能な環境をもつ惑星が存在すること、生命維持可能などこかの惑星に生命が存在すること、実際に生命が存在しているどこかの惑星に知能をもった生命体が存在すること、そしてそのような惑星上で進化した知的生命体が生み出した先進的技術文明が存在することについて、それぞれ統計的確率を与える。ドレークは、私たちの銀河にひじょうに多数の恒星が存在することからすると、天の川銀河だけで一万もの先進技術文明が存在することになると見積もった。

「ドレークの方程式」は、一九七九年、カール・セーガンとその同僚らによって更新、改善された。彼らの計算は、私たちの銀河に存在する可能性がある知的文明は一万個ではなく、一〇〇万個であるとする。一九九〇年後半、ロバート・タオルミナは、この式を地球から一〇〇光年離れた領域に適用し、ごく近傍に八つ以上の知的文明が存在するという結果を得た。そして、宇宙が誕生してから約一〇億年で惑星の形成が始まったことを考えると、これらの試算はさらに上方修正しなければならないだろう。

〈私たちは近い将来先進的地球外文明からのメッセージを受けとるのだろうか?〉 惑星間通信の可能性は現実的である。この一五年間で、私たちの近傍にある一二〇〇個の太陽に似た恒星について天文学者らが地上の望遠鏡を使って観測を行ない、九〇個の太陽系外惑星を確認した。二〇〇二年六月、五五カンクリという、かに座にある恒星に付随する恒星系に関して、ひじょうに有望な発見が公表された。この恒星は、地球から四一光年と、じつに近い。この恒星系のなかに、質量と軌道が木星に似た惑星が存在するようである。計算によると、五五カンクリの恒星系にはさらに、火星、金星、地球に似た岩石質の惑星も存在するようである。

しかし、これはどちらかといえば例外的な発見である。私たちの近くに存在するその他の恒星系の大部分では、惑星の軌道は生命を維持するには恒星から遠く離れすぎていたり、恒星に近すぎたりと、たいへん不都合なものなのである。

この銀河や、宇宙の他の場所に、ひじょうに多数の惑星が存在するようだが、進化した形の生命を維持することのできる惑星は、比較的稀なのかもしれない。ピーター・ワードとドナルド・ブラウンリーによると、ほとんどの惑星では放射と熱のレベルが高すぎて、地中深くに住むさまざまなバクテリア以外に生命が存在する可能性はないという。地球以外には先進的技術文明は存在しないという可能性は途方もなく高いと彼らは言う。しかし、たとえ適切な化学組成をもち、恒星から適切な距離にあり、適切な軌道をもつ惑星が宇宙のなかでは希少だとしても、進歩した文明の存在の可能性を除外するわけにはいかない。文字通り天文学的な数の恒星や惑星が存在するのだから、このような文明が存在しないという確率が天文学的数字であっても、実際にそのような文明が存在する可能性が完全に排除されるわけではなく、ただあまり多くはないということを意味するだけである。

適切な惑星の上で、細胞をもつ生物が、そしてそれに続いて多細胞生物が進化するには、数十億年ではないにしても数百万年がかかるものの、ひじょうに多数の惑星ではなくても、どこか他の惑星においても生物が高度な段階まで進化している可能性はあると考えられる。特に好適な条件の下では、高度な脳と神経系をもった高等な生物が進化によって生まれる可能性が十分ある。そしてこのような高等な生物は、先進的な文明を確立することができる高度な意識をもっている可能性が高い。これは、たとえ希少だとしても、生命を維持できる惑星上の複雑な生命体が生み出した地球外文明が存在する可能性はそこそこあるということを意味する。

〝情報体としての宇宙〟では、情報を与えられていない宇宙におけるよりも、生命や、先進的文明が存在する見込みははるかに大きい。任意の一つの場所に存在する生命は、Aフィールドを通して他の場所における生命の進化に情報を与え、それを促進するので、生命の進化はけっしてゼロから始まることはない。でたらめ《ランダム》な突然変異がたまたま幸運をもたらして、環境の変化のなかで生存可能な生命体が偶然生まれるというメカニズムで進化が進むのではないのだ。

地球における生命進化は、偶然の突然変異に依存することはなかったし、また、生命の起源に関する「生物播種説《バイオロジカル・シーディング》」が主張するような、地球以外の太陽系のどこかからもたらされた生命体や「原・生命体」も必要としなかった。そうではなくて、最初の原・生命体がそこから出現した化学的混合液《ケミカル・スープ》は、Aフィールドによって伝播された、地球外生命の痕跡によって情報を与えられたのである。地球の生命は「生物播種」されたのではなく、「情報播種」されたのである。

Aフィールドによって伝播された惑星間情報は、複雑な系の進化を促進する精妙な指示メッセージである。これは、温度と化学組成が適切な条件の下で、高度な生物の出現を促す。このような情報によって、高度な形の文明を創造できる生命体が進化する可能性が高まるのである。

〈人間の脳は、惑星間情報を感知できるだろうか?〉 すでに述べたように、ほかの種の生物たちは、その生得的ではあるが遺伝子コードによって伝達されたのではない（あるいは、少なくとも遺伝子コードによってのみ伝達されたのではない）複雑な「本能的」行動が示すように、真空からの情報を感知している。進化の過程で、人間は次第に本能への依存を弱め、その代わり知覚によってもたらされる情報に依存する度合いを高めていった。しかし、私たちが夢や白昼夢を見たり、瞑想やその他の変性意識状態（「普通でない」情報を抑圧する検閲がとり除かれている状態）に入ると洞察や印象を受けとることができることからわかるように、人間が真空からの情報に接する能力はまだ失われていない。

現在、人間文明の展開の重大な節目にあって、真空が伝達する情報に対して私たちの意識を開くことには特別な意味があると考えられる。それが実現すれば、私たちの前に存在した無数の世代の人間による経験の蓄積が利用できると同時に、地球外に起源をもつ情報も受けとることができるであろう。そのすべてが重要であろう……おそらく、ひじょうに重要であろう。この銀河に、そしてまた、この宇宙に存在する一〇〇〇億個の銀河にも、多数の文明が存在する可能性がある。これらの文明も、彼らの技術が彼らの生物圏《バイオスフェア》の自然なサイクルを損なうことがないように、その惑星で暮らしつづける道を模索して苦しんだことがあったはずである。だが、彼らはどのようにして存続可能な条件を実現したのだろう？　その答えはAフィールドのなかにあるに違いない。そこに記録されている教訓を知ることができれば、生死をかけた試行錯誤の賭けをしながら進むのではなく、地球上ではない宇宙のどこか別の場所ですでに試され確かめられた解決策に則っているのだという直感的な安心感をもって進むことができる。これは決定的な違いである。

◎宇宙の生命の未来

生命が、そして、高度な形の生命さえもが、地球以外にも確かに存在するということが論理的に妥当だとしても、地球や他の惑星において生命が永遠に存在するということにはならない。実際には、生命は宇宙のなかに永遠に存在することはできないのである。私たちが知っている唯一の形の生命である、炭素中心の生命体に必要な物理的な資源は、永遠には持続しないのだ。

私たちが知っている形の生命の進化は、厳密に制限された温度範囲の中で、また、特定の種類の化合物の存在の下でしか起こらない。すでに見たように、これらの要因は、この銀河や他の銀河のなかのいくつかの惑星で存在するようだ。つまり、適切な温度と化合物の条件を備え、さらに活動期にある恒星から適切な距離にある惑星がいくつか存在すると考えられる。しかし、このような惑星がひじょうにたくさん存在するにせよ、どちらかといえば珍しいにせよ、このような生命維持に必要な条件が成立する時間は限られているのである。その第一の理由は、生命のプロセスを駆動する放射が発せられる恒星の活動期は永遠には続かないからである。遅かれ早かれ恒星の核燃料は消耗し、その後恒星は収縮して白色矮星になるか、あるいは超新星爆発で粉々に飛び散ってしまう。この宇宙のなかで活動期にある恒星の数は永遠に一定であるわけではない。宇宙塵から新しい恒星が生まれつづけているとしても、もうこれ以上恒星は生まれないという時がやがて訪れる。

そこへ至るまでには気の遠くなるような時間がかかるとはいえ、この限界は現実のものである。今から約一〇の一二乗（一兆）年後、私たちの宇宙に残っているすべての恒星は、水素（超凝集してはいるがまだ発光している白色矮星の主燃料）をすべてヘリウムに変換してしまい、そしてそのヘリウムも使い切ってしまっているだろう。このような段階の恒星からなる銀河は、赤味を帯びた色に見え、恒星がさらに冷却していくと、まったく見えなくなってしまうことがすでに観測されている。銀河のエネルギーは重力放射によって消失していくので、恒星どうしが次第に接近し、衝突が起こる可能性が高まる。衝突が起こると、恒星のいくつかは銀河の中心に向かって突き動かされ、その相手の恒星は銀河の外の空間へと弾き飛ばされる。その結果、銀河は縮小していく。銀河団も縮小し、やがて銀河も銀河団もブラックホールのなかに崩壊する。一〇の三四乗年という時間の地平線で、私たちの宇宙のすべての物質は、ブラックホールのなかの、放射、ポジトロニウム（ポジトロン〔陽電子〕と電子の対）、そして凝縮した核へと退化する。

ブラックホールそのものも、スティーヴン・ホーキングが「蒸発」と呼ぶ過程において衰退し、消失する。一つの銀河の崩壊によって生じたブラックホールは、一〇の九九乗年で蒸発するが、超銀河団の質量をもつブラックホールは消失するまでに一〇の一一七乗年かかる（もし陽子が崩壊しなければ一〇の一二二乗年となる）。この人間の想像を超えた時間の地平線の彼方では、宇宙に存在する物質粒子は、ポジトロニウム、ニュートリノ、そしてガンマ線の光子だけになってしまう。

宇宙が膨張していようが（開いた宇宙）、はじめ膨張し、やがて収縮するのであろうが（閉じた宇宙）、また釣り合いのとれた安定した状態にあろうが、私たちが知っている形の生命に必要な複雑な構造は、物質そのものが超・凝縮《スーパー・クランチ》、あるいは蒸発する前に消失してしまうのである。

「閉じた宇宙」（最終的に凝縮して潰れてしまう宇宙）の終盤の各相においては、宇宙の背景放射が徐々にではあるが容赦なく増加し、生命体は次第に厳しくなっていく高温に曝《さら》される。放射の波長は、電波の領域からマイクロ波の領域に収縮し、さらに赤外線のスペクトル領域に至る。なおも収縮して可視光の領域に入ると、宇宙は強烈な光によって満たされる。このとき、生命維持可能なすべての惑星は、付近にあるすべての物体もろとも蒸発する。

無限に膨張しつづける「開いた宇宙」では、生物は高温ではなく低温のために死滅する。銀河が外に向かって広がりつづけるので、重力によって恒星どうしが次第に集合して衝突が起こる危険が生じるほどに接近する前に、活動期にあった恒星の多くが自然にライフサイクルを終了する。だが、だからといって生命の前途が明るいわけではない。遅かれ早かれ、宇宙のなかの活動期にある恒星のすべてが核燃料を使い果たし、エネルギーを放出することができなくなる。衰退期に入った恒星は、膨張して赤色巨星になって自らの恒星系の惑星たちを飲み込んでしまうか、白色矮星または中性子星となって光度の低い状態に落ち着く。このようにエネルギーが低いレベルになると、その恒星系の惑星上で進化していたどのような生命をも、もはや維持できないような低温状態になってしまう。

「定常状態の宇宙」においても、同じようなシナリオが成り立つ。活動期にあった恒星がそのライフサイクルの終盤にさしかかると、恒星のエネルギー出力は生命が維持できる限界値以下に下がってしまう。最終的には、物質の残骸が無秩序に散らばった宇宙を、微温で均一に広がる放射が満たす。この宇宙はろうそくの炎を維持することもできず、生命の基礎となる複雑な非可逆反応を維持することができないのは言うまでもない。

私たちの宇宙が、膨張から収縮に向かうにせよ、無限に膨張しつづけるにせよ、また、定常状態に達するにせよ、その進化の最終段階では、私たちが知っている形の生命はすべて消失してしまうであろう。

しかし、このような陰鬱な図式は、すべてを正しく描いてはいない。真の全体像には、私たちの有限の宇宙以上のものが含まれている。時間的に無限、あるいは準・無限な（空間的には有限でも無限でもありうるが）、メタヴァースというものが存在するのである。そして、メタヴァースのなかの生命は、局所的な宇宙の進化が終わると同時に消失する必要はない。それぞれの局所的宇宙においては生命は終焉せざるをえないが、それに続く新しい宇宙で生命は再び進化することができるのである。

それぞれの局所的宇宙において、進化がそのつど一から始まるのだとすると、局所的宇宙における生物進化はシーシュポス（訳註：ギリシア神話の邪悪な王で、死後地獄で大石を山に押し上げる罰を負わされたが、石は山頂に近づくたびに元の場所に転がり落ちた）的な努力となる。すなわち、断絶し、一からやりなおすというサイクルを何度も繰り返すことになる。だが、局所的宇宙はこのような試練を負わされてはいない。それぞれの宇宙で、複雑な系は真空のなかに自分の痕跡を残し、このようにして、一つの〝情報体としての宇宙〟の真空は、次の〝情報体としての宇宙〟の進化にその情報を伝える。こうしてそれぞれの宇宙は、その後に続く宇宙のなかで生命が進化するのに好適な条件を残すのだ。後続の宇宙のなかでは生命の進化はより効率的に進み、したがって、同じ長さの時間でより高度な進化が達成されるのである。

これは、学習曲線を伴う周期的なプロセスである。それぞれの宇宙は、生命のないところから始まり、いくつかの惑星が生命を維持できるようになると生命が進化し、やがて惑星の条件が生命維持可能な段階を過ぎると、生命は消滅する。しかし、すべての宇宙が共有する真空は、それぞれの宇宙で進化した生命の痕跡である波形を記録し、保存しているのである！　真空は生命からますます多くの情報を受けとり、したがって、生命に関してますます多くの情報を伝えるようになる。

メタヴァースのなかで起こる、周期的でありながら向上する進化は、未来の生命について、次のような明るい見通しを提供してくれる。つまり、生命は、次々と生まれてくる新しい宇宙のなかで存続しつづけることができ、そして、新しい宇宙に移るたびに、より高度なところまで進化することができるのである。

成熟した宇宙における成熟した段階で出現するであろう超・進化を遂げた生命の形について、今の私たちに何がわかるだろうか？　進化がどのように進むか正確に予測することはけっしてできないので、私たちに実際にわかることはひじょうに限られている。推測できるのは、成熟した宇宙のなかの成熟した生命体は、私たちがよく知っている形の生命よりもはるかに複雑で、より整合性があり、より完全に近い、ということだけである。それ以外の点に関しては、地球上で見られる生物が、人間から、太古の海に住んでいたねばねばした原生動物まで、大きな違いを示しているように、相当に多様な形態があるのだろう。

真の存在《リアリティ》に関する補足

〝情報体としての宇宙〟についての探究の第一部を終えるにあたって、重要であり、またひじょうに大胆な問いを発することにしよう。それは、真の存在とはどういうものかという問いである。私たちの宇宙や、メタヴァースのなかに存在するその他の、おそらく多数の宇宙が、どのようにして生まれたのか、どのように進化し、最期を迎えるのか、そして、私たちが生命体と呼ぶ複雑な系をどのようにして周期的に生み出すのかについてすでに見てきた。このような途方もないプロセスから、真実の存在の基本的性質に関して何を知ることができるのだろうか？　この宇宙に関して何が根本的な性質であり、何が二次的な性質、すなわち、根本的な性質から派生したものなのだろうか？

この大昔からの問いに対して、今やかなりはっきりした答えを提供することができる。その答えとは、「根本的な真の存在は、私たちの宇宙と、メタヴァースのなかに存在するすべての宇宙の根源にある、エネルギーと情報に満ちた充溢である、量子真空である」というものである。

この答えは、昔の人々の洞察、すなわち、私たちが観察し、またそのなかに住んでいる宇宙は、何ものもまったく存在しなかったときにすでに存在していたエネルギーの海から二次的に生じたものであるという洞察に通ずるものである。ヒンドゥー教や中国の宇宙観では、世界に存在する物体や生き物は、宇宙のエネルギーが形をもったもの、あるいは、宇宙のエネルギーのエキスであり、源から下ってきたものであると一貫して主張している。物理的な世界は、より精妙な世界のエネルギーの振動を反映したものであり、そのエネルギーの振動は、さらに精妙なエネルギー場の反映であるとする。創造と、それに続くすべての存在は、原始の源から下って、外向きに進む行程なのである。

インド哲学においては、物理的世界の終焉は、その起源である精妙なエネルギーの子宮、アーカーシャへの帰還である。私たちが知っているものとしての時間が終わるとき、顕在する世界の、ほとんど無限の多様性をもった物や形は崩壊して形を失い、生命体は純粋な潜在性としての存在となり、動的《ダイナミック》な機能は静止状態へと凝縮する。アーカーシャのなかで、顕在宇宙のすべての属性が、属性を超越した状態に融合する。これがブラフマン（梵）の状態である。

　ブラフマンは分化されていない状態だが、動的《ダイナミック》で、創造性に満ちている。ブラフマンという究極の「存在《ビーイング》」から、顕在宇宙の一時的な「生成《ビカミング》」が、その属性、機能、関係と共にもたらされる。存在《ビーイング》から生成《ビカミング》へ、そしてまた生成《ビカミング》から存在《ビーイング》へというサンサーラ（輪廻）のサイクルは、ブラフマンのリーラ（遊戯）、止むことのない創造と分解の遊戯である。インド哲学では究極の存在はブラフマンである。顕在世界は派生した二次的な存在しか味わうことがなく、それを真実の存在であると誤解するのはマーヤー（幻影）にとらわれた迷妄である。ブラフマンという究極の存在と、顕在世界の派生的存在は、共に創造され、常に共に創造する総体をなしている。これが宇宙のアドヴァイタ（不二一元論）である。

　伝統的な東洋の考え方は、西洋の人間が普通もっている考え方とは異なる。近代西洋の常識的な考え方では、存在は物質的である。真に存在するのは、物質の小片、すなわち、粒子である。粒子が集まって原子になり、それがさらに分子、細胞、そして生命体を作り、また、惑星、恒星、恒星系、銀河などにもなるのだ。物質は、エネルギーの作用によって空間のなかを動き回る。エネルギーも（物質に作用するため）実在であるとされるが、空間は実在とは考えられない。空間は、そこで物質が生涯を過ごす背景、あるいは、容器のようなものであるにすぎない。

　この典型的な西洋の世界観は、ニュートンの世界観から継承されたものである。ニュートンによれば、空間はただの容器であり、それ自体は何もしない受動的なものである。ものが実際にどのように動くかを条件づけはするが、ものに直接作用することはない。だが、空虚で受動的ではあるが、空間は現実の存在である。宇宙の客観的な要素なのである。ゴットフリート・ライプニッツやイマニュエル・カントをはじめ、それ以降の多くの哲学者たちが、ニュートンが空間は現実の存在であるとしたことを反駁しようとした。彼らの立場では、空間自体は何ものでもない。それは、現実に存在する物体どうしの関係を人間が把握するための手段にすぎない。カントは、空間そのものは経験されることはなく、単に経験の前提条件であるにすぎないとした。

空間は空虚で受動的であり、そもそも現実の存在ではないという考え方は、最新の物理学から得られる世界観とは正反対のものである。一般の物理学者たちは、究極の存在の性質について考えることを拒否するが（そのような問いは自分の専門分野の埒外であるという者が多い）、物理学者たちが「統一された真空」と呼ぶ、すべての物理的な場と力の座が、実際には宇宙の究極の存在なのである。この真空から私たちの宇宙を形成する粒子が生まれ、超銀河の最期にブラックホールが「蒸発」するとき、粒子はこの真空へと還っていく。私たちが物質としてとらえているものは、真空から生まれたエネルギーが量子化され、準・安定な束になったものにすぎない。つまるところ物質は、根源的な媒体であるほとんど無限のエネルギーの海の、波の形をした擾乱《じょうらん》でしかない。そしてこのエネルギーの海は、私たちの宇宙の、そしてこれまでに存在し、これから存在するであろうすべての宇宙にとって、究極の実在《リアリティ》なのである。

第8章　人間の意識と宇宙の意識

〝情報体としての宇宙〟についての問いかけを続けよう。〝情報体としての宇宙〟が「包括的な万物の理論」の礎であるならば、それはさらなる質問、すなわち、自然や生命についての顕在している事実に関する質問ではなく、意識というより精妙な事実に関する質問についても答えを提供できるはずである。この章では、次の事柄について問いかけてみよう。

――私たちが意識と呼ぶ現象の根源
――私たちの意識（およびその他の意識）に到達し、それを形成する広範囲の情報
――人間の意識は今後どのように進化するのか
――宇宙のなかのどこか他の場所にも意識が存在する可能性
――私たちの意識が不滅である可能性

◎意識の根源

広く信じられているのとは逆に、意識は人間だけに限られた現象ではない。私たちは人間の意識しか知らないが（実際、直接的で疑いのない経験としては、自分自身の意識しか知らない）、意識はあなたと私、そして他の人間だけのものだと考える理由は何もない。

意識が人間だけのものであることを示しうる証拠としては、脳に関するものがあると考えられる。人間の脳が意識を生み出すための特別な性質をもっているとすれば、それがそのような証拠になるかもしれない。物質中心主義の科学者や哲学者たちは、器官としての脳が意識の源であるという考え方を推進してきたが、そのような証拠はまったく存在しない。臨床的、実験的な証拠は、脳の機能と意識の状態には相関があり、脳の機能が停止すれば意識も「通常は」停止するという事実を確証する以上のものではない。この「通常は」という条件は厳密に定義しなければならない。なぜなら、これにはさまざまな例外が存在するからである。詳細に記録されている数々の事例、殊に病院で心拍停止に陥った患者のなかに、脳波図では脳の機能が完全に停止していたはずの時間に何かを経験し、それを後ではっきりと思い出して詳細に述べた人々が大勢いるのである。

ファンクショナルＭＲＩ（訳註：核磁気共鳴画像法を用いて生体機能を計測する方法。脳神経系の活動を間接的に計測し、脳賦活地図を得ることができる）やその他の技術によって、特定の思考プロセスが起こったときに脳の特定の領域の代謝が変化することがわかっている。だが、これらの技術は、タンパク質や電気信号を生み出す脳細胞が、どのようにして感覚、思考、感情、イメージ、その他の意識をもった心に現れるさまざまな要素を生み出すのかを説明してはくれない。すなわち、ニューロンが形成する脳内のネットワーク構造が、私たちの意識を作っている質的な感覚をいかにして生み出すのかを説明してはくれないのである。

明瞭なイメージ、思考、感情、そして、潜在意識の豊かな要素を伴う高度なレベルの意識が、複雑な神経構造に付随しているという事実は、このような意識がこのような構造に起因するものだということを保証するものではない。言い換えれば、脳の機能が意識と相関していることが観察されても、脳が意識を作り出すことが確認されたことにはならない。

◎脳と心の関係をめぐる問題（心脳問題）に対するさまざまな取り組み方

意識は脳のなかで脳によって生み出されるという考え方は、哲学的な傾向をもった人々が器官としての脳と意識をもった心との関係をとらえたさまざまな方法のうちの一つでしかない。それは物質中心主義的な見方である。それによると意識は、脳が生命体のために行なっている生存を目的とする活動の一種の副産物である。生命体が複雑になるにつれて、食物、配偶者、そして生存し生殖するために必要な資源を得るために、生命体を操る「コンピュータ」もますます複雑にならざるをえない。このような展開が進んでゆくある時点で、意識が出現する。シナプスどうしのあいだで、神経信号の発信と、エネルギーおよび化学物質の転送が同期されていることによって、私たちの意識を作り上げている質的な経験の流れがもたらされている。意識は世界の基本的な存在要素ではない。それは人間の脳という複雑な物質系が生み出す「随伴現象」にすぎない。

脳と心の関係を把握するには、物質中心主義（唯物論）以外の方法もある。「観念論」的な見方を提示してきた哲学者たちもいる。観念論の立場では、意識が最初で唯一の存在である。物質は人間の精神が作り出した幻影にすぎない。この仮定は、一見しただけでは奇異に感じるが、実はひじょうに理にかなっている。そもそも、私たちは世界を直接に経験するのではなく、意識を通して経験しているのである。私たちは普通、自分の意識を超えたところに質的に異なる物理的な世界が存在すると仮定しているが、これは幻想なのかもしれない。私たちが経験するすべては、私たちの意識の一部である。物質の世界は、意識のなかに現れる感覚の流れを理解しようとして私たちが作り出したものにすぎないのかもしれない。

さらに、「二元論」的な見方によって脳と意識、物質と精神の関係をとらえることもできる。二元論者たちによれば、精神と物質の両方が本質的なのだが、両者は完全に異質であり、一方を他方に包含させることはできない。意識の発現は、それを発現させる器官によって説明することはできない。人間の脳の、驚異的に複雑なプロセスをもってしても無理である。脳は意識の座であるにすぎず、意識そのものではないのである。

哲学史的には、唯物論、観念論、二元論が、脳と心の関係をどのように捉えるかについての大きな三つの立場であった。唯物論は今日なお優勢である。だが、唯物論に固執することによって厄介な問題が生じる。意識の問題に取り組んでいる哲学者のデイヴィッド・チャルマーズが言うように、唯物論が現在直面している問題は、「意識のように非物質的なもの」が、どのようにして「物質のようにまったく意識をもたないもの」から出現するのかというものである。言い換えれば、「物質がいかにして精神を生み出すことができるのか?」という問題である。脳がどのように機能するのかということは、比較的「簡単」な問題であり、神経生理学者たちが一歩一歩解決していくであろうことは疑いない。しかし、「非物質的な意識」が「意識をもたない物質」からいかにして出現するのかという問題は、脳の研究によっては答えることはできない。なぜなら、脳研究は「物質」のみを扱うものであり、物質は意識をもたないからである。これは「難しい問題」である。

唯物論的立場をとる意識研究者たちは、この点でたいへん当惑していることを認めている。哲学者のジェリー・フォーダーは、「物質的なものがどうすれば意識をもてるのか、誰もまったくわからない。どうすれば何ものかが意識をもつことができるかということについて、ほんの少しでもわかるというのはどのようなことかを知っている者すらいない」と指摘した。しかし、唯物論的な立場をとらない哲学者たちはそれほど動揺していない。たとえばピーター・ラッセルは、チャルマーズの問いは、答えるのが難しいのではなく、そのようなことは不可能なのだという。幸いラッセルは、実はその問いは、本当に意味のある問いではないので、答える必要はないのだと言い添えている（そして私たちも彼の見解に賛成である）。物質はまったく意識をもたないというのは誤りであり、意識は物質から完全に分離しているというのも誤りなのだから、意識をもたない物質がいかにして非物質的な意識を生み出すことができるのかという問いに答える必要はないのである。

複雑な構成をとった量子がニューロンの「素材」であることを、私たちは知っている。しかし、量子は意識をもたないただの物質ではない！　量子は宇宙の根底に存在する複雑な場《フィールド》に由来し、意識に付随するような特性も備えていないわけではないのだ。著名な物理学者のフリーマン・ダイソンや、アルフレッド・ノース・ホワイトヘッド級の哲学者たちが指摘しているように、基本的な粒子でさえも、ある形、あるレベルでの意識（原・意識《プロト・コンシャスネス》）をもっている。何らかの形で、何がしかの程度、すべての物質は意識をもっており、また、完全に非物質的な意識というものも存在しない。そして、そうだとすれば、物質と精神は、完全に分離されてはいないのである。

デイヴィッド・チャルマーズの「難しい問題」は、消えて無くなってしまう。組織の低いレベル

（脳内のニューロン）にある、意識をもった物質が、組織の高いレベル（脳の全体）にある、意識をもった物質を生み出す。したがって、唯物論的立場の「難しい問題」は意味をなさなくなるし、また、このような考え方は、私たちの日常的な世界観に対して、観念論（すべては精神で、精神しか存在しないとする考え方）がもたらすような脅威を与えることもない。そのうえ、二元論が直面する問題も考える必要がなくなる。二元論が直面しているこの問題は、唯物論の問題に匹敵するほど難しいものである。それは、物質と精神が相互作用するならば（脳のなかでは実際そのような相互作用をしているはずである）、それを二元論で解釈しようとすると、「物質のように意識をもたないもの」がどのようにして「意識のように非物質的なもの」に作用を及ぼし、また、それから作用を受けることができるのかという問題が残るからである。

この古くからの「脳対心」の問題への新しい解決法に名前をつけるとするなら、「進化論的汎心論」が最適だろう。汎心論とは、すべての存在には心がある、心は世界のなかにあまねく存在する、とする哲学的立場である。「汎心論」を「進化論的」と修飾したのは、心はすべての存在に、一様に同じ成熟度で分布しているのではないという見解を明示するためである。私たちは、心も物質と同じように進化すると主張する。しかし、私たちはまた、物質と精神——「ピュシス（自然）」と「プシューケー（魂）」——の両方が初めから存在したのであり、両者は共に存在の基本的な相なのであると断言する。

私たちは、ピュシスとプシューケーは時が経過するなかで共に進化したと断言するが、これは、現実に存在するすべてのものが、それ自体は不活性で感覚をもたない物質を構成要素として出来上がっている（唯物論の立場）とするものでもなければ、現実存在のすべてを質的で非物質的な精神に帰してしまう（観念論の立場）ものでもない。私たちは、物質と精神の両方を現実存在の基本的な要素だと考えるが、（二元論とは違い）両者はまったく相容れないとは主張しない。私たちの立場は、両者は一つの現実の異なる相だとするものである。私たちが「物質」と呼ぶものは、人間、植物、あるいは分子を、外側から見たときにとらえる相である。「精神」は、これらのものを内側から見たときに読み出す情報である。

もちろん、内側から見ることができるのは自分の脳だけである。自分の脳のなかにある、感じたことの内容であると考えられるものを調べてみるとき、私たちが対象にするのは、ニューロンの複雑なネットワークではなく、アイデア、感情、意図、感覚である。これが意識上のものも意識下のものも含めて多様な要素をもった意識の流れなのだ。しかし、誰か他の人間の脳―精神を調べるときに対象にするのは、このような意識の流れではない。神経科学者が対象にする、複雑なループやシーケンスで信号を発しているニューロンのネットワークなのである。

自分の脳しか内側から見られないからといって、自分だけが意識をもち、他の人はみな生化学系のなかで働いている神経生理学的なメカニズムにすぎないということにはならない。すべての人間に両方の相――外側の相と内側の相――が存在するはずである。そして、人間に限らず、すべての生命体がそうであるはずだ。さらに、生命体に限らず、出現し、進化するすべてのもの、原子から分子、高分子、生態環境までを含むすべてのものがそうであるはずだ。巨大な進化の連鎖のなかで、ここより下のものには意識がなく、ここより上のものには意識があるという境界線を引くことはできない。

この汎心論的立場をとった哲学者は古くからおり、そのうち現代において最も雄弁なのはアルフレッド・ノース・ホワイトヘッドである。また、アポロ宇宙船の乗組員であったエドガー・ミッチェルもこの立場を支持している。ミッチェルによれば、宇宙のなかのすべてのものは、「知る」能力をもっている。分子など進化の程度が低い物質は、比較的原始的なレベルの「知る」能力を示す。すなわち、分子たちは結合しあって細胞になることを「知っている」。細胞たちは、再生したり、有害な侵入者を追い払うことを「知っている」し、植物は太陽のほうを向くことを「知っている」。また、鳥は冬に南に飛ぶことを「知っている」。人間の気づき《アウェアネス》や意志のような高度な形の「知る」能力は、宇宙に源をもつ。すなわち、それは私たちの宇宙が誕生したときからそこにあったのである。

精神と「知る」能力が自然のなかにあまねく存在することについては、フリーマン・ダイソンも同じ意見である。彼は、「量子力学における物質は、不活性な物質《サブスタンス》ではなく、常にとりうる選択肢のなかから一つを選択している、活動的な作用物質《エージェント》である。……選択をする能力という形で現れた精神は、すべての電子にもある程度内在すると考えられる」と述べた。

つまるところ、宇宙のなかに出現し進化するすべてのものは、物質の相と精神の相の両方をもっていることを私たちは認めなければならない。世界のすべてものは、量子も銀河も、分子、細胞、生命体も、「物質性」と「精神性」の両方をもっている。物質と精神は別々の分離した存在ではなく、外的な物質相と内的な精神相を併せもつ、より深い存在の二つの相なのである。

◎意識に届く、より広い範囲からの情報

私たちの意識に届く情報は、私たちの身体の感覚に限定されるのだろうか？　つまり、私たちは「塔にある五つの窓」（訳註：「天に向かって屋根を破る」と共に、物理学者ウィリアム・ティラーの言葉）だけから世界を見ているのだろうか？　それとも私たちは「天に向かって屋根を破る」ことができるのだろうか？　〝情報体としての宇宙〟は、私たちに新しい世界観を提供するだけでなく、生命や精神に関する新しい見方も提供してくれる。私たちの脳と心を、目や耳から伝えられる情報よりもはるかに広範囲の情報にアクセスさせてくれる。私たちは、地球上であれ、地球を越えた宇宙のなかであれ、この世界のほとんどすべての場所と文字通り「接触」している、あるいは、すくなくとも「接触」することができるのである。

それに通じる直感を抑圧しなければ、私たちは素粒子ほど小さいものからも、銀河ほど大きなものからも、情報を受けとることができる。すでに見たように、これは、変性意識状態に入った患者たちの心に浮かんだ印象を記録した精神科医やサイコセラピストたちが発見したことである。ミッチェル宇宙飛行士の宇宙経験も、この発見に貢献している。彼は、意識がより高まった状態に入ると、宇宙との深いコミュニケーションに入ることができると語っている。このような状態では、身体のすべての細胞の気づき《アウエアネス》が、ミッチェルが呼ぶところの「量子的零点エネルギー場にホログラムとして埋め込まれた情報」と、コヒーレントに（干渉性をもって）共鳴するのである。

この「広帯域《ブロードバンド》」の情報がどのように私たちの精神に届くのかを順序だてて説明することができる。

すでに見たように、新しい物理学によれば、時空のなかに出現し進化する、素粒子と原子、そして、分子、細胞、生命体、銀河は、量子真空と呼ばれる仮想的なエネルギーの海から生まれる。これらのものは、真空のエネルギーの海に起源をもっているだけではなく、それと相互作用を続けている。真空のAフィールドのなかに自分たちの痕跡を書き込み、真空のAフィールドを通してお互いに相互作用をする、動的《ダイナミック》な実体なのである。Aフィールドのなかの痕跡——これらのものが作るホログラム——は、はかなく消え去ることはない。存続し、すべてのものに情報を与えつづける。そして、最も直接的に情報を与えるのは、その痕跡を作ったものと同じ種類のものに対してである。

このことは、人間の身体と脳についても言えることである。私たちが一生に経験するすべてのこと——すべての知覚、感情、思考のプロセス——には、対応する脳の機能が存在する。これらの機能には、等価な波形が存在する。つまり、私たちの脳は、時空のなかにある他のものと同様に、情報を伝播する渦を生み出す、すなわち、「波を作り出す」のである。これらの波は真空のなかを伝播し、他の人間の身体や脳が作り出した波と干渉し、複雑なホログラムを形成する。何世代もの人間が、彼らの痕跡をAフィールドのなかにホログラムの形で残しているのである。これらの個々のホログラムは、一体化して超・ホログラムとなり、一つの部族、コミュニティ、文化などの包括的なホログラムを形作る。さらに、集団的なホログラムどうしが連結し、今度はすべての人間の超・超・ホログラムと一体化する。これが人類全体の情報プールである。

私たちはこれらのホログラムがもっている情報を読みとることができる。「似たものが似たものに情報を与える」という原理に従って、私たちはまず、自分の脳や身体のホログラムがもっている情報を読みとることができる。私たちが場《フィールド》に書き込んだものを読み出すことは、長期記憶が存在することの物理的根拠である。これによって、有限の頭蓋のなかに閉じ込められた脳による情報保存という制約はとり払われる。脳そのものには、私たちが生涯に経験することをすべて生み出し保存するに十分な情報処理能力はない。コンピュータ科学者のサイモン・ベルコヴィッチによると、一人の人間の生涯分の経験を生み出し保存するためには、脳は毎秒一〇の二四乗個もの操作を行なわなければならない。しかしまた、オランダの神経生物学者ヘルムス・ロミジンが示したように、脳内で一〇〇〇億個のニューロンがすべて働いたとしても（実際にはそのようなことは起こらない。大脳皮質には二〇〇億個のニューロンしかなく、その多くは脳の機能を司っていないようである）、それは絶対に不可能である。しかし、これは問題ではない。なぜなら、脳は単独で働いているのではないからである。テレビで見聞きする映像や音が、機械としてのテレビのなかで機械としてのテレビによって生み出され、また、携帯電話の音声が、電話機のなかで電話機によって生み出されるという意味以上には、脳がもつイメージ、考え、感情などは、脳のなかで、脳によって生み出されない。脳は、いわば「送受信機《トランシーバー》」であり、そのため、孤立して機能する系がもつ、情報貯蔵と情報読み出しの限界には束縛されない。私たちはこれまで経験したことのすべてを読み出すことができる。なぜなら、この情報は私たちの脳のなかに保存されているのではなく、包括的なアカシック情報場に保存されているからである。

　ある個人がAフィールドに書き込んだ情報を読み出せるのは、書き込んだ本人だけではない。他の人間たちも、少なくともその一部を読み出すことができる。これは、人間の身体や脳のホログラムが、他の人間、特に関係のある人間や、感情的な絆がある相手のホログラムと「共役になる」ことができるからである。千里眼や、神秘的・予言的洞察などを除いて、読み出しは明瞭な言葉や出来事の形ではなく、直感や「感じ」などの形によって行なわれる。このうち最も事例が多く、したがってよく知られているのは、「双生児の痛み」と、母親や恋人たちが、愛する人が傷ついたり、ひじょうにつらい目にあっているときに突然天の啓示のような直感を得るという現象である。

もちろん日常的な状況においては、私たちが読み出すのは自分自身が書き込んだことに限られている。このような制約があることは幸運である。なぜなら、そうでなければ私たちは正気を保つことができなくなってしまうからである。大勢の人間の経験が同時に、しかも絶え間なく届いたとしたら、情報を整理することができずに圧倒されてしまうことだろう。脳がホログラム・パターンを選択的に読み出すことによって、すなわち、個人のホログラムが他の人間のホログラムとある限られた程度でしか一致しないということによって、私たちはAフィールドのなかの膨大な量の情報に押しつぶされずにすんでいるのである。

これは、人間の経験が、「塔にある五つの窓」を通してのものに制限されるという意味ではない。変性意識状態に入ることによって、私たちは「天に向かって屋根を破る」ことができる。しかし、そのとき私たちに届く情報に対処できるように覚悟ができていなければならないのである。

◎人間の意識は次にどのように進化するか

人間の意識は不変のものではない。文化人類学によれば、三万から五万年の長さにわたる現代型ホモサピエンス（新人）の歴史において、人間の身体はそれほど大きく変化しなかったが、人間の意識は大きな変化を遂げた。それは最初の単純な状態から進化したのであり、人類が十分長いあいだ生き残ることができれば、今後さらに進化するのである。

人間の意識にはさまざまなレベルがあり、最低のレベルから最高のレベルに向かって次第に進化していくのだという考え方は、ほとんどすべての偉大な伝統文化に共通するものである。たとえば、アメリカ大陸の先住民の諸文化（マヤ族、チェロキー族、タイタ族、シングー族、ホピ族、インカ族、セネカ族、イヌイット、マプーチェ族の文化）では、私たちは現在「第五の太陽」のもとに生きており、まもなく「第六の太陽」が興るとしている。「第六の太陽」は、新しい意識をもたらし、それに伴って世界も根本的な変換を遂げるのだという。

多くの思想家たちが、人間意識の進化の各段階を明確に定義しようと試みた。インドの哲人、シュリ・オーロビンドは、次にくる段階では一部の個人たちが〝超意識〟(superconsciousness）をもつようになると考えた。スイスの哲学者、ジャン・ゲブサーも、これと同じような意味で、原始的、魔術的、神話的であった過去の諸段階から、四次元の包括的な意識が生まれると語った。アメリカの神秘主義者、リチャード・バックは、動物の単純な意識と、現代人の個人意識に続く、人間意識の進化の次の段階としての宇宙意識というものを紹介した。ケン・ウィルバーが提案した意識進化の六段階プロセスは、生命をもたない物質—エネルギーに属する「物理的な意識」から始まり、動物がもつ「生物的な意識」、そして、人間に特有の「精神的な意識」を経て、元型的、超個的、直感的な、「精妙《サトル》な意識」に至る。その後、「元因《コーザル》意識」を経て、最終的には「意識自体」と呼ばれる究極の意識に至る。クリス・コーワンとダン・ベックが提唱する、色を用いた「スパイラル・ダイナミックス」という意識進化理論では、現在の意識は、その唯物論的、消費的で、成功、イメージ、地位、成長を追究する戦略的な「オレンジ」の段階から進化して、平等主義的で、感情、真実性、共感、同情、共同体を志向する、共感性の「グリーン」の段階に至り、さらに、自然の系《システム》、自己組織化、存在の多重性、知識を重視する「イエロー」の段階へと向かい、最終的には、集団的個人主義、宇宙的霊性、そして地球変革の、統合的《ホリスティック》な「碧青色《ターコイズ》」の段階に到達するという。

これらの考え方は、細かい点では異なるものの主旨は同じである。自我に囚われた段階から、トランスパーソナルな段階へと意識は進化するのである。これが事実ならば、大きな希望が生まれる。トランスパーソナルな意識に進化すれば、今日優勢である意識が受けとっているよりも広範囲のものを、脳に到達する情報から受けとれるようになる。これは重大な変化をもたらしうる。人間どうしのあいだでより大きな感情移入が可能になり、動物、植物、そして生態環境全体に対する感受性が増大する可能性が生まれる。宇宙の他の部分と微細なレベルで接触することも可能かもしれない。私たちの世界が変わるかもしれないのだ。

トランスパーソナルな意識によって特徴づけられる社会は、物質主義的で自己中心的なものではないだろう。より広い範囲から深い情報を受けとっていることだろう。より進化した意識の影響の下では、国家のシステムは、より包括的で調和したものになり、多様性を当然のこととして尊重し、すべての民族と文化に自己決定の権利を与えるであろう。経済システムに関しては、その多様性は維持されるであろうが、もはや分断されたものではなくなるであろう。地域の自律性を世界的な調和に結びつけ、その信条、経済発展の水準、人口規模、天然資源の有無にかかわらず、すべての民族と国家に貢献できるような目的を追究するものになるであろう。その結果、富と権力の不均衡が緩和され、不満と遺恨は薄れ、犯罪、テロリズム、戦争、その他の暴力は減少するであろう。社会はより平和になり、存続可能性が高まり、その社会に生きる人々と、将来そこへ生まれてくる人々のすべてに、生命と幸福の機会を公平に与えるであろう。

今日的な観点から見れば、夢想以外の何ものでもないこのような状況が実際に生まれるのであろうか？　それは私たちにはわからない。なぜなら、進化は正確には予測できないからである。私たちにわかっているのは、人類がその生命維持可能な環境を破壊せず、死滅することがなければ、決定的大多数の人間の意識は、自我に囚われた段階からトランスパーソナルな段階へと進化するだろうということだけである。この進化は、人々と社会に大きな影響を必ず与えるだろう。私たちの子どもたちや孫たちがトランスパーソナルな意識をもつようになるとき、人類にとって、平和と公平さと持続可能性の時代が始まるであろう。

◎宇宙そのものの意識

ここで、〝情報体としての宇宙〟を別の角度から探ってみよう。生命体やその他の複雑系に付随する意識を超えた問いかけをしてみよう。それは、「宇宙そのものは、何らかの形の意識をもっているのだろうか？」という問いである。

古今を通じて、神秘主義者や予言者たちは、意識は宇宙にとって根本的なものであると主張してきた。中世のイスラム学者であり哲学者でもあるサイイド・ホセイン・ナスルは、「実在《リアリティ》の本性は意識にほかならない……」と記している。インドのシュリ・オーロビンドもこれに同意し、「すべては意識であり、それがさまざまなレベルでそれぞれに顕現しているのである……この宇宙は、意識の平面が段階的に重なってできているのである」と述べた。ときには、これら神秘主義者たちに科学者が同調することもある。アーサー・エディントン卿は、「宇宙は精神的なものからできている……精神的なものが物理的な現実の源であり、必要条件なのである」とした。ノーベル賞受賞生物学者、ジョージ・ウォールドは、精神は生命進化の途中で生じたのではなく、はじめから存在したのであると語った。

プラトンは二五〇〇年近くも前に、究極の問いに関しては確実な答えは存在しないと看破した。彼は、私たちにできる最善のことは、最も可能性が高い説明を見出すことであるという。今日の状況において、最も可能性の高い説明とは、意識は自然のなかに遍在するというものである。その根は、物理的現実の核心、すなわち量子真空にまで伸びている。この精妙な仮想的エネルギーの海が、物質として認識されるエネルギーの波束を生成する基盤であることを私たちは知っている。そして今、これが精神を生成する基盤であるという十分な根拠がある。

真空が、そこから物質と呼ばれる波束が出現する超高密度の仮想エネルギー場の座であるだけでなく、宇宙的な広がりをもつ原・意識、または、根源意識の座でもあるということは、どのようにしてわかるのだろう？　通常の感覚器官に頼った経験ではわからない。第一に、私たちは真空場そのものを観察することはできないため、観察できるものから論理的に導き出して、真空場の存在を結論づけるほかない。第二に、意識は「個人的」であるため、私たちは普通自分以外のものの意識を観察することができない。真空は仮想エネルギー場であり、同時に原・意識の場でもあるという主張は、間接的な証拠によって支持されてはいても、依然仮説にとどまるほかない。

　しかし、有望な解決策がある。まず、真空中の意識を直接観察することはできなくても、実験を試みることはできる。人間は変性意識状態に入ると現実の最も深く基本的なレベルである真空と同化することができる。だがこれに成功したとして（サイコセラピストたちは、変性意識状態では人間は宇宙のほとんどすべての部分や相に同化することができるとしている）、そのときにエネルギーが揺らいでいる物理的な場を経験することになるのだろうか？　それとも、意識の宇宙的な海のようなものを経験するのだろうか？　おそらく後者である可能性が高いだろう。「外側から」誰かほかの人間の脳を経験するとき、その人の意識を経験するのではないことはすでに見た通りである。複雑なシーケンスで電気信号を発信しているニューロンが複雑に組み合わさった灰色の物質を経験するのが関の山である。しかし、自分の脳を「内側から」経験するとき、私たちはニューロンではなく、思考、イメージ、意志、色、形状、そして音など、私たちの意識の流れを形成する質的な要素を経験する。真空との神秘的な融合に自分を投じるとき、これと同じことが起こるのではないだろうか？

　これは単に空想的な仮定ではない。これを支持する、間接的ではあるが重大な証拠がある。それは、現代の先端的な意識研究の分野で得られたものである。スタニスラフ・グロフは、深い変性意識状態では、多くの人々が宇宙そのものの意識と考えられるような種類の意識を経験することを発見した。この最も注目すべき変性意識状態の経験は、存在の究極の基盤を把握することを追究し、それに専念している人たちに起こるものである。これらの探究者たちが目的の達成に近づいたとき、彼らが「存在の最高原理」として語るものは驚くほど共通している。彼らは、自分が経験したものを、無限の知性と創造力を備えた広大で計り知れない意識の場《フィールド》であると説明する。彼らが経験する宇宙的意識は、宇宙的空虚、「無」である。だが、逆説的ではあるが、これは本質的な充溢でもあるのだ。具体的な形をとって顕在してはいないが、潜在性としてすべての存在を包含しているのである。彼らが経験する真空は充溢《プレナム》、すなわち何ものも欠けていない状態なのである。それは存在の究極の源であり、すべてのものの揺りかごである。存在するすべてのものの可能性に満ちあふれている。現象として現れている世界は、この真空が作り出したものである。すなわち、真空が内包する潜在性が具象化し、現実化したものなのである。

ヨーガやその他の深い瞑想を行なっている人々も、基本的には同じ種類の経験を報告している。たとえばインドのヴェーダの伝統では、意識は脳や神経系などの物質的な構造を通して生み出されて発現した性質ではなく、宇宙の第一の実在《リアリティ》である広大な場《フィールド》として理解されている。この場自体は、物体や個々の経験によって拘束されたり分割されたりすることがなく、精神から不要な層をごっそりとり除いたとき、瞑想のなかで経験される。日常の意識の、分散され局在化された粗雑な意識の層の下に、統合された非局在的な精妙な層、「純粋意識」が存在するのである。

伝統的な宇宙論は、未分化ですべてを包括していた宇宙の意識は、その原始の合一状態から分離して、個々の物質の構造に局所化されるのだとする。私たちは、新しい科学を踏まえた立場で、量子真空の原・意識が局所化され、そこから生まれた粒子として発現し、原子や分子に進化したのだと、これをより具体的に述べることができる。生命維持可能な惑星上で、これらのものはさらに、細胞、生命体、そして生態環境へと進化する。高度に進化した人間の脳に付随する人間の精神は、真空から出現し、時空のなかのすべてのものに浸透する宇宙意識の、高いレベルにおいての発現なのである。

◎不死と転生

最後に重要な問いかけをしよう。人類がこれまでに問いかけた最大の問いのなかでも最も刺激的なものだ。それは、「私たちの肉体が死んだあとも、意識は存続するのだろうか？」というものである。

この古くからの問いにも解決の光明を投ずることができるが、それは通常の科学の手法によってではない。脳が機能を停止したあとも意識が存続するなら、意識は脳には付随していないことになるので、人間の脳を調べても意味がない。それよりも、意識がもはや直接脳には結びついていない状態から得られた証拠を吟味するほうが理にかなっている。臨死体験、体外離脱体験、前世の記憶の体験、ある種の神秘的・宗教的な体験、そして、おそらくこれが最も重要だと思われるが、死後のコミュニケーションの体験がこれに相当する。科学者たちは最近になるまで、このような「超常現象」をとり扱うことはできなかった。このような現象は、科学的思考の唯物論的枠組に当てはまらないのである。だが、〝情報体としての宇宙〟は、唯物論者の考える宇宙ではない。では、これらの現象を新しい角度から検討し、今の私たちにどのような説明が見出せるか試してみよう。

不死

臨死体験、体外離脱体験、前世の記憶の体験、そしてさまざまな神秘的・宗教的な体験において、人々は視覚、聴覚、その他の身体的な感覚によって伝えられたのではないものを経験する。すでに見たように、臨死体験（ＮＤＥ）では、臨床的には脳が死んでおり、脳電図も平坦《フラット》なグラフを示している状態で、人々は明瞭で生々しい経験をすることがあり、それは彼らが死の入り口から戻ってきたときに詳細に思い出すことができるほどである。体外離脱体験（ＯＢＥ＝Out of Body Experience）では、自分の脳や身体から離れた地点からものを「見る」ことができる。また、神秘的・宗教的な忘我状態《トランスポート》を経験している人は、自分自身よりも大きな誰か、または何かとの、いや、それどころか、自然界そのものよりも大きく深いものとの融合状態に入ったと感じる。このような経験では、個人の意識がその物理的な脳から分離してしまうこともあるにもかかわらず、彼らの経験は生々しく、現実的である。これらの経験をした後、それが現実であったことを疑う人はほとんどいない。

ＮＤＥ、ＯＢＥ、そして神秘的な体験に加えて、近年浮上してきた注目すべき経験がある。それは、もはや生きていない人間との接触やコミュニケーションが起こったように思われる経験である。この種の経験は、死後のコミュニケーション（ＡＤＣ＝After Death Communication）と呼ばれている。

多くの人が死後のコミュニケーションを経験するようだ。臨死研究家のレイモンド・ムーディは、「死んでしまった愛する人の姿を見た」というさまざまな事例を収集した。ジェイムズ・ヴァン・プラグ、ジョン・エドワード、ジョージ・アンダーソンらの霊媒師たちは、亡くなった人たちから受けとる印象を語ることによって、このような接触を何度も媒介している。臨死体験では、知っている人や、そのときはわからなかったが、後になって誰であるかわかる人物と出会うということがよく起こる。オランダの心臓専門医ピム・ファン・ロンメルは、集中治療室に収容された患者について大規模な臨死体験の調査を行なったが、一人の患者が次のような報告をしたという。「心停止になっていたあいだ……私は亡くなった祖母だけではなくて、私のことをいとおしそうに見ているある男の人を見ました。それは私の知らない人でした。それから一〇年以上たって、私の母が死ぬ直前に、私はいわゆる不義の子で、ユダヤ人だった私の実の父は、第二次世界大戦中に国外に追放され殺されたのだと教えてくれました。母はその人の写真も見せてくれました。私が一〇年以上も前に自分のNDEで会った見知らぬ男性は、わたしの実の父だったのです」

健康な人でも、変性意識状態に入るとADCが起こることがある。殊に驚異的なADC体験の例は、スタニスラフ・グロフがスイスで行なったホロトロピック呼吸法のセミナーで、ザビーネ・ヴァーゲンザイルというドイツの経営コンサルタントが報告した、ベネディクト会の神父、ヴォルフガング・アプトとの交流である。アプト神父は、二〇〇一年一月一三日に心臓発作による不慮の死を遂げた。二月一日の午前四時ごろ、ザビーネが夢を伴った眠りから目覚めると、アプト神父が彼女に話しかけてきた。その後神父は定期的にザビーネに話しかけるようになった。そのつどザビーネの肩や手に触れるような感触を与えることで出現を知らせた。ザビーネと故人が申し合わせたとおり、対話は普通朝の六時から八時のあいだで、ザビーネが瞑想的な状態にあって、家のなかに物音やその他の妨害要因がないときに行なわれた。一連の対話が終了したのは、同年の一二月二日で、そのときアプト神父は、伝えたかったメッセージはすべて伝え終えたし、これから世界平和に関する新しい任務を遂行しなければならないので、今後はあまり頻繁には彼女に接触しないと告げた。

ザビーネ・ヴァーゲンザイルが報告した（そして二〇〇二年に、定評あるドイツの最先端科学雑誌『*Grenzgebiete der Wissenschaft*（科学の境界領域）』に掲載された）ADCのメッセージは、ザビーネが自分の内面で聞いた声を書き止めたものである。彼女は最初、この声が現実のものであり、本当にアプト神父の声であると信じる気にはなれなかったが、そのなかに自分では思いつくことができない内容が含まれていることが明らかになると、これを受け入れざるを得なくなった。その声は、死者たちは「逝ってしまった」のではなく、異なる周波数の領域に存在しつづけているのだと語った。世界のすべては振動なのだが、生きている者と死んだ者は周波数が異なるため分離されているのである。死者たちは物理的な身体をもっていないにもかかわらず、お互いに認識しあう（「感じあう」）ことができ、生きている者たちを見たり聞いたりすることもできるし、実際に常に生きている者たちのことを心配しているのである。生きている者たちが死者を認識することができず、彼らは逝ってしまい、もう接触することができないと考えているので、彼らは悲しんでいる。だが、生きている者たちは、瞑想、黙想、祈禱によって、より「透明」になり、より「神に開かれた状態」になることができ、ついには周波数が違っても、死者を認識することができるようになるという。

自然に起こるADCが研究されているだけではなく、ADCは意図的に誘引されてもいる。イリノイ州リバティビルの、グリーフ・アンド・トラウマティック・ロス・センター（Grief and Traumatic Loss Center）の所長で、有資格の精神療法医のアラン・ボトキンは、同僚らと協力して、三〇〇〇名近くの患者にADCを引き起こすことに成功したと主張している。

ＡＤＣを試してみることに同意した人々の九八パーセントに、実際にＡＤＣを引き起こすことができるようである。通常ＡＤＣは急速に起こり、ほとんどの場合一度のセッションで起こる。被験者の悲しみの度合いや、死者とどのような関係にあったかにはまったく左右されない。また、被験者がＡＤＣを実際に経験する前にどのような考えをもっていたかにも影響されない。篤い信仰をもっていたのか、不可知論者であったのか、徹底的な無神論者であったのか、そのようなことは一切無関係なのである。しかもＡＤＣは、その死者と個人的な関係がない場合、たとえば、自分が殺した敵の無名兵士のために悲しむ元兵士などにも起こるのである。そして、精神療法医の指導がなくても起こる場合もあるのである。実際、ボトキン博士が報告しているように、ＡＤＣを経験しつつある被験者を導こうとすると、逆に経験が阻止されてしまうのである。

◎マークのＡＤＣ（死後コミュニケーション）体験＊

二五年ほど前のことである。マークは新しい仕事を始めたばかりで、前途洋々だった。ある夜、一人で運転していると、車のライトに目が眩《くら》み、接近していたもう一台の自動車の進路に入ってしまった。彼は負傷もしなかったが、相手の自動車に乗っていた家族、父親と母親、そして一二歳の少女は死んでしまった。その日を境にマークの人生は一変した。毎朝深い悲しみと痛烈な罪悪感とともに目覚め、毎日この事故のことを何度も思い返しながら、かろうじて生活を送るようになった。彼は二度自殺を試みた。二度結婚したがいずれも失敗し、仕事もうまくいかなくなった。彼の人生は終わったかのようだった。そのように過ごしていたある日、彼はボトキン博士の誘導によるADC体験を試みることにした。眼球運動による脱感作と再処理（訳註：PTSDの治療法）を行なうという短時間の準備のあと、マークは目を閉じて静かに座った。すぐに彼は次のように言った。「あの人たちが見える。あの女の子の家族だ。みんな一緒に微笑みながら立っている……ああ、神様、みんな嬉しそうだし、元気そうです。一緒にいられてとても嬉しいし、今いる場所が大好きだと話しています」。さらに続けて、こう語った。「一人一人がとてもはっきり見えます。特に女の子が。その子はお父さんとお母さんの前に立っています。赤毛で、そばかすがあって、笑顔がとてもかわいい。お父さんが歩き回っているのが見えます。まるで、自分がどんなに歩けるか見てほしいみたいです。彼は死ぬ前、多発性硬化症に苦しんでいたので、今自由に動けることがほんとうに嬉しいのだということがわかります」。マークがその家族に、事故のことをたいへん申し訳なく思うと言うと、彼らはマークのことを許すと言った。マークはとてつもない重荷を下ろしたような気持ちがした。

マークはその家族に実際に会ったことはなかった。深い悲しみと抑うつ状態のため、彼はその家族の写真を見ることも、関連記事を読むことも拒んでいた。しかし、このＡＤＣ体験の後、ずいぶん気持ちが楽になったので、彼は姉の家に寄り、事故に関する記事の切り抜きを見せてもらった。彼はそのとき仰天したと語っている。新聞に載っていた写真が、彼がＡＤＣ体験で会った家族のものであることは、たとえば女の子の微笑みやそばかすに至るまで、とても細かい点まで、ひじょうにはっきりしていた。そしてさらに、歩けることを嬉しそうに見せつけていた父親について、驚くべきことがわかった。新聞記事によると、彼は事故にあったとき、実際に多発性硬化症を患っていたというのである……。

マークの経験は、ひじょうに典型的なものである。ＡＤＣ体験においては、体験者がその死を悲しんでいる人物が幸福で健康な様子で現れ、また、死んだときよりも若い姿をしていることが多い。この死者との「再会」は、体験者の心に重くのしかかっていた悲しみを和らげ、完全に払拭してしまうことも多い。

＊ボトキン、ホーガン共著、『*Reconnections: The Induction of After-Death Communications in Clinical Practice*（再会：臨床における死後コミュニケーションの誘導）』から引用。

ＡＤＣ体験が治療に有効であることは明らかである。しかし、ＡＤＣ体験はいったい何を意味するのだろう？　ＡＤＣ体験は、悲しみが誘発した錯覚なのだろうか？　ボトキンはそうではないと主張する。病理学的に知られているどのような妄想の範疇にも当てはまらない。では、ＡＤＣ体験は現実の体験なのだろうか？　被験者たちは、彼らが悼《いた》んでいる故人と実際に会っているのだろうか？　そうだとすれば、それは死者が何らかの形で、おそらく別の次元の現実のなかに、なおも存在するということを示している。もしそうなら、これは真の不死ということになる。すなわち、肉体の物理的な死の後も、人間は生存していることになる。これは希望に満ちた結論であるが、真実ではなさそうである。これに対して、もう一つの、より可能性の高い説明が存在する。それを提供してくれるのは、〝情報体としての宇宙〟である。それは単純で基本的なことである。つまり、私たちは一生のうちどの瞬間においても、自分が考え、感じ、知覚することをＡフィールドに、すなわち、私たちの生涯のすべての経験を保存するホログラフィック・フィールドに書き込んでいるのだということである。

　Ａフィールドは、私たちの身体と脳のホログラムをもっていると同時に、私たちがその一員であるコミュニティや、私たちがそのなかで生きている環境のホログラムももっている。私たちの脳は、これらのホログラムのすべての要素を、個人のレベルで読み出すことができる。自分自身のホログラムの要素を読み出すことによって、臨死体験やその他の変性意識状態での経験で現れる、驚異的に完全で包括的な記憶の再生が可能になる。子宮内での経験や出産時の経験をも含めて、私たちの生涯におけるすべての経験が、このように読み出し可能なのである。

　しかし、これだけではない。私たちは他の人間のホログラムも読み出すことができ、それによって他の人間の経験を追体験することができるのである。私たちがその経験を追体験する相手の人間は、生きている場合も、死んでしまっている場合もあるだろう。彼らの生涯の経験をコード化して保存しているホログラムは、時間が経過しても消え去ることはない。この地球上に人間が存在するかぎり、そして宇宙のなかの他の惑星に人間のような存在がいるかぎり、すべての人間が生きた経験は何度も追体験されるのである。

他の人たちが私たちの経験を読み出すとき、私たちは彼らの経験のなかで再び生きるのである。そして、私たちが他の人たちの経験を読み出すとき、彼らは私たちの経験のなかで再び生きるのである。また、私たちが、その死を悼む人とのコミュニケーションに入るときは、その人と直接コミュニケートするのではなく、その人の身体と脳によって作られたホログラムをAフィールドのなかで読むのである。すでに見たように、変性意識状態では、人々はその死を悼む相手を、その人が死んだときの姿ではなく、若いときの姿で経験する。これはありえることであるし、また、理にかなっている。愛する人を若く健康な姿で見ることは、その人を老いて苦しんでいる姿で見るよりも、悲しみを和らげ、消し去る効果が高いのである。

結論は明らかである。私たちは個人としては不死ではないが、私たちの経験は不死である。私たちが経験したことのすべては存続し、永遠に思い出されるのである。

予言者、哲学者、そして精神性を重視する人々はしばしば、Aフィールドのなかに私たちが残す痕跡は、不死の魂の証拠であるとしてきた。プラトンは、魂（プシューケー）は、永遠の形相（エイドス）またはイデアの領域から発現し、再びそこへ還っていく、人間存在の相であり、これは不死なのだと語った。ヘーゲルは、人間の精神を、彼が呼ぶところの「絶対的理念」が、地上で形をもつものとして自己具現化したものであるとした。バークリー司教は、人間の精神は世界の現実の究極の本質である、「神の精神」の反映であるとした。アリス・ベイリー（訳註：二〇世紀英国の神秘思想家）の直観は、最新の科学から得られる洞察に驚くほど一致している。彼女は、人間の不死の根拠を「エーテル」に置いた。彼女は、「『エーテル』という言葉は、相互に関係し合い、私たちの地球という一つの総合的なエネルギー体を構成している、さまざまなエネルギーからなる海全体を指す包括的な言葉である……したがって、すべての人間のエーテル体、すなわちエネルギー体は、地球そのもののエネルギー体に統合されている一つの部分なのである」と記した。

心理学の実験的手法を実質的に確立した人物であるグスタフ・フェヒナーは、驚くほど決定的な言葉でこれと同じ考え方を表明した。彼は、病気から回復した後、次のように記した。「誰かが死ぬということは、世界の一つの目が閉じるようなものである。それは、その領域からの知覚の寄与が一切なくなってしまうからである。しかし、その人物の知覚の周囲に紡がれた思い出や、その知覚を元にした概念のもつ関係は、その明瞭さを保ったまま、より大きな〝地球の生命〟のなかに存在しつづけ、新しい関係を作り出し、未来が続くかぎり成長し展開しつづける。これは、私たち自身の思考の個々の対象が、いったん記憶のなかに保存されると、私たちの限りある生涯にわたって新しい関係を生み出し、成長しつづけるのと同じである」

この世界のなかに、消滅してしまうものなど何もない。すべてのものは、宇宙の情報場に痕跡を残すことによって存在しつづける。私たち人間も、自分の生涯の経験について、他の人々が読み出すことのできるアカシック・レコードを作る。私たちはこうして一種不死の存在となる。オランダの心臓専門医ピム・ファン・ロンメルは、心停止に陥ったことのある患者たちの経験に基づいて、躊躇することなく次のように主張している。すなわち、NDEやその他の変性意識状態の経験は、「私たちが日常の意識として経験する覚醒状態の意識は、私たちの総合的で分割されていない意識のほんの一部にすぎない」ことを示しているのだという。さらに、「すべての知識、知恵、そして無条件の愛がそのなかに存在し、そこでそれらにアクセスすることができる、不滅で不変の進化する情報場を根源とする拡大された意識、あるいは、強化された意識が存在する。これらの意識の場《フィールド》は、私たちの時間や空間の概念が成り立たない、非局在的で普遍的な相互結合性の次元に保存されている。……数時間から数日間続く死の過程の後、ついに私たちの身体が完全に死んでしまい、『死んだ』物質のみが残ると、私たちは永遠の宇宙意識だけと接触するようになる。言い換えれば、その宇宙意識の一部となるのである」と語っている。

転生《リインカネーション》

情報場である宇宙のAフィールドは、宇宙に存在する万物の場《フィールド》であると同時に意識の場《フィールド》でもあるが、これが私たちを不死にしてくれる。これは、昔から考えられてきた不死とは異なる、現実的な不死である。これはまた、従来の意味での不死の証拠と解釈されてきた事実とも矛盾しない。それらの証拠となる事実とは、自分の生涯では接触したことがなく、また接触できるはずのない、場所、人物、出来事について、人々が報告した印象やイメージで、その後それは報告者が前世で経験したことなのであろうと推測されたものである。これらの「前世の体験」は、まったく真実味がないというわけではないが、だからといってこのような体験が本当に前世に由来するものであるとは言い切れない。永遠の魂の顕現ではなく、永遠の情報の読み出しである、別の形の輪廻転生というものが存在するのである。

「前世体験」は、退行催眠療法を実施しているサイコセラピストたちが頻繁に目撃するものである。患者は軽度の変性意識状態に置かれる。普通は呼吸運動、急速眼球運動、あるいは単純な指示だけで十分で、催眠は必要ない。そして患者は現在の経験から過去の経験へと回帰させられる。患者の幼年時代、乳児期、そして肉体的な誕生にまで遡れることが多い。子宮での受胎と考えられるような体験も現れる。

興味深いことに、サイコセラピストたちはまったく思いがけず、患者を子宮や肉体的な誕生からさらに遡った過去に連れて行けることを発見した。真っ暗で静かな時間がしばらく経過した後、異質な体験が出現する。異なる場所、異なる時代の体験である。患者はそれを、以前に読んだ小説や、見たことのある映画の内容として第三者的に説明するだけでなく、実際にその体験を生き直すのである。スタニスラフ・グロフの記録からわかるように、患者たちは、声の抑揚、言語（患者が自分の生涯のなかでは使ったことのない言語であると思われるもの）、そして乳児期の体験の場合は、乳児特有の無意識の筋肉の反射運動も含めて、彼らが体験する人物になるのである。

サウスカロライナ大学のイアン・スティーヴンソンは、子どもたちが報告した前世の体験を調査した。スティーヴンソンは、三〇年以上の期間にわたってアメリカの西部と東部で数千人の子どもたちと面接を行なった。彼は、印象を言葉で表現しはじめる二、三歳から、五、六歳までのあいだの多くの子どもたちが、それまでに見たことも、聞いたことも、会ったこともない人物に自分がなったことがあると報告することを発見した。これらの報告の多くが、昔生きていた人物が実際に経験したことであると確認でき、その死が子どもたちの報告した印象と一致することがわかったのである。子どもたちが、彼らがなったことがあるという人物の死と関係するような傷を生まれつきもっている場合もあった。たとえば、弾丸が当たって致命傷になったところに窪みや変色があったり、死者が失ったり負傷したりした手や足が変形していたり、というように。

子どもたちや変性意識状態にある大人たちが報告するこのような経験は、実際に起こっており、私たちは他の人間の経験を読み出すことができるということを示している。その人物が目の前に立っていようが、遠く離れたところにいようが、また、現在生きていようが、過去のある時点で生きていた者であろうが関係ない。だが、他の人の経験を追体験するとき、私たちはその人に生まれ変わるのではない。なぜなら、私たちの意識にのぼるイメージや想念は、ある個人が死んだ後もその魂が生き残り、それが私たちとして生まれ変わったから生じているのではないからである。そうではなくて、私たちの意識に入ってくる、想念、イメージ、印象の源は、真空のなかにあるのである。真空のAフィールドに保存されている情報は、活動的で効果的である。その範囲はひじょうに広い。他の人間のみならず、他の形の生命、そして宇宙のなかのすべてのものを包括している。この真空と一体になることによって不死になるのは、私たちの個人としての身体や、個人としての魂ではなく、私たちの個人としての経験なのである。

私たちは痕跡を残さずに世界から消えてしまうことはない。私たちが経験することのすべてが、人類の集団的な記憶装置《メモリーバンク》の一部となるのである。私たちは、現在生きている人々と、未来のすべての世代の人々の、脳や意識のなかで生きつづけるのだ。

第9章 宇宙的なヴィジョンの詩

科学の諸分野の最先端において新しい世界観が出現しつつある。それは、世界のなかにあるすべてのものは記録され、すべてのものはお互いに情報を与え合うという世界観である。これは、自然、生命、そして意識について、私たちが今までにもったことのある、最も包括的な考え方を提供する。

この新しい世界観は、海から現れたヴィーナスのように、すべての細部に至るまで完成した形で突如として現れたのではない。先行するものや、前兆となるものがあったのである。そのうち最も重要なものは、インドをはじめ東洋の全域において数え切れない世代にわたって精神に情報を与え、想像力を刺激してきた、アーカーシャの概念である。偉大なるヨーギ（行者）、スワミ・ヴィーヴェーカーナンダは、それをすばらしい一節で表現している。

インドの哲学者たちによれば、宇宙の全体は二つの実質からできており、その一つが、彼らがアーカーシャと呼ぶものである。それは、あまねく存在し、すべてに浸透している。形をもつもの、結びつきの結果生じるものは、すべてこのアーカーシャから発展したものである。気体になるのも、液体になるのも、固体になるのも、アーカーシャである。太陽、地球、月、星、彗星になるのも、アーカーシャである。人間の身体、動物の身体、植物、私たちが目にするすべての形、感じることのできるすべてのもの、存在するすべてのものになるのは、アーカーシャである。アーカーシャをとらえることはできない。それは通常の知覚の限界を超えた精妙なものであり、密度が高まり、形をとった場合にしか見ることができない。創造の始めにはアーカーシャだけが存在した。創造のサイクルの終わりには、固体も液体も気体も、すべてアーカーシャに再び溶け込み、そして新たな創造が、同じようにこのアーカーシャから始まる。(……)

精神的なものも物理的なものも含めた、宇宙のすべての力の総和は、本来の状態に還元されたとき、プラーナ(気息)と呼ばれる。何ものも、そして無さえもなかったとき、闇が闇を覆っていたとき、何が存在したのだろう? そのとき、アーカーシャが動かない状態で存在していたのだ。……宇宙に現れていたエネルギーは、一つのサイクルの終わりに、鎮静化され、潜在性となった。次のサイクルの始まりに、これらのエネルギーは起動し、アーカーシャに作用し、アーカーシャからこれらのさまざまな形が展開する……。

循環《サイクリックな》する宇宙、すなわち、次々と宇宙を生み出すメタヴァースをアーカーシャとして表現したものは、今日の科学から得られる宇宙観と本質的には同じものである。古典的な表現のアーカーシャは、すべてのものの基礎となる、すべてを包括する媒体、すなわち、すべてのものになる媒体である。それはひじょうに精妙なものなので、それが私たちの周りの世界に存在するさまざまなものになるまでは知覚することができない。科学に基づいた宇宙観では、アーカーシャは量子真空に置き換えられる。それは、素粒子や原子、恒星や惑星、人間や動物の身体、そして、見たり触れたりできるすべてのものが生まれる源の場《フィールド》である。この場そのものを知覚することはできないし、この場のなかでの運動を測定することもできない。それはあまねく存在するが、超流動体である。しかし、古典的なアーカーシャの概念と違い、量子真空は自分以外の何ものかにただ作用されるだけの受動的な媒体ではない。それは、「宇宙的な充溢《プレナム》」である。動的《ダイナミック》で、エネルギーに満ちた、常に揺らいでいる媒体である。この宇宙的な充溢《プレナム》は、アーカーシャとプラーナを一つに合わせたものである。それは、宇宙のすべての「物質」と、すべての「力」の子宮である。それは、次々と作られる宇宙のなかで物質と力を生み出すのである。

科学の文章では、アーカーシャ的宇宙観は真空に基づいたものとして理知的な言葉で記述されるが、詩的な表現もまた可能である。詩的な表現は重要である。なぜなら、この宇宙観が、現実の基本的な性質について私たちが得た最善の洞察ならば、それは私たちの知性だけで把握されるべきではないからである。私たちの心と共鳴させ、私たちの夢に情報を与えさせるべきである。そのようなわけで、ここに宇宙の誕生と再生についての、想像力を刺激するが、空想ではない物語を記す。それは、最前線の科学によって再発見されたアーカーシャ的宇宙観である。

想像してごらんなさい、光もなく、音もなく、形もない充溢《プレナム》を。それは、宇宙のすべての精神と霊《スピリット》の子宮である、原初の意識に満たされており、そしてまた、空間と時間のなかで存在するすべてのものがそこから出現する、揺らぐエネルギーによって満たされている。この宇宙的な充実のなかには何も存在しないが、しかしそこにはすべてが潜在性として存在する。生じうるもの、そして実際に生じるものはすべてここに、形もなく、音もなく、光もない、静止した擾乱《じょうらん》のなかに存在する。

無限に長い宇宙の時間が過ぎた後、突然の爆発が、人類が目撃した、あるいは想像した、どんな動乱よりも大きな、言葉では表現できない規模で起こり、形なき動乱を貫く。その爆心から光の柱が立ちのぼる。充溢《プレナム》はもはや静止してはいない。それまで音もなく光もなかったその深みから出現した超宇宙的な力によって引き裂かれる。それは巨大な力を解き放ち、充溢《プレナム》を仮の無形から動的な形成過程へと変貌させる。表面は、想像を超えたスピードと勢いの宇宙的ダンスのなかで生成しては消滅する、瞬時に現れては瞬時に消え去るエネルギーのさざなみで泡立つ。やがて最初の狂気じみたリズムは落ち着いて穏やかになり、泡は秩序をもち始める。無限の強度の純粋な光に照らされて、さざなみが爆心から放射する。

泡は広がるにつれて粒子状になる。渦巻きが出現し、まだ一時的なものとはいえ、最初の波形が、進化をはじめた充溢《プレナム》の表面を変調する。さらに宇宙的な長い時間が経過すると、エネルギーのさざなみのパターンは合体し、永続する形と構造をもつようになる。これらのパターンはばらばらではない。

なぜなら、それらは共通の波の場《ウェーブ・フィールド》のなかで、より大きなパターンを共に形成していくマイクロ・パターンなのだから。これらのパターンは、それらを噴出させ作り出した、根底に存在するが今や無形ではなくなった充溢《プレナム》の部分である。それぞれのさざなみは、それ自体が極微世界《マイクロ・ワールド》であり、充溢《プレナム》が解放したエネルギーと共に脈打ち、その極微の全体性《マイクロ・トータリティ》のなかに、生まれてきた源の巨視的全体性《マクロ・トータリティ》を反映している。

マイクロ・パターンたちは、最初の爆発によって膨張する宇宙のなかに自分の履歴を書き残し、構造と複雑さをもつようになる。マイクロ・パターンたちは、動乱する充溢《プレナム》を変調する。表面でさざなみが複雑な波構造《ウェーブ・ストラクチャー》へと一貫性をもって統合されていくにつれ、充溢《プレナム》は表面ほど構造化されていく。内部では、進化する構造が微小な渦を作り、それが情報をになうホログラムに統合されるにつれ、充溢《プレナム》の内部はより大きく変調されていく。内部に存在する、情報体としての全体場《ホロフィールド》と、表面のマイクロ・パターンは共に進化していく。それらが作る建築物は成長していき、全体場《ホロフィールド》を豊かにする。そして、豊かになった全体場《ホロフィールド》は、進化する極微構造《マイクロ・ストラクチャー》に情報を与え、形を与える。表面と内部は共に進化し、複雑さと一貫性《コヒーレンス》を高めていく。

出現する構造が複雑であればあるほど、それは内部にある深みとは関係が薄いように見える。しかし、表面のさざなみや波は、それらが発現する媒体から分離したものではなく、その一部である。それらは、擾乱する媒体から出現する物質のような波、ソリトン（訳註：孤立波）にも似ている。

さざなみと波は、精巧な構造のなかに、整合性をもって組み込まれ、精妙に結び合わされる。進化の一つの重要な段階で、波たちは自立するようになり、自己複製を行ない、消費したエネルギーを周囲のエネルギー場から補給するようになる。

進化する波形《ウェーブ・パターン》たちは、外的な関係をもつだけではない。内的な想念、お互いについてと、深さについての「思い」をももっている。はじめははっきりした形をもたない原初的な感覚にすぎないが、自己を維持する波たちが明瞭な構造と複雑さをもつようになるにつれて、この内的な想念も明瞭な形をもつようになる。波たちはより高いレベルの内的想念をもつようになり、自分たちのもつ、世界についての「思い」を、個々のものや過程の表象として明確化していく。波たちは、自分を包む世界と、その世界のなかにいる自分を詳細に描く。

さらに宇宙的に長い時間が経過すると、最初の爆発によって解き放たれたエネルギーは、充溢《プレナム》の表面に拡散し、消え去ってしまう。巨大構造のなかには、使える自由エネルギーを使い果たしてしまい、爆発するものもある。この爆発によって、微小なさざなみが空間に撒き散らされ、さざなみたちはそこで合体し、新たな巨大構造を作る。他の巨大構造は内側に向かって崩壊し、最期の閃光とともに、自らが出現した源の充溢《プレナム》に還っていく。大きさが不十分な巨大構造では、その表面で進化したさざなみたちは、エネルギーが枯渇していく環境の下では自己を維持できずに崩壊してしまう。宇宙が老いるにつれ、複雑な構造と明瞭な想念のすべては消滅する。しかし、表面で進化した構造は失われるが、内部にある記憶はそのままである。さざなみが作り出したホログラムは変化しない。表面の薄れ行く構造の痕跡を、思いや想念とともに保存する。

そして今、新たな光の柱が充溢《プレナム》を引き裂き、その静止した擾乱を破り、新たな創生の爆裂でよみがえらせる。新しい宇宙の誕生だ。今度は、さざなみや構造は、偶然に支配された無秩序な形では現れない。以前のさざなみや波たちの痕跡のホログラムから情報を与えられた充溢《プレナム》のなかから生じるのである。

この宇宙のドラマは何度も何度も繰り返される。爆心から新たな光の柱が何度も放射し、再びあたの波が広がり、舞い、一貫性をもって統合され、感じ、想念を抱く。宇宙が自分の表面にもたらしたさざなみや構造が消滅すると、この新しい宇宙も終焉を迎える。しかし、波や構造が内部に作ったホログラムは、新たな爆発が充溢《プレナム》を引き裂くときに生まれてくる次の宇宙に情報を与える。この宇宙のドラマは幾度も繰り返されるが、まったく同じ形で起こることはない。宇宙は自分の過去を、以前の宇宙に現れそして消滅したさざなみや波の記録を基にして展開する。

充溢《プレナム》は、次々と生まれる宇宙のなかに、微小なさざなみと巨大な波の構造をもたらす。それぞれの宇宙においてさざなみも波も消滅するが、それらの記録は生きつづける。次の宇宙では、より精巧な新たな構造が出現し、それに伴いそれらの構造の周囲の世界についてのより明瞭な想念が出現する。

無数の宇宙が生まれていくなかで脈打つメタヴァースは、充溢《プレナム》が潜在性としてもっていたものをすべて実現する。充溢《プレナム》はもはや無形ではない。その表面は、想像を超えた複雑さと一貫性《コヒーレンス》をもっており、その内部には情報が満ちている。原始の充溢《プレナム》に宇宙創生の潜在性を与えた宇宙の原・意識は、完全に明瞭化された宇宙意識となり、神の自己実現が完了し、それは未来永劫変わることがない。

自伝的回顧——四〇年にわたる包括的な万物の理論の追究

本書は、四〇年以上におよぶ科学を通しての意味の探究から生まれた。私がこのような追究を始めたのは、一九五九年の春、長男が生まれた直後である。それまでにも哲学的な問いや科学的な問題に興味はあったものの、それは単なる趣味の範囲を越えるものではなかった。私は音楽家として世界を旅しており、哲学や科学への興味が知的な暇つぶし以上のものになるとは誰一人、私自身さえも、考えていなかった。しかし、生きるということについて、そして宇宙について経験したり学んだりしたことに対して、意味のある包括的な答えを見出したいという思いが募って一九五九年に始めた探究は、すべてを捧げる私の使命となった。それは四〇年後の二〇〇一年の春についに実を結び、私は腰をすえて最新の理論的な著作、『*Connectivity Hypothesis*（連結性仮説）』の草稿にとりかかった。本書は、これに続き二〇〇二年から二〇〇四年にかけて、私の研究成果を一般読者向けにまとめたものである。

私が一貫して関心をもちつづけてきたのは、「世界の本質はどのようなものなのだろうか？」とか、「世界のなかで私が生きていることには、どのような意味があるのだろうか？」などの問いに対する答えを見出すことである。今日の職業的哲学者たちは、これらの問いを神学者や詩人たちに任せてしまいたがっているが、これらは典型的な哲学の問いである。だが私は、これらの問いを哲学理論によって解決しようとはしなかった。私は実験科学者ではないが（自分の経歴と関心からして、実験科学者になろうとしたこともない）、これらの問いに取り組む最善の方法は科学を使うことだという、ひじょうに強い直感があった。それはなぜかというと、答えは単純で、経験主義に基づく科学というものは、人間の努力のなかでも、世界に関する真実を発見することと、その発見を観察と経験に照らし合わせて検証するということを、最も厳密に、そして体系的に実施するものだからである。私は存在する最も信頼できる答えを求めており、科学以上にそれを提供できるものはないと考えたのである。

何らかの科学の分野で正式な教育を受けたこともない二〇代の若造がこのように考えるなど、はなはだ生意気なことであった。そのとき自分がもっていたものを、知的な勇気と呼ばせていただきたいのだが、当時私はそれほど度胸がすわってはいなかった。ただ好奇心が旺盛で、そのことに没頭していたのである。とはいえ、まったく何の備えもしていなかったわけではない。書物は（主に飛行機や列車での移動中や、ホテルの客室で）十分読み込んでいたし、さまざまな大学の講座に出席していた。ピアニストとして名をなしており、コンサートに明け暮れる生活を送っていたため、特に有用とも思えない学位をとるために大学に入ったことはなかった。

一九五九年、私は心機一転し、書物の読み込みと研究に体系的に取り組むことにした。それまで楽しい趣味だったものが、秩序立った探究へと変わった。古代ギリシアの思想のなかにある科学の基礎からはじめ、次に近代科学の創始者たちについて学び、それから現代科学に入っていった。科学の専門家の訓練でいちばん大きな部分を占める、細かい技術的なこと（調査、観察、実験などのテクニック）や、方法論的・歴史的な些細な争点には、興味がなかった。私は直接、事の核心に触れたかった。すなわち、科学のそれぞれの分野が、それが対象とする自然の側面について何を教えてくれるのかを知りたかったのである。これには相当な量の下準備が必要であった。成果は思った以上に少なく、数学的・方法論的な長大な論文の最後に、二、三の概念や意見が見つかるだけという程度のものだった。しかし、それらの成果は、川や鉱山をいくつも調査してやっと手に入れた金塊のようにひじょうに価値の高いものであった。

一九六〇年代を通して、私は素早く効果的に調査を行なうことを学び、相当な範囲を調べた。いろいろな分野でまだ半分は埋まっているものを発見するつど、それを書きとめ、他の分野で発見したこととなんとかつなぎ合わせようと試みた。論文を執筆したり理論を構築したりするつもりはなく、ただ、世界と命——私の命と、一般に命というもの——はいったい何なのかを理解したかったのである。私は大量のメモを書いたが、それが出版されることになるなど夢にも思わなかった。どうしてそのような運びになったのかは、私の人生における奇妙なエピソードの一つである。

ハーグでコンサートが成功に終わったあと、私が遅い時間に夜食をとっていたところ、相席したオランダ人の男が、私がまさに興味をもっていた問いのいくつかをもち出したのである。その男と話が弾み、彼をホテルの部屋に招いて、私がいつも携行していたメモを見せまでした。彼は部屋の片隅に座り込んで、メモを読みにかかった。しばらくすると彼は出て行ってしまった。私はメモのコピーをとっていなかったものだから、気が気でなかった。しかし翌朝、この新しい友人は私のメモを小脇に抱えて戻ってきた。彼はそのメモを出版したいと告げた。これには仰天した。なぜなら、彼が出版社の人間だったことも知らなかったし（彼はオランダの有名な出版社、マルティヌス・ニーホッフの哲学部門の編集者であると判明した）、自分のメモが出版に値すると思ってもいなかったからだ。もちろん、本の形で出版するには相当の加筆や整理が必要であった。しかし、一年半の後、それは出版されたのである（『*Essential Society: an Ontological Reconstruction*（本質的な社会——存在論的再建）』、一九六三年）。

このハーグでの経験で、私はこの探究を続ける決意を強めた。スイスのフリブール大学にある東欧研究所に入り、数年のあいだ執筆と研究をコンサート活動と両立させた。最初の本を出版してほどなく、それほど理論重視ではない二冊目の本（『個人主義・全体主義・政治権力』（邦訳、お茶の水書房　原書は一九六三年出版）を出版し、さらに三年後、哲学的な論文（『*Beyond Skepticism and Realism*（懐疑主義と現実主義を超えて）』を発表した。執筆・研究をコンサートと両立させる生活は、一九六六年、イェール大学の哲学科から、一学期間の客員研究員として招聘されたことで終わりを告げた。この招聘を承諾することは一大決心だった。なぜならそれはコンサートのステージを諦め、学者としての生活に専念することを意味したからである。

イェール行きを決断したことで（それに続いて、アメリカのいくつもの大学で教鞭をとることになり、さらに一九六九年にはパリのソルボンヌ大学で博士号を取得するに至った）、すべての時間を自分の探究を続けることに費やす機会が得られた。大学というところはどこでも、自分の研究分野がかなり狭く限定されてしまい、そこからはみだしてはならないという相当な圧力がかかるものだが、私は、見出さねばならない意味は世界の全体に存在し、それを見出す最善の方法は、自分の専門分野のみならず、関連するすべての分野の最先端の科学者たちが提唱している理論を調べることであるという信条を曲げたことは一度もなかった。この信条に賛同してくれる同僚にも恵まれ（最初はイェールで、その後ニューヨーク州立大学で）、行く手にたちはだかる学問上のハードルを越えるのを彼らが助けてくれた。

科学を通して意味を追究するには、相当の時間とエネルギーが必要だった。ほどなく気づいたのは、この取組みを始めるには、アルキメデスが要求したような確固たる足場が必要だということであった（訳註：てこの原理を発見したアルキメデスはシラクサのヒエロン王に、「私にどこか足場を与えてくれるなら、地球を動かしてみせる」と豪語したという）。そして、この足場たる原則には二つの選択肢があることを見出した。その一つは、自分の意識にのぼる経験の流れを基にし、その経験から論理的に導き出されるのはどのような世界なのか見てみる方法である。もう一つは、世界全般について集められるかぎりの情報を集め、自分の経験は、そのような世界を経験したものとして説明できるかどうかを確認してみる方法である。前者は、アングロ・サクソン系の哲学の経験主義的な学派と、デカルトからヒントを得たヨーロッパ大陸系哲学の経験主義的学派で採用されてきた方法であり、後者は、自然主義的な形而上学や、科学を基盤とした哲学の手法である。私はこれら諸学派の書物を研究した。特に注目したのは、イギリスの学者ではバートランド・ラッセルとアルフレッド・エア、ヨーロッパ大陸の学者ではエトムント・フッサールと、現象学の諸学派、そして自然主義的なプロセス哲学者たちのなかでは、アンリ・ベルグソンとアルフレッド・ノース・ホワイトヘッドである。私の結論は、経験を形式的に分析することも、現象学的な内省による手法も、どちらも現実の世界についての意味のある概念に至るものではないということである。これらの学派はいずれも、最終的には、哲学者たちが呼ぶところの「自己中心的な窮地」に陥ってしまう。自分の直接的な経験をより体系的に調べようとすればするほど、それを越えて、それらの経験が関係しているはずの世界そのものに至ることは難しくなるようである。私たちは必然的に、外部の世界が客観的に存在することをとにかく仮定し、そのうえで、自分の経験が、そのような世界を人間が経験したものとして意味をなすように説明できるような理論体系を作らざるをえない。

『懐疑主義と現実主義を超えて』では、自分自身の経験から始める「推論的」アプローチと、世界はどういうものかを予想し、それが私たちの経験と一致するかどうかを調べる、「仮説・演繹的」アプローチを比較している。私の結論は、理想的には、これら別々の、ときとして対立するように見える二つの方法の重なり合った部分に相当する手法が、世界の本当の姿について信頼できる情報を提供するというものである。私はこの重なり合いの部分に相当する領域をいくつか発見したが、そこにとどまらなかった。私は自分の追究を続けたかったので、大胆な仮説・演繹的アプローチの研究にとりかかった。多くの偉大な哲学者たちや、ニュートンやライプニッツからアインシュタインやエディントンに至るまで、ほとんどすべての理論科学者たちがこのアプローチをとっていたことを見出し、私はたいへん安心した。

アインシュタインは、自然主義的アプローチの主要な前提を次のように明確に述べている。「私たちは、観察された事実をまとめあげる最も単純な理論体系を探し求めているのだ」。私が悟ったのは、この最も単純な理論体系は観察から推論することはできないということだった。アインシュタインも言ったように、それは想像力によって見出さなければならない。関係のある観察事実を探し求め、体系化することは必要だが、それで終わりではない。経験や観察に基づく探究が不可欠である一方で、得られたデータを、一貫性のある《コヒーレントな》システムのなかの、意味のある要素として辻褄が合うようにまとめるという、クリエイティヴな仕事をなおざりにするわけにはいかない。それは、問いかける精神が直面しなければならない、最も難しい仕事である。「観察された事実をまとめあげる最も単純な理論体系を作り出す」（ここで私の言う「観察された事実」とは、世界が意味をなすことを示すために必要なすべての事実のことである）ための努力が、その後四〇年間にわたる私の研究生活の課題となった。

私が最初に思い描いた理論体系は、ホワイトヘッドの有機体形而上学に基づくものだった。このような思想は一九二〇年代に生まれたもので、世界とそのなかにあるすべてのものは、統合され相互作用する「現実的存在《アクチュアル・エンティティ》」と、「現実的存在の集合」であるとする。現実は本質的に有機的であり、したがって生命体は、有機的統一体が変形して、自然のさまざまな領域に出現したものにほかならないと解釈する。その後私は宇宙論や生物学の書物を研究したが、それによってこの有機体哲学の仮定が妥当なものであるとの確信をもつに至った。生命と、全体としての宇宙は、絶え間ない形成を行なっている相互作用のネットワークに統合された存在として進化するのである。個々のものは、単に「存在する」だけではなく、「成る」のである。ホワイトヘッドを引用すれば、「現実とはプロセスであり、しかも、統合的に進化するプロセスである」

私が考えていたのは、世界のなかで進化する存在を、有機的に統合された宇宙の要素として意味をなすように定義するにはどうすればよいかということだった。イェールの同僚たちが、「一般システム理論」を提唱するルートヴィッヒ・フォン・ベルタランフィのことを教えてくれた。ベルタランフィは、生物学という分野を総合的な体系としてまとめ、その体系そのものをさらに他の科学の分野や、人文・社会科学と統合することをめざしていた。彼にとって鍵となる概念は、世界の基本的な存在の一つとしてとらえられた「システム」であった。彼は、システムは、物理学的な自然、生物学的な自然、そして人間世界のなかで、同じように（「同形で《アイソモーフィックに》」）現れると主張した。これはひじょうに役に立った。すなわち、私が求めていた、ツールとして使える概念を提供してくれたのである。私はフォン・ベルタランフィの著作を読み、その後彼と面識を得、二人で「システム哲学」と名づけた考え方を協同で展開させた。

一九七二年に出版した『システム哲学入門』（邦訳、紀伊國屋書店）は、入念な調査に基づいた本である。五年かけて執筆したもので、これが出版されたときには、私はそれによって得た栄誉に甘んじてしばらく休みたい気持ちにもなった。しかし、私はまだ不満であった。さまざまなシステムがどのように構成されており、お互いにどのように関係し合っているのかを明らかにするだけではなく、システムがどのように変化し進化するかをも明らかにする答えを最先端の科学のなかに見出さなければならなかったのである。ホワイトヘッドの形而上学から基本原則を得、ベルタランフィの一般システム理論によってシステムと環境との関係が明らかになった。さらに必要だったのは、これらの関係がどのようにして、生物圏と宇宙全体における、統合的で全体としては非可逆な進化につながるのかを理解する鍵であった。

驚いたことには、その鍵が見つかったのは、私が当時ほとんど知らなかった分野においてであった。それは、非平衡熱力学である。私がこの結論に至ったのは、エリッヒ・ヤンツとの短いながらも深い親交を通してであった。彼はその数年後に突然亡くなった。彼によって私は、ロシア生まれの熱力学者であるノーベル賞受賞者、イリヤ・プリゴジンの著作と、後にその人自身へと導かれた。プリゴジンの提唱する周期的に「分岐」する「散逸構造」が、私が求めていた進化の原動力であることがわかった。この概念についてプリゴジンと議論した後、私は「一般進化理論」と名づけた理論を集中して研究するようになった。私の頭のなかで、世界を満たしている基本的な存在は、ホワイトヘッドの「有機体」やベルタランフィの「一般システム」から、プリゴジンの、熱力学的に開いた進化する系である、非線形的に分岐する「散逸構造」へと変化した。

私が世界をこのような形で意味づけたことは、システム理論や哲学以外の分野の学者たちの関心も引いたようである。ニューヨーク州立大学ジェネセオ校で教鞭をとりながら研究を行なっていたとき、思いがけなくも、プリンストン大学国際研究センターのリチャード・フォークから電話があった。フォークは当時、最先端の「世界システム」理論家の一人であったが、その彼が私に、プリンストンにきて、私のシステム理論を国際システムに応用することについて一連のセミナーを行なってほしいと依頼してきたのである。私は、国際システムについてはほとんど何も知らず、私の理論がそれにどのように応用できるのか、漠然とした考え以上のものはもちあわせていないことをフォークにはっきり告げた。しかしフォークは引き下がらなかった。フォークは、私がプリンストンに行って彼らと一緒に私の理論を議論すれば、彼と同僚たちで、それがどのように応用できるか考えると言った。それで私は承知した。

　プリンストンでのセミナーの経験は、刺激的だったと同時に、学問的な収穫をもたらしてくれた。新しい展望が開けたのである。一般システム理論、システム哲学、一般進化理論の、ひじょうに実際的な応用が新たに見つかったのだ。それは、人間社会と文明に対する応用である。私は七〇年代の中頃、社会と文明は非可逆的な変化のプロセスにあるということに気づいた。人間の世界は、国家システムの制約を越えて、地球と生物圏の限界まで広がっている。このことを認識すれば、社会の構造、社会の運営、社会の展開について、私たちが最も親しんできた考え方を再検討せざるをえなかった。リチャード・フォークをはじめ、プリンストンの同僚らから貴重な助言を得、私は世界システムの進化についての自分の考え方を、『*A Strategy for the Future: The Systems Approach to World Order*（未来のための戦略――世界秩序へのシステム・アプローチ）』（一九七四年）としてまとめた。

　この本には、学者社会を越えて関心が集まった。新たな招聘を、今回は、先見の明のあるイタリアの実業家で、世界的に有名なシンクタンクであるローマクラブの創設者、アウレリオ・ペッチェイから受けた。彼は私に、システム・アプローチを、「成長の限界」の問題に適用してみてはどうかと提案した。「成長の限界」問題については、ジェイ・フォレスター、デニス・メドウズ、ドネラ・メドウズが、限界そのものに着目した研究を行なったが（彼らの著した『成長の限界』［邦訳、ダイヤモンド社］は、ローマクラブへの第一レポートである）、私の場合は、その限界に正面から取り組むように人々や社会を駆り立てる、希望や動機に着目して研究すればよいのではないかと勧められた。これは、実際的な大きな意味をもった知的な難問であり、断るわけにはいかなかった。私は大学の長期休暇をとり、ニユーヨークの国連本部へと赴いた。国連訓練調査研究所（UNITAR）の事務局長、デイヴィッドソン・ニコルから、このプロジェクトに取り組むために作られた国際チームに私も参加するようにと求められた。それから一年経たないうちに、六大陸の約一三〇名の研究者の協力を得て、ローマクラブの第五のレポートがまとめられた。このレポートは、人類の「外的」な限界よりも、「内的」な限界に注目したものである（『人類の目標　地球社会への道――ローマクラブ第五レポート』〔邦訳、ダイヤモンド社〕、原書は一九七七年刊）。

このレポートをまとめあげたあと、私は研究、執筆、教育を再開しようと大学に戻った。しかし、そうはいかなかった。ニコルから再び招聘があり、今度は東京で国際連合大学を創設するにあたり、UNITARの代表者になるよう依頼された。そして私がその報告書を提出すると、次にニコルは、私にUNITARにとどまり、当時最も喧しく議論されていた、「新しい世界経済秩序」についての研究を指揮してほしいと要請した。これもまた放ってはおけない大仕事だった。三年間の集中的な研究を経て、世界各地の九〇の研究機関の協力者らとの共著による一五巻の報告書が、この目的のために企画された新国際経済秩序（NIEO）ライブラリーのシリーズとして、オックスフォード大学のペルガモン・プレスから出版された。このNIEOライブラリーの目的は、一九八〇年の国連総会における、開発途上にある「南部」と、工業化が進んだ「北部」とのあいだで「グローバル・ダイアローグ」を始めようという歴史的な決議を支援する参考資料を作成することであった。しかし、「北部」の大国たちが対話を行なうことを拒否し、国連は新国際経済秩序のプロジェクトを断念してしまった。

私が今度こそ大学へ戻って自分のライフワークである問いの追究を再開しようとしていると、クルト・ワルトハイム国連総長から、南北の協調を実現する他の方法を提案してくれないかと依頼された。私は彼とＵＮＩＴＡＲに、システム理論に基づいたアイデアを提案した。それは、個々の国家のレベルと国連のレベルのあいだに、もう一つの「システム・レベル」、社会的・経済的な地域ごとのグループからなるレベルを挿入してはどうかというものだった。これは「地域および地域間の協調」プロジェクトと命名され、ＵＮＩＴＡＲによって採択された。その実施には四年間の集中的な研究を要した。一九八四年、私はこの研究の成果を四冊の大著にまとめ、特別に召集された「賢人パネル」の声明を添えて報告した。内部の政治的駆け引きのせいで声明は事務総長には手渡されず、公式の文書にはならなかったが、参加国すべての代表者には回覧された。このような結果に終わりがっかりしたものの、声明に盛り込まれた諸提案は早晩実を結ぶだろうと信じていたので、私は一年間サバティカルをとることにした。私は家族とともに、トスカーナ地方にある、農家を改造した別荘に行った。このサバティカルは一九八二年にはじまり、今も続いている。

しかし、八〇年代と九〇年代は、「読書と執筆」のサバティカルとはかけ離れた多忙なものとなった。国際的な重責を次々と負うことになってしまった。一九八〇年代には、ローマクラブの議論に幾度も参加し、続いて国際連合大学の「欧州からの展望《ヨーロピアン・パースペクティヴ》」プロジェクトで主要な役割を担うことになった。さらに、ＵＮＥＳＣＯの事務局長を二期務めたフェデリコ・マヨール氏のサイエンス・アドバイザーとなった。だが、一九九三年以来、私の最大の関心事は、その年に創設したブダペストクラブであった。これは、ローマクラブのような仕事をすることをめざして私が作ったシンクタンクであり、その主眼は、堕落、対立、大惨事への突進という現在の人類の進路を、何を大切にし優先すべきかを再検討する方向へと転換し、この重要な転換を、ヒューマニズム、倫理、そして地球規模での持続可能性の観点において正しく導くうえで鍵となるものとして、人間の価値観と意識の進化を考えることにあった。ブダペストクラブへの報告書として、私は一九九七年に『新ミレニアムへの挑戦』（邦訳、産調出版）を、そして最新のものとしては二〇〇三年に『あなたは世界を変えられる』（共著、河出書房新社）を著した。

　これらの活動や責務があったものの、私は自分の本来のテーマをないがしろにすることはなかった。一九八四年に国連を去り、トスカーナの丘陵地帯へ移ったとき、あらためて自分の到達点を検討してみた。その結果、まだまだ前進しなければならないことが明らかになった。システム理論は――プリゴジン流の力学を加味しても――、世界のなかで物がどのように関係し合い進化するかについての、洗練されてはいるが基本的には局所的な説明しか提供してくれない。進化についての開放系の力学は、個々のシステム（系）について言及するものである。当該システムと、他のシステムおよび環境との相互作用は、ホワイトヘッドの言う「外的」関係となる。ところがホワイトヘッドは、現実世界ではすべての関係は内的であると断言する。あらゆる「現実的存在」がそのような形で存在しているのは、他のすべての現実的存在との関係によってであるというのである。このことを念頭に置いて、私は量子物理学、進化生物学、宇宙論、意識研究の最新の発見を再検討し、その結果、内的関係という考え方が完全に妥当なものであることを見出した。現実世界に存在する物は、じつに強力に――「内的」「本質的」しかも「非局在的」な形で――相互に結びつき、関係し合っているのである。

　内的な関係はまた、私たち個人個人の意識を他の人々の意識と結びつける。私は、ある個人的な経験によってこれを確信するようになった。そのことは一九九三年に『*The Creative Cosmos*（創造的宇宙）』の前書きですでに述べたので、ここでは繰り返さない。一つの神秘的な経験が、一人の人間の心と、他の人々の心との内的関係の証拠になるわけではないが、そのような関係が存在する可能性を研究してみようという動機にはなる。これも、その後の年月のなかで、私の研究テーマの一つとなった。

この「トスカーナでの日々」の期間に私が書いた本は、本書のほかに前述の、『*The Creative Cosmos*』、『*Interconnected Universe*（相互結合する宇宙）』（一九九五年）、『創造する真空《コスモス》』（邦訳、日本教文社）（一九九七～九八年）、『*Connectivity Hypothesis*（連結性仮説）』（二〇〇三年）である。これらの本のなかで私は、現実世界のなかに存在するものは本質的に相互結合しているという証拠をまとめ、また、その理由を示唆した。この理由を提供するのは「サイ場《フィールド》」理論である。サイ場理論の主張とは、物理科学や生命科学で現れる結びつきや相互関係は、実験超心理学や意識研究で現れるトランスパーソナルな結びつきと同一の根源をもっているということである。その根源とは、宇宙の中心となる、精妙でとらえにくいが真に根源的な情報場である。このサイ場の性質と効果の解明と体系化をさらに推し進めることが最も重要であろう。これによって、アインシュタインの（そして私の）究極の目標である、「観察された事実をつなぎ合わせる最も単純な体系」を科学の枠組のなかで見つけることに大きく近づくことができるであろう。

『*Connectivity Hypothesis*（連結性仮説）』と本書を頂点とする最近の私の著作は、今日科学の最先端の分野で出現しているさまざまな驚異的な事実をつなぎ合わせることができる、最も単純な体系の基本的な枠組を記述していると私は信ずる。

訳者あとがき

アーヴィン・ラズロ（編集部註：前作『創造する真空《コスモス》』では名前を「ラズロー」と表記しましたが、著者の要望により「ラズロ」に訂正しました）は一九三二年ハンガリー生まれの、哲学者、物理学者、音楽家である。「すべての存在はつながっている」ということを科学的に説明し、あらゆる分野で未来の存続可能性を追求する人々を支援しようというラズロの取組みには、日本でも高い関心が寄せられている。二〇〇四年に公開された龍村仁監督の映画、「地球交響曲《ガイアシンフォニー》第五番」に出演、同年一一月には来日もし、日本での知名度はますます高まっている。

『叡知の海・宇宙』は、ラズロが四〇年以上にわたって続けてきた「包括的な万物の理論」――真の意味ですべての存在を統合する理論――を求めての探究の成果をまとめあげたものである。そのなかで彼が提唱する新しい宇宙像は、叡知の海、すなわち、「情報体としての宇宙」である。彼は、宇宙の量子真空のなかに記録されている叡知を読み取ることができれば、危機的状況にある現代に生きる我々にも道が開けるであろうと説く。

本書が描く新しい世界観は、既存の科学からすれば驚異的なものであるが、それがたいへん平易な語り口で書かれているのも、少しでも多くの人にこのメッセージを受け取ってもらい、人類の進む方向をできるだけ早く修正したいという願いの現れであろう。

本書はまず、心や意識をも包含する新しい科学的な世界観が今なぜ求められているのかを説明し、そのような新しい科学理論を生み出すパラダイム・シフトの駆動力となる「謎」、すなわち既存の科学では説明できない変則事象の蓄積が、実際に現在科学の諸分野でどのように起こっているのかを具体的に紹介する。

ここでラズロは、これらの「謎」を説明するものとして、「情報体としての宇宙」を導入する。そして、情報場という考え方を用いれば、これらの謎がいかにうまく説明できるかを、まるで手品のように見せてくれる。

さらに、「情報体としての宇宙」という立場に立てば、古代からの人間の根源的な問い、「宇宙はどこからきて、どこへゆくのか」「地球以外にも生命が存在するのか」「意識とは何か」など、存在にまつわる深い疑問にどのように答えられるのかが紹介される。特に、死んだはずの人間とコミュニケーションをした人や、前世の体験を覚えている人がいるという「超常現象」的な事実が、現在科学的に研究されているという紹介自体が驚きだが、「情報体としての宇宙」という概念を使えば、それも科学的に説明可能であるという解説は、たいへん興味深い。

そして最後は、それまで科学的な語り口で紹介してきた「情報体としての宇宙」を謳いあげる宇宙的ヴィジョンの詩で締めくくられている。これは、包括的な知識人ラズロの芸術家としての真骨頂であろう。

本書は、一九九九年に日本教文社から出版された、『創造する真空《コスモス》』でラズロが提案した「響き合う宇宙の海《ウィスパリング・ポンド》」という概念《アイデア》を、さらにつきつめ、その物理的実体と考えられるAフィールドがどのように機能するのかをより体系的に紹介したものである。また、二〇〇四年一一月に邦訳が出版された、リン・マクタガートの『フィールド――響き合う生命・意識・宇宙』（邦訳、インターシフト）も、同様に「すべてのものはゼロ・ポイント・フィールド（Aフィールドと同様のもの）を通してつながっている」という新しい宇宙観を紹介する科学的なリポートで、こちらの本では、ラズロも取り上げている研究者の個々の取組みがより具体的に紹介されている。これらの本もあわせてご一読されることをお奨めする。

「空であると同時に充溢であり、すべての存在を生み出し、すべての存在が再び還ってゆくフィールドがあり、そこにはまた、すべての存在が営んだことが、どんな些細なことも永遠に記録されている」というアイデアが、本当に科学的に証明されたなら、我々は生きる姿勢を完全に転換せざるをえないだろう。残念だが、それはまだ完全に証明されたとは言えず、本書においても、その方向付けと枠組は明らかにされたものの、情報場への情報の書き込み、読み出しの詳細なメカニズムなどについて、万人が納得できるような説明は与えられていない。しかし、まだ証明はされていないとはいえ、より存続可能性の高い新たな道が眼前に示されているのだとしたら、そして、ラズロが言うように、私たちのどんな些細な営みも意味があり、その痕跡が残り、他の存在たちに影響を及ぼすのであれば、日常のささやかなことからも、私たちの態度を変え、選択を変えてゆくことはひじょうに重要であろう。

本書を訳す過程では、宮沢賢治のことをしばしば連想させられた。賢治の童話の多くは、仏教的な知恵や慈悲の心を語りながら同時に彼の広く深い科学的知識を反映しており、彼なりの方法で宗教と科学を融合させてより高次の「知」を目指したものだと思われる。ラズロの取組みは、科学の側から、その枠組みを拡張して、意識や心、「存在の意味」までをカバーする理論を作ろうという試みだととらえられよう。もし宮沢賢治が今生きていて、ラズロのアイデアを知ることができたなら、おそらくそこに彼の求めていたものの眺望を見ることができたのではないだろうか。

ラズロや賢治の取組みが、「他者の痛み」の共有、そして、その痛みを感じているものたち（人間に限定されない）を救いたいという切なる願いを動機の一つとしていることは、明らかだと思われる。彼らは既存の科学や宗教の限界を見て取り、それに取って代わるものを生み出そうという勇敢な取組みを、謙虚な姿勢で行なっている。ラズロも、自分の理論を実社会に応用することに尽力してきた人であり、国連にもさまざまな貢献をし、また、世界賢人会議、ブダペスト・クラブを主宰している。ラズロがシステム理論を現代世界に適応させて展開した著作『*The Age of Bifurcation*（分岐の時代）』は、イリヤ・プリゴジンも賞賛している。また、世界トップレベルの脳科学者、カール・プリブラムも、ラズロは、「科学の物語《ナラティヴ》を刷新するという二一世紀の急務を果たした」と述べている。

ヨーガ、アロマテラピー、代替医療などに興味を持ち、映画「地球交響曲」をご覧になった日本の読者の多くも、既存の宗教、主流の科学・医学に飽き足らず、「何か違うもの」を求めておられるのだと思う。そのなかには、世界の現状に危機感を抱き、現状を打開したいと願っている方も大勢いらっしゃることだと思う。私たちが注意しなければならないのは、そのような気持ちをすら利用しようという勢力があることだろう。オウム真理教のような破壊的な宗教集団は極端な例かもしれないが、超能力を語った詐欺にとどまらず、一部健康食品・健康器具の販売の仕方などには、疑問を感じることがある。そのような状況にあって、誰の語っていることが真実なのかを見極める最強の手段は、やはり科学だと思われる。その意味でも、ラズロらの「すべてのものはつながっている」というアイデアが、詳細なメカニズムをも含めて真に再現可能な実験データによって、万人が納得できるかたちで証明されることを切に望む。そうすれば、その「真の包括的な万物の理論」に照らし合わせて、誰の言説が真実なのか、疑いをはさむ余地なく明らかになるだろう。ラズロやマクタガートなどの、一見するといわゆる「とんでも科学本」かとも見える、「新しい科学」を提唱する書物の出版が相次いでいることは、既存の科学の土台がゆらぎ、人々が新たな価値基準を求めていることの現れである。しかし、本書の冒頭でラズロが述べている、「再現性に基づき、厳密な手段を踏襲し、常に批判と評価にさらされる」という科学の本質は不変であるはずだ。

本書は、既存の科学の枠組みを越え、また、これまでの西洋と東洋の哲学、そして宗教と科学の提案してきたさまざまな知を止揚してまとめられたと言っても過言ではない新しいパラダイムを提案するものである。二〇〇一年の対米国テロ攻撃、その後のアフガニスタンやイラクでの戦争、そして二〇〇四年一二月にアジアを襲った大津波と、カオス的な幕開けとなった二一世紀を生きなければならない我々にとって、本書を初めとするラズロの提案は、指標となりうるものである。

最後になりましたが、紙幅をお借りして、本書の翻訳に当たり、編集業務などで一方ならずお世話になりました株式会社日本教文社の鹿子木大士郎さん、コーディネーターを務めてくださった株式会社バベルの鈴木由紀子さんに、厚く御礼申し上げます。

吉田三知世

◎訳者略歴――吉田三知世（よしだ・みちよ）　京都市生まれ。京都大学理学部物理系卒業。技術系の企業で勤務ののち、社内での特許翻訳や通訳の経験を活かして翻訳業を始める。訳書に、ナオミ・エペル著『夢をみる作家たち』（バベル・プレス、共訳）、ピーター・マーティン著『パース　わたしの愛した犬』（バベル・プレス、監訳）などがある。

参考文献

学術的な科学論文を含むより詳細な参考文献は、以下に挙げる著者の本に示されている。

The Creative Cosmos (Floris Books, Edinburgh, 1993)

The Interconnected Universe (World Scientific, Singapore and London, 1995)

The Whispering Pond (Element Books, Rockport, Shaftesbury and Brisbane, 1996) アーヴィン・ラズロー『創造する真空（コスモス）』野中浩一訳、日本教文社、1996年。

The Connectivity Hypothesis (State University of New York Press, Albany, 2003)

第1章

Peat, F. David, *Synchronicity: The Bridge Between Matter and Mind* (Bantam Books, New York, 1987) ピート、F. D.『シンクロニシティ』管啓次郎訳、サンマーク出版、1999年。

Bateson, Gregory, *Step to an Ecology of Mind* (Ballantine, New York, 1972) G. ベイトソン『精神の生態学』佐藤良明訳、新思索社、2000年。

Tarnas, Richard, *Cosmos and Psyche: Intimations of a New world View* (Ballantine, New York［近刊］)

Weinberg, Steven, "Lonely planet," interview in *Science and Spirit* 10:1 (April-May 1999)

第2章

Bekenstein, Jacob D. "Information in the holographic universe," *Scientific American*, August 2003.

Evernett, Hugh, Rev. Mod. *Physics*, 29 (1957)

Susskind, Leonard, "A universe like no other," *New Scientist*, 1 November 2003.

第3章・第5章

[宇宙論]

Bousso, Raphael and Joseph Polchinski, "The String Theory Landscape," *Scientific American*, September 2004.

Bucher, Martin A., and David N. Spergel, "Inflation in a Low-density Universe,"

Scientific American, January 1999.

Bucher, Martin A., Alfred S. Goldhaber, and Neil Turok, "Open Universe from Inflation," *Physical Review D*, 52:6 (15 September 1995)

Chaboyer, Brian, Pierre Demarque, Peter J. Kernan, and Lawrence M. Krauss, "The Age of Globular Clusters in Light of Hipparchos: Resolving the Age Problem?" *Astrophysical Journal* 494:1 (10 February 1998).

Gribbin, John, *In the Beginning: The Birth of the Living Universe*. (Little, Brown & Co., New York 1993.)　ジョン・グリビン『宇宙進化論』立木教夫訳、麗澤大学出版会、2000年。

Guth, Alan H. *The Inflationary Universe: The Quest for a New Theory of Cosmic Origins*, New York: Perseus Books 1997.　アラン・H. グース『なぜビッグバンは起こったか：インフレーション理論が解明した宇宙の起源』林一、林大訳、早川書房、1999年。

Hogan, Craig J. *The Little Book of the Big Bang*, Springer Verlag, New York 1998.

Kafatos, Menas, "Non-locality, foundational principles and consciousness," *Noetic Journal* 5:2 (January 1999).

Kafatos, Menas and Robert Nadeau, *The Conscious Universe: Part and Whole in Modern Physical Theory*. Springer Verlag, New York 1990, 1999.

Kirk, Thomas, quoted in Amanda Gefter, Liquid Universe. *New Scientist* 16 October 2004.

Krauss, Lawrence M., "The End of the Age Problem and the Case for a Cosmological Constant Revisited," *Astrophysical Journal* 501:2 (10 July 1998);

——. "Cosmological antigravity," *Scientific American*, January 1999).

Leslie, John, *Universes*, Routledge, London and New York 1989;

——. (ed.) *Physical Cosmology and Philosophy,* MacMillan, New York 1990.

Mallove, Eugene F. "The Self-Reproducing Universe," *Sky & Telescope* 76:3 (September 1988).

Michelson, A.A. "The relative motion of the Earth and the Luminiferous Ether," *American Journal of Science*, Vol. 22 (1881).

New Scientist, "Quantum Rebel," 24 July 2004.

Peebles, P., and E. James, *Principles of Physical Cosmology*, Princeton University Press, Princeton 1993.

Perlmuter, S. G. M. Aldering, M. Della Valle et al. "Discovery of a Supernova Explosion at Half the Age of the Universe," *Nature*, Vol. 391 (1 January 1998).

Prigogine, I., J. Geheniau, E. Gunzig, and P. Nardone, "Thermodynamics of Cosmological Matter Creation," *Proceedings of the National Academy of Sciences USA*, 85 (1988).

Riess, Adam G., Alexei V. Filippenko, Peter Challis, et al. "Observational Evidence from Supernovae for an Accelerating Universe and a Cosmological Constant," *Astronomical Journal*, 116:3 (September 1998).

Rees, Martin, *Before the Beginning: Our Universe and Others*. Addison-Wesley, New York 1997.

[量子物理学]

Bohm, David, *Wholeness and the Implicate Order*, Routledge & Kegan Paul, London 1980. デヴィッド・ボーム『全体性と内蔵秩序』井上忠他訳、青土社、1996年。

Barrett, M. D. et al. "Deterministic quantum teleportation of atomic qubits," *Nature*. Vol. 429 (17 June 2004).

Buks, E., R. Schuster, M. Heiblum, D. Mahalu and V. Umansky, "Dephasing in electron interference by a 'which-path' detector," *Nature*, Vol. 391 (26 February 1998).

Coyle, Michael J. "Localized Reduction of the Primary Field of Consciousness as Dynamic Crystalline States," *The Noetic Journal* 3:3 (July 2002).

Dürr, S., T. Nonn and G. Rempe, "Origin of quantum-mechanical complementarity probed by a 'which-way' experiment in an atom interferometer," *Nature*, Vol. 395 (3 September 1998).

Gazdag, László, "Superfluid mediums, vacuum spaces," *Speculations in Science and Technology*, Vol. 12:1 (1989).

Haisch, Bernhard, Alfonso Rueda and H.E. Puthoff, "Inertia as a zero-point-field Lorentz force," *Physical Review A*, 49.2 (1994).

Haroche, Serge, "Entanglement, decoherence and the quantum/classical boundary," *Physics Today*, (July 1998).

Herbert, Nick. *Quantum Reality*, Anchor-Doubleday, Garden City, NY 1987. ニック・ハーバート『量子と実在：不確定性原理からベルの定理へ』林一訳、白揚社、1990年。

Kaivarainen, Alex, "Unified Model of Bivacuum, Particles Duality, Electromagnetism, Gravitation and Time. The Superfluous Energy of Asymmetric Bivacuum," *The Journal of Non-Locality and Remote Mental Interactions*, 1:3 (October 2002).

La Violette, Paul. *Subquantum Kinetics: A Systems Approach to Physics and Cosmology*. Starlane Publications, Alexandria, VA., 1994, 2003.

Mueller, Hartmut. "Global Scaling-die globale Zeitwelle," *Raum & Zeit*, 19:5, No. 107 (2000).

Riebe, M. et al. "Deterministic quantum teleportation with atoms," *Nature*. Vol. 429 (17 June 2004).

Rothman Tony, and George Sudarshan, *Doubt and Certainty*. Perseus Books, Reading, MA 1998.

Sarkadi, Dezsõ and László Bodonyi, "Gravity between commensurable masses," Private Research Centre of Fundamental Physics, *Magyar Energetika*, 7:2 (1999).

Stapp, Henry P., "Quantum physics and the physicist's view of nature," In Richard E.

Kitchener (ed.), *The World View of Contemporary Physics*. SUNY Press, Albany, NY 1988.
Tittel, W., J. Brendel, H. Zbinden, and N. Gisin, *Phys. Rev. Lett.* 81, 3563 (1998).
Tzoref, Judah, 1998 "Vacuum kinematics: a hypothesis," *Frontier Perspectives*, 7:2 (1998).
Wagner, E. O. "Structure in the Vacuum," *Frontier Perspectives*, 10:2 (1999).

［生物学］
Behe, Michael J., *Darwin's Black Box: The Biochemical Challenge to Evolution*. Touchstone Books, New York 1998. マイケル・J・ベーエ『ダーウィンのブラックボックス：生命像への新しい挑戦』長野敬、野村尚子訳、青土社、1998年。
Bischof, Marco, "Introduction to integrative biophysics," *Lecture Notes in Biophysics*, in Fritz-Albert Popp and Lev V. Beloussov, (eds.) Kluwer Academic Publishers, Dordrecht.
Capra, Fritzjof, *The Web of Life: A New Scientific Understanding of Living Systems*. Doubleday, New York 1996.
Del Giudice, E., G. S. Doglia, M. Milani, and G. Vitiello, in F. Guttmann and H. Keyzer (eds.), *Modern Bioelectrochemistry*. Plenum, New York 1986.
Dobzhansky, Theodosius, *Genetics and the Origin of Species*. 2nd edition: Columbia University Press, New York 1982.
Dürr, Hans-Peter, "Sheldrake's Ideas from the Perspective of Modern Physics," *Frontier Perspectives* Vol. 12:1 (Spring 2003).
Eldredge, Niles, and Stephen J. Gould, "Punctuated equilibria: an alternative to phylogenetic gradualism," *Models in Paleobiology*, edited by E. Schopf, Freeman, Cooper, San Francisco 1972.
Eldredge, Niles, *Time Frames: The Rethinking of Darwinian Evolution and the Theory of Punctuated Equilibria*, Simon & Schuster, New York 1985.
Gould, Stephen J., "Irrelevance, submission and partnership: the changing role of paleontology in Darwin's three centennials, and a modest proposal for macroevolution," D. Bendall, (ed.), *Evolution from Molecules to Men*, Cambridge University Press, Cambridge 1983.
Gould, Stephen J. and Niles Eldredge, "Punctuated equilibria: the tempo and mode of evolution reconsidered," *Paleobiology*, Vol.3 (1977).
——. Opus 200, Natural History, August 1991.
Goodwin, Brian, "Development and evolution," *Journal of Theoretical Biology*, 97 (1982);
——. "Organisms and minds as organic forms," *Leonardo*, 22:1 (1989);
——. "On morphogenetic fields," *Theoria to Theory* 13 (1979).
Ho, Mae-Wan, *The Rainbow and the Worm: The Physics of Organisms*. World

Scientific, Singapore and London, 1993.
——. "Bioenergetics, biocommunication and organic space-time," in *Living Computers*, ed. A.M. Fedorec and P.J. Marcer, The University of Greenwhich, March 1996.
——. and Peter Saunders, "Liquid crystalline mesophases in living organisms," in *Bioelectromagnetism and Biocommunication*, ed. M.W. Ho, F.A. Popp and U. Warnke, World Scientific, Singapore and London, 1994.
Hoyle, Fred, *The Intelligent Universe*, Michael Joseph, London 1983.
Lorenz, Konrad, *The Waning of Humaneness.* Little, Brown & Co. Boston 1987.
Lieber, Michael M., "Environmentally responsive mutator systems: toward a unifying perspective," *Rivista di Biologia/Biology Forum*, 91:3 (1998);
——. "Hypermutation as a means to globally repstabilize the genome following environmental stress," *Mutation Research, Fundamental and Molecular Mechanisms of Mutagenesis*, 421:2 (1998);
——. "Force and genomic change," *Frontier Perspectives*, 10:1 (2001).
Maniotis, A., et al. "Demonstration of mechanical connections between integrins, cytoskeletal filaments, and nucleoplasm that stabilize nuclear structure," *Proceedings of the National Academy of Sciences USA*, 4:3 (1997).
Primas, Hans, H. Atmanspacher, and A. Amman (eds.), *Quanta, Mind and Matter: Hans Primas in Context.* Kluwer, Dordrecht 1999.
Senapathy, Periannan, *Independent Birth of Organisms.* Genome Press, Madison 1994.
Sheldrake, Rupert, and Aimee Morgana, "Testing a language - using parrot for telepathy," *Journal of Scientific Exploration* 17:4 (2003).
Sheldrake, Rupert, C. Lawlor and J. Turney, "Perceptive pets: A survey in London," *Biology Forum* 91 (1998).
Smith, Cyril W. "Is a living system a macroscopic quantum system?" *Frontier Perspectives*, Fall/Winter, 1998.
Sitko, S.P. and V.V. Gizhko, "Towards a quantum physics of the living state," *Journal of Biological Physics* 18 (1991).
Steele, Edward J., R.A. Lindley, and R.V. Blandon, *Lamarck's Signature: New Retro-genes are Changing Darwin's Natural Selection Paradigm.* Allen & Unwin, London 1998.
Taylor, R., "A gentle introduction to quantum biology," *Consciousness and Physical Reality*, 1:1 (1998).
Waddington, Conrad, "Fields and gradients," *Major Problems in Developmental Biology*, Michael Locke, ed., Academic Press, New York 1966.
Welch, G.R. "An analogical 'field' construct in cellular biophysics: history and present status," *Progress in Biophysics and Molecular Biology* 57, 1992;
——. and H.A. Smith, "On the field structure of metabolic space-time," *Molecular*

and Biological Physics of Living Systems, R.K. Mishra, ed., Kluwer, Dordrecht 1990.

Wolkowski, Z.W., "Recent advances in the phoron concept: an attempt to decrease the incompleteness of scientific exploration of living systems," *Biophotonics-Nonequilibrium and Coherent Systems in Biology, Biophysics and Biotechnology*, edited by L.V. Beloussov and F.A. Popp, Moscow University Press, Moscow 1995.

Zeiger, Berndt F., and Marco Bischof, "The quantum vacuum and its significance in biology," *Proc. Third International Hombroich Symposium on Biophysics*, Neuss, Germany (1998).

[意識研究]

Backster, Cleve, "Evidence of a Primary Perception in Plant Life," *Int. Journal of Parapsychology* 10:4 (1968)

——. "Evidence for a Primary Perception at the Cellular Level in Plants and Animals," American Association for the Advancement of Science, Annual Meeting 26-31, January 1975.

——. "Biocommunications Capability: Human Donors and In Vitro Leukocytes," *Int. Journal of Biosocial Research*, 7:2 (1985)

Benor, Daniel J. *Healing Research: Holistic Energy Medicine and Spiritual Healing*, Vol. 1, Helix Editions, London, 1993.

——. "Survey of spiritual healing research," *Contemporary Medical Research* 4: 9 (1990).

Bischof, Marco, "Holism and field theories in biology - Non-molecular approaches and their relevance to biophysics," *Biophotons*, J.J. Chang, J. Fisch, and F.A. Popp eds., Kluwer, Dordrecht 1998;

——. "Field concepts and the emergence of a holistic biophysics," in *Biophotonics and Coherent Structures*, edited by Beloussov, L.V., Voeikov, V.L., and Van Wijk, R., Moscow University Press, Moscow 2000.

Byrd, R.C. "Positive therapeutic effects of intercessory prayer in a coronary care population," *Southern Medical Journal*, 81:7 (1988).

Bohm, David, Interview by John Briggs and F. David Peat, *Omni* 9:4 (1987)

Bohm, David, and Basil Hiley, *The Undivided Universe*, Routledge, London 1993;

Braud, W. G., "Human interconnectedness: research indications," *Revision* 14:3 (1992).

——. and M. Schlitz, "Psychokinetic influence on electrodermal activity," *Journal of Parapsychology*, Vol. 47 (1983).

Cardeña, Etzel, Steven Jay Lynn and Stanley Krippner, "Varieties of Anomalous Experience: Examining the Scientific Evidence," American Psychological Association, Washington, DC, 2000.

Dossey, Larry, *Recovering the Soul: A Scientific and Spiritual Search*, New York, Bantam 1989;　ラリー・ドッシー『魂の再発見：聖なる科学をめざして』上野圭一、井上哲彰訳、春秋社、1992年。
——. *Healing Words: The Power of Prayer and the Practice of Medicine*, Harper San Francisco, 1993;　ラリー・ドッシー『癒しのことば：よみがえる〈祈り〉の力』森内薫訳、春秋社、1995年。
——. "Era III medicine: the next frontier," *ReVision* 14:3 (1992).
Elkin, A.P. *The Australian Aborigines*, Angus & Robertson, Sydney 1942.
Feinstein, David, "At play in fields of the mind: Personal myths as fields of information," *Journal of Humanistic Psychology*（近刊）;
——. and Stanley Krippner, *The Mythic Path*. Tarcher Putnam, New York 1997.
Freeman, W.J. and J.M.Barrie, "Chaotic oscillations and the genesis of meaning in cerebral cortex," in *Temporal Coding in the Brain*, ed. G. Bizsaki, Springer Verlag, Berlin 1994.
Grinberg-Zylberbaum, Jacobo M. Delaflor, M.E. Sanchez-Arellano, M.A. Guevara, and M. Perez, "Human communication and the electrophysiological activity of the brain," *Subtle Energies*, 3:3 (1993).
Grof, Stanislav, *The Adventure of Self-discovery*, State University of New York Press, Albany, 1988, xvi.　スタニスラフ・グロフ『自己発見の冒険』吉福伸逸、菅靖彦訳、春秋社、1988年。
——. "Healing and heuristic potential of non-ordinary states of consciousness: observations from modern consciousness research." *Mimeo*, 1996.
——. *The Adventure of Self-Discovery*, op. cit.;
——. with Hal Zina Bennett, *The Holotropic Mind*. Harper San Francisco, 1993.　スタニスラフ・グロフ、ハル・ジーナ・ベネット『深層からの回帰：意識のトランスパーソナル・パラダイム』菅靖彦、吉田豊訳、青土社、1994年。
Hansen, G.M., M. Schlitz and C. Tart, "Summary of remote viewing research," in Russell Targ and K. Harary, *The Mind Race*. 1972-1982.　Villard, New York 1984.
Honorton, C. R. Berger, M. Varvoglis, M. Quant, P. Derr, E. Schechter, and D. Ferrari, "Psi-communication in the Ganzfeld: Experiments with an automated testing system and a comparison with a meta-analysis of earlier studies," *Journal of Parapsychology*, 54 (1990).
Keen, Jeffrey S., Mind-Created Dowsable Fields. *Dowsing Research Group: The First 10 Years*　Magdalena Press, Wolverhampton 2003.
Montecucco, N., Cyber: Ricerche Olistiche, *Cyber* (Milan), November 1992.
Morgan, Marlo, *Mutant Message Down Under*. HarperCollins, New York 1994. マルロ・モーガン『ミュータント・メッセージ』小沢瑞穂訳、角川書店、1995年。
Nelson, John E. *Healing the Split*. State University of New York Press, Albany 1994.
Persinger, M.A. and S. Krippner, "Dream ESP experiments and geomagnetic

activity," *The Journal of the American Society for Psychical Research*, Vol. 83, 1989.

Playfair, Guy, *Twin Telepathy: The Psychic Connection*. Vega Books, London 2002.

Puthoff, Harold, and Russell Targ, "A perceptual channel for information transfer over kilometer distances: historical perspective and recent research," *Proceedings of the IEEE*, Vol. 64, 1976.

Rein, Glen, "Biological effects of quantum fields and their role in the natural healing process," *Frontier Perspectives*, Fall/Winter, 1998.

——. "Biological interactions with scalar energy-cellular mechanisms of action," *Proceedings of the 7th International Association of Psychotronics Research Conference*, Atlanta, Georgia, December 1988.

Ring, Kenneth, *Life at Death: A Scientific Investigation of the Near-Death Experience*. Coward, McCann and Geoghegan, New York 1980;

——.*Heading Toward Omega: In Search of the Meaning of the Near-Death Experience*. Morrow, New York 1984;

——."Near-death and out-of-body experiences in the blind: a study of apparent eyeless vision," *Journal of Near-Death Studies*, 16:2 (Winter 1997).

Rosenthal, R. "Combining results of independent studies," *Psychological Bulletin*, 85 (1978);

Sági, Maria, "Holistic healing as fresh evidence for collective consciousness," *World Futures*, 48 (1997).

——. "Healing through the QVI-field," in *The Evolutionary Outrider*, edited by David Loye, Adamantine Press, London 1998.

Smith, Cyril W. "Is a living system a macroscopic quantum system?" *Frontier Perspectives*, Fall/Winter, 1998.

Targ, Russell and Harold A. Puthoff, "Information transmission under conditions of sensory shielding," in *Nature*, Vol. 251 (1974)

Targ, Russell and K. Harary, *The Mind Race*, New York: Villard Books, 1984.

Tart, Charles, *States of Consciousness*, Dutton, New York 1975.

Thalbourne, M.A. and P.S. Delin, "A common threat underlying belief in the paranormal, creative personality, mystical experience and psychopathology," *Journal of Parapsychology* Vol. 58 (1994);

——. "Transliminality: its relation to dream life, religiosity and mystical experience," *International Journal for the Psychology of Religion* Vol. 9 (1999).

Tiller, William A. "Subtle energies in energy medicine," *Frontier Perspectives*, 4:2 (Spring 1995).

Ullman, M. and S. Krippner, *Dream Studies and Telepathy: An Experimental Approach*, New York: Parapsychology Foundation, 1970;

Varvoglis, Mario, "Goal-directed- and observer-dependent PK: An evaluation of the conformance-behavior model and the observation theories," *The Journal of the*

American Society for Psychical Research, 80 (1986).

第4章

Akimov, A.E. and G.I. Shipov, "Torsion fields and their experimental manifestations," *Journal of New Energy* 2:2 (1997);
——. and V. Ya. Tarasenko, "Models of polarized states of the physical vacuum and torsion fields," *Soviet Physics Journal* 35:3 (1992).
Gazdag, László, *Beyond the Theory of Relativity*. Robottechnika Kft., Budapest 1998;
——. "Superfluid mediums, vacuum spaces," *Speculations in Science and Technology*, Vol. 12:1, 1989;
——. "Combining of the gravitational and electromagnetic fields," ibid., 16:1, 1993.
Grof, Stanislav, with Hal Zina Bennett, *The Holotropic Mind*. Harper San Francisco, 1993. スタニスラフ・グロフ、ハル・ジーナ・ベネット『深層からの回帰：意識のトランスパーソナル・パラダイム』菅靖彦、吉田豊訳、青土社、1994年。
Haisch, Bernhard, Alfonso Rueda and H.E. Puthoff, "Inertia as a zero-point-field Lorentz force," *Physical Review A*, 49:2 (1994);
James, William, cited in M. Ferrari, "William James and the denial of death," *Journal of Consciousness Studies* 2002,9.
Mitchell, Edgar R., *The Way of the Explorer: An Apollo Astronaut's Journey through the Material and Mystical Worlds*. Putnam, New York 1996.
Puthoff, Harold, "Ground state of hydrogen as a zero-point-fluctuation-determined state," *Phys. Rev. D*, 35:10 (1987);
——. "Source of vacuum electromagnetic zero-point energy," *Phys. Rev. A*, 40:9 (1989);
——. "Gravity as a zero-point-fluctuation force," *Phys. Rev. A*, 39:5 (1989, 1993);
Rueda Alfonso and Bernhard Haisch, "Inertia as reaction of the vacuum to accelerated motion," *Physics Letters A*, 240 (1998).
Sakharov, A., "Vacuum quantum fluctuations in curved space and the theory of gravitation," *Soviet Physics-Doklady*, 12:11 (1968).
Schwarzschild, B., "Very distant supernovae suggest that the cosmic expansion is speeding up," *Physics Today* 51:6 (1998).
Shipov, G.I., *A Theory of the Physical Vacuum: a New Paradigm*. International Institute for Theoretical and Applied Physics RANS, Moscow 1998.
Stevenson, Ian, *Children Who Remember Previous Lives*, University Press of Virginia, Charlottesville 1987; イアン・スティーヴンソン『前世を記憶する子どもたち』笠原敏雄訳、日本教文社、1990年。
——. *Cases of the Reincarnation Type*, Four Volumes, University Press of Virginia, Charlottesville 1975-83;
——. *Reincarnation and Biology: A Contribution to the Etiology of Birthmarks and*

Birth Defects. Two Volumes, Praeger, Wastport, CT 1997.
Stapp, Henry P. "Harnessing science and religion: implications of the new scientific conception of human beings," *Research News and Opportunities in Science and Theology*, 2001:1 (February 2001).
Tiller, William, "Towards a predictive model of subtle domain connections to the physical domain aspect of reality: the origins of wave-particle duality, electric-magnetic monopoles and the mirror principle," *Journal of Scientific Exploration* 13:1 (1999).

第6章

Susskind, op. cit.

第7章・第8章

Aczel, Amir D., *Probability; Why There Must Be Intelligent Life in the Universe*. Harcourt Brace, New York 1998. アミーア・D・アクゼル『地球外生命体：存在の確率』加藤洋子訳、原書房、1999年。
Aurobindo, Sri, *The Life Divine*, 2nd printing, Sri Aurobindo Library, New York, 1951.
Bailey, Alice, *Telepathy and the Etheric Vehicle*, Lucis, New York 1950.
Barrow John D., and Frank J. Tipler, *The Anthropic Cosmological Principle*, Oxford University Press, London and New York 1986.
Beck, Don, and Christopher C. Cowan, *Spiral Dynamics: Mastering Values, Leadership and Change*. Blackwell, Oxford 1996.
Berkovitch, Simon, "On the information processing capabilities of the brain: shifting the paradigm," *Nanobiology* 1993:2.
Botkin, Allan, and R. Craig Hogan, *Reconnections: the Induction of After-Death Communication in Clinical Practice*, Hampton Roads, Charlottesville, VA 2005（2004年1月10日付の原稿より引用）.
Chalmers, David J., *The Conscious Mind: In Search of a Theory of Conscious Experience*. Oxford Press, New York 1996; デイヴィッド・J・チャーマーズ『意識する心：脳と精神の根本理論を求めて』林一訳、白揚社、2001年。
——. "The puzzle of conscious experience," *Scientific American* 273:6, 1995.
Dawkins, Richard, *The Blind Watchmaker,* Longman, London 1986. リチャード・ドーキンス『ブラインド・ウォッチメイカー：自然淘汰は偶然か？』中嶋康裕他訳、早川書房、1993年。
Drake, Frank, *Intelligent Life in Space*, MacMillan, New York 1964.
Dyson, Freeman, *Infinite In All Directions*, Harper & Row, New York 1988. フリーマン・ダイソン『多様化世界：生命と技術と政治』鎮目恭夫訳、みすず書房、1990年。
Eddington, Sir Arthur, "Defense of Mysticism, in Ken Wilber," *Quantum Questions:*

Mystical Writings of the World"s Great Physicists. Shambhala, Boston 1984. ウィルバー編『量子の公案：現代物理学のリーダーたちの神秘観』田中三彦、吉福伸逸訳、工作舎、2000年。

Fechner, Gustav, quoted in William James, *The Pluralistic Universe*, Longmans, Green & Co., London, New York and Bombay 1909.

Fodor, Jerry A., "The big idea," *New York Times Literary Supplement*, July 3, 1992.

Gebser, Jean, *Ursprung und Gegenwart*, Deutsche Verlagsanstalt, Stuttgart 1949.

Grof, Stanislav, *The Cosmic Game. Explorations at the Frontiers of Human Consciousness*. SUNY Press, Albany 1999.

Haldane, J.B.S., "The origin of life," *Rationalist Annual* 148 (1928).

Huang, Su-Shu, *American Scientist* 47 (1959).

Lommel, Pim van, "Consciousness and the brain: A new concept about the continuity of our consciousness based on recent scientific research on near-death experience," pimvanlommel@wanadoo.nl, 2004. （未刊行）

Oparin, A.I., *Origin of Life*, Dover, New York 1938. A.I. オパーリン、『生命の起原：生命の生成と初期の発展』石本真訳、岩波書店、1969年。

Ponnamperuma, Cyril, "Experimental studies on the origin of life," *Journal of the British Interplanetary Society* 42 (1989).

——. "The origin, evolution, and distribution of life in the universe," *Cosmic Beginnings and Human Ends*, ed. Clifford N. Matthews and Roy A. Varghese, Open Court, Chicago and La Salle, 1995.

Pribram, Karl H., "Consciousness Reassessed," *Mind and Matter*, 2004.

Romijn, Herms, "About the origins of consciousness: a new multidisciplinary perspective on the relationship between brain and mind," *Proc. Kon. Ned. Akad. v Vetensch*. 1977:1-2.

Russell, Bertrand, "A Freeman's Worship," in R.E. Egner and L.D. Dennon, eds., *The Basic Writings of Bertrand Russell 1903-1959*. Simon and Schuster, New York 1960.

Russell, Peter, *The White Hole in Time* (reissued as Waking Up in Time), Origin Press, Novato, CA 1992, 1998. ピーター・ラッセル『ホワイトホール・イン・タイム：進化の意味と人間の未来』山川紘矢、亜希子訳、地湧社、1993年。

Sagan, Carl, *Intelligent Life in the Universe*, Emerson Adams Press, New York 1966.

Schrödinger, Erwin, *My View of the World*. Cambridge University Press, Cambridge 1964. エルヴィン・シュレーディンガー『わが世界観』中村量空、早川博信、橋本芳契訳、ちくま学芸文庫、2002年。

Shapley, Harlow, *Of Stars and Men*, Beacon, Boston 1958.

Stapp, Henry P. "Harnessing science and religion: implications of the new scientific conception of human beings," *Research News and Opportunities in Science and Theology*, 2001:1 (February 2001).

Taormina, Robert J., "A New Consciousness for Gobal Peace," *Proc. Third International Symposium on the Culture of Peace*, Baden Baden 1999.

Teilhard, Pierre de, *The Future of Man* (1959), Harper & Row, New York 1964.

Wagenseil, Sabine, "Tod ist nicht todlich: durchgaben uber den Tod von einem Toten (Death is not deadly: transmissions about death from a dead)," *Grenzgebiete der Wisseenschaft*, 51:2 (2002).

Ward, Peter B., *Rare Earth: Two Tiers of Life in the Universe*. Springer Verlag, New York 2000.

Wilber, Ken, *Up From Eden: A Transpersonal View of Human Evolution*. Shambhala, Boulder, 1983; ケン・ウィルバー『エデンから：超意識への道』松尾式之訳、講談社、1984年。

——. "Physics, mysticism, and the new holographic paradigm," *The Holographic Paradigm*, ed. K. Wilber, Shambala, Boston 1982; ケン・ウィルバー『空像としての世界：ホログラフィをパラダイムとして』井上忠他訳、青土社、1992年。

——. "An integral theory of consciousness," *Journal of Consciousness Studies* 4:1 (1997).

——. *A Theory of Everything: An Integral Vision for Business, Politics, Science and Spirituality*. Shambala, Boston 2000. ケン・ウィルバー『万物の理論：ビジネス・政治・科学からスピリチュアリティまで』岡野守也訳、トランスビュー、2002年。

第9章

Vivekananda, Swami, *Raja-Yoga*. Advaita Ashrama, Calcutta, 1982. スワミ・ヴィヴェーカーナンダ『ラージャ・ヨーガ』日本ヴェーダーンタ協会訳、日本ヴェーダーンタ協会訳、1997年。

叡知《えいち》の海《うみ》・宇宙《うちゅう》
物質《ぶっしつ》・生命《せいめい》・意識《いしき》の統合理論《とうごうりろん》をもとめて

初版第一刷発行　平成一七年四月一日
初版第六刷発行　令和六年五月二〇日

著者――アーヴィン・ラズロ
訳者――吉田三知世(よしだ・みちよ)
© Babel Press Inc., 2005〈検印省略〉
発行者――西尾慎也
発行所――株式会社 日本教文社
東京都港区赤坂九－六－四四　〒一〇七－八六七四
電話　〇三(三四〇一)九一一一(代表)
FAX　〇三(三四〇一)九一三九(営業)
振替＝〇〇一四〇－四－五五五一九
印刷――港北メディアサービス株式会社
製本――牧製本印刷株式会社
装幀――清水良洋(Push-up)
カバー挿画――押金美和
●日本教文社のホームページ　https://www.kyobunsha.co.jp/

Science and the Akashic Field by Ervin Laszlo

ISBN978-4-531-08144-8　Printed in Japan

お客様アンケート　　　日本教文社のホームページ

生命の聖なるバランス——地球と人間の新しい絆のために

●デイヴィッド・T・スズキ著　柴田譲治訳

地球の生物多様性と私たち人間は「地水火風」を通じて一つの体をなしている——世界の先住民の「大地との聖なる絆」に学んだ生物学者による、未来の地球と人類との新たな共生的関係への提言。

¥2305

地球は心をもっている——生命誕生とシンクロニシティーの科学

●喰代栄一著

生命を構成するアミノ酸やDNAはどのように形成されたのか？　「偶然の一致」はなぜ起こるのか？　既存の学説では説明できない現象の解明にいどむウィラー博士の大胆な仮説を平易に紹介！

¥1572

魂の記憶——宇宙はあなたのすべてを覚えている

●喰代栄一著

宇宙には、あなたの歩んだ人生の記録が永遠に残される——「魂の不滅」を科学的に考察するゲリー・シュワルツ博士の「動的システム記憶仮説」が描き出す、世界と人間の新たなリアリティ。

¥1676

惑星意識（プラネタリー・マインド）——生命進化と「地球の知性」

●アーナ・A・ウィラー著　野中浩一訳

生命の進化は意図されている！　“偶然による突然変異”と“自然選択”を奉じるダーウィニズムの欠陥を明らかにし、“進化の設計図”を描く巨大な知性の存在を提唱した、画期的な科学エッセイ。

¥2619

賢者の石——カオス、シンクロニシティ、自然の隠れた秩序

●F・デーヴィッド・ピート著　鈴木克成、伊東香訳

アメリカ気鋭の物理学者が相対性理論、量子論、カオス理論、フラクタル理論を精緻に検証し、自己創造する自然を生き生きと捉えられるような新しい科学を模索した「ポスト・モダンサイエンス」の書。

¥2346

スーパーネイチャー II

●L・ワトソン著　内田美恵、中野恵津子訳

ベストセラー『スーパーネイチャー』の著者が、15年の熟成期間をおいて書き下ろした円熟のパートII。超自然現象を全地球的視座から考察し、《新自然学》への道を示すフィールドワーク。

¥2530

株式会社 日本教文社　〒107-8674　東京都港区赤坂9-6-44　電話03-3401-9111(代表)
日本教文社のホームページ　https://www.kyobunsha.co.jp/
宗教法人「生長の家」　〒409-1501　山梨県北杜市大泉町西井出8240番地2103　電話0551-45-7777(代表)
生長の家のホームページ　http://www.jp.seicho-no-ie.org/
各定価(10%税込)は令和6年5月1日現在のものです。品切れの際はご容赦ください。